新　潮　文　庫

最長片道切符の旅

宮　脇　俊　三　著

新　潮　社　版

2996

目次

最長片道切符の旅

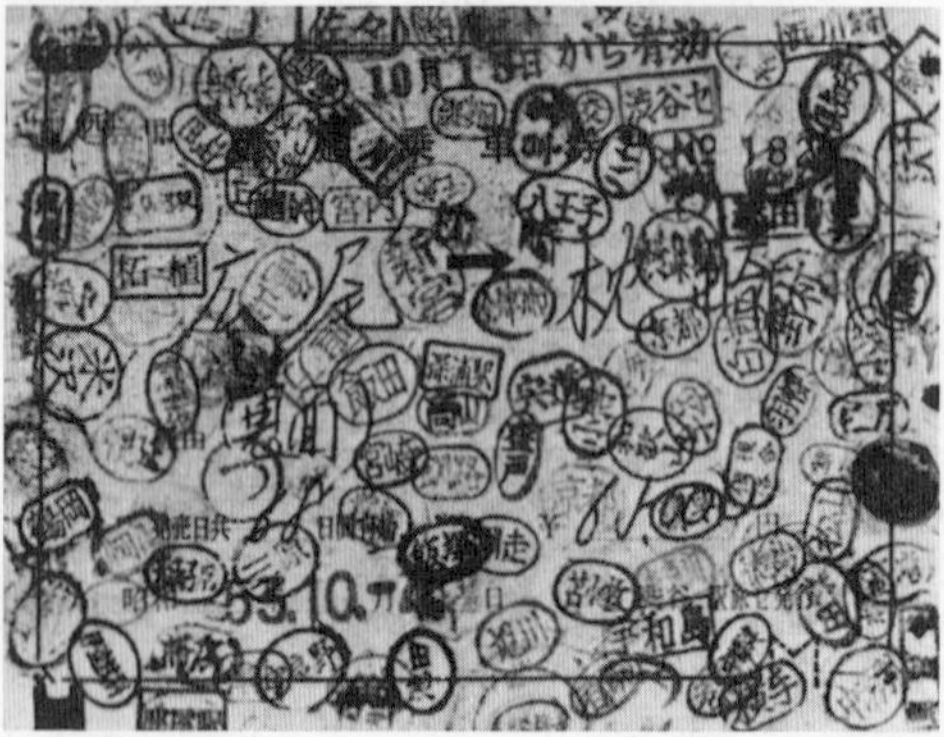
から有効
渋谷セ
八王子

遠回りの話

自由は、あり過ぎると扱いに困る。籠《かご》の鳥は外に出されるとすぐ空へ飛び立つのだろうか。

暇ができたので心ゆくまで汽車に乗ろう、思う存分に時刻表を駆使してみよう、と張切っているのだが、どうもこれまでとは勝手がちがう。いったい、どこから手をつけたらよいのか。

会社勤めをしていた時の私の旅行は、金曜日の夜から月曜日の朝までが限度であった。

その範囲内でどこまで行けるか、どの線とどの線に乗れるか、時刻表を開いてそれを検討するのが私の楽しみであった。そして気に入った案ができると実際に乗りに行った。「時刻表に乗る」ためのような旅行であった。

けれども、会社を辞め、一時的とはいえ暇ができ、半月でも一カ月でも自由に乗り回れる状況を前にすると、戸惑いをおぼえる。小住宅専門の大工が大邸宅の施工を請負ったようなものかもしれない。

時刻表を開いても、つい夜行列車に眼が向く。会社が退《ひ》けてから出かけるという二十数年来の習性が身についてしまっている。

旅行の日程は、なんらかの制約の上に成り立つ。むしろ、制約があるから日程が必要になる、と言ってよいだろう。行先も時間もすべて意のままでは、時刻表を見るにも気合が入らない。

限られた時間のなかでいかに効率よく乗るかを探ろうとするとき、時刻表をひもとく楽しみは限りないものとなる。私は、そういうものとして長いあいだ時刻表とつき合ってきた。そして、会社を休まずに北海道や九州へ行く案などをつくっては実行もしてきた。だから私の旅行は時刻表のための旅行でもあった。目的と手段が逆になり、本末顛倒《てんとう》であるが、それが私の楽しみであった。

時間に縛られた旅行であったから、あと半日欲しい、三時間欲しい、との思いに駆られることも多かった。まだ乗ったことのないローカル線の線路が本線から分岐していくのを、帰りの特急列車の窓から指をくわえて幾度も見送った。

もうそんな旅行はしなくてすむ。自由自在に乗れる。だが、その故《ゆえ》に時刻表をひもどく楽しみが減殺《げんさい》されている。それでは私の楽しみの素《もと》が失われる。変なことになったな、と私は思った。

自由を享受《きょうじゅ》しながら制約をつくりだし、時刻表の楽しみを回復するにはどうしたらよいのか。大海を前にした蛙《かえる》のような心境で思案しているうちに、思い至るところがあった。

時刻表は百年を越える日本鉄道史上に作り成された大交響曲である。しかし各ページにひしめく二万本もの列車たちは一分単位、その元になる列車ダイヤは一五秒刻みという細かさで日本全国を走り回っている。壮大にして零細、これが時刻表なのだ。だから私の時刻表旅行はその両者を併せもつものでなければならぬ。

原理には到達したが、さて実際の計画となると「零細」のほうは手慣れているけれど、「壮大」のほうは身に余る。壮大に北海道から九州まで日本全国を乗回すつもりではいるが、まず東京から北へ向うべきか、それとも西か。お伺いをたてても時刻表は沈黙している。行先や日程などの条件や制約をあたえないと時刻表は口を開いてくれない。

私は選択の余地を狭めるために、稚内《わっかない》を起点にして鹿児島県の枕崎《まくらざき》まで行こうと考えた。もちろん直行するのではなく、回り道や寄り道をしながら三〇日ぐらいかかってである。

ところが、最北端の稚内を起点にしても自由がありすぎた。稚内からは宗谷本線経由と天北《てんぽく》線経由の二通りの列車が出ており、宗谷本線に乗れば一時間半ほどで羽幌《はぼろ》線が分岐し、天北線なら二時間で興浜北《こうひんほく》線が分れる。その先の分岐を合わせると、第一日で二〇ものルート選択の幅ができてしまうのである。そのすべてにつき合っていたら北海道だけで一三日ぐらいも要するし、任意に取捨選択しようとすれば、時刻表は、どうぞご随意に、と口を閉ざす。

私は制約の度を強めるために、分岐駅ではかならず乗換えるとか、行止りの盲腸線は除くとか、乗換えの列車が二本ある場合は先に発車するほうに乗るとか、いろいろな条件を加えてみたが、おなじところをぐるぐる回ったり8の字を描いたりして、いずれもうまくいかなかった。

とうとう私は、北海道から九州までの「最長片道切符」の旅をすることに決めた。同じ駅を二度通らなければどんなに遠回りであっても片道切符になるわけで、そういう片道切符の最長のものを算出して実際に乗ってみようと思ったのである。

これはルートが一本に確定してしまうから制約はむしろ強すぎるが、一日ずつの行程の区切り方と列車の時刻との組合せには適度の自由が残されている。距離も一万三千キロぐらいになるはずだから国鉄全線の三分の二ぐらいには乗れるわけで、これも、思う存分に乗りたい人間にとっては適度である。

それに私にとって別の魅力もある。

ここ数年来というもの、私は国鉄全線の完乗を目指していた。残存する未乗線区の大半は盲腸線であったから、私の旅行は行止りの線にばかり重点がおかれていた。「最長片道切符」のルートは当然それとちがって、起点と終点のある二線区以外はすべて先のつながった縦貫線や横断線を通ることになるから、私の全線完乗時代を補完する役割も果してくれる。これらの線区のなかには長いことご無沙汰《ぶさた》しているのも多い。彼らとの再会も楽しみである。

最長片道切符は私の創案でもなんでもなく、鉄道ファンが「一筆《ひとふで》書き切符」と呼んでいるもので、たくさんの人が案をつくり何人かの人が実際に乗っている。しかも新線が開通すると最長ルートが変るので、ファンにとっては永遠の課題のようになっている。最近では三江線《さんこう》の全通（昭和五〇年八月）によって中国地方のルートが大きく変り、気仙沼線《けせんぬま》の開通（昭和五二年一二月）で局地的ながら変った。

国鉄を使っての最長片道切符といっても、じつは一種類ではない。国鉄バスや新幹線を利用するかどうかによって分れてくる。

新幹線は在来線とルートも距離もちがうのだが、国鉄では運賃の計算を複雑化しないために新幹線の営業キロを在来線と同一にしている。実際の線路は新幹線のほうがかなり短いのだから、ちょっと虫のいい話であるばかりでなく、在来線と営業キロを合わせるために別線とは見做《みな》さないという建前になっている。

したがって新幹線は最長片道切符のルートに組入れられないのだが、一部の例外があって、新横浜、岐阜羽島《はしま》、新神戸、新岩国など在来線と接続しない地点にある駅の前後の区間に限り別線として扱ってもよいことになっており、国鉄の「旅客営業規則」の第一六条第二項にそう書いてある。こんなものまで参照せねばならぬから厄介だが、この条項を活用すれば当然最長ルートは在来線のみ利用の場合より長くなる。

私としては、国鉄バスにまで乗るつもりはないが、新幹線の利用できる区間についてはルートに組入れることにした。

このほかにも、実際に乗る区間の営業キロ数と運賃計算上のキロ数の異るところとか、東北本線の列車は日暮里《にっぽり》に停車しないから尾久《おく》経由が可能かどうか、といった細部の問題もあるが、これらについてはそれぞれの場所で触れることにしよう。

最長片道切符のルートについては先人の業績がすでにあり、最近では東京鉄道病院の若い眼科医光畑茂《みつはたしげる》さんの作成したものが決定版らしい。いずれそのお世話にはなるだろうけれど、とりあえず私は時刻表だけを材料にして自力で「最長」を探ってみることにした。

まず大きめの紙に線路図を描き、区間距離を記入した。東京付近や北九州のように線路が錯綜《さくそう》しているところは書きこめないので余白に部分拡大図を書いた。

永年にわたって時刻表とつき合ってきたけれど、こんなつき合い方ははじめてなので勝手がちがう。しかしやってみるとなかなかおもしろく、私は毎日電卓を叩《たた》いていた。

けれども、国鉄の線路図は複雑怪奇というほどではないにせよ相当に入り組んでいる。距離を記入した区間は三〇〇もあり、それが一単位となって組合されていくのだから、「最短」から「最長」まで何千何万通りのルートがあるにちがいない。何通りあるかもわからない人間が任意抽出で探るのだから、まことに覚束《おぼつか》ない。

こういうのを順列組合せというのかどうかも知らないが、やってみると単位数が二倍になると組合せ数はその二乗くらいに増えるようであった。だから単位が九個しかない四国など簡単で一瞬にできてしまうし、四六個の北海道も六二個の九州もさしてむずかしくはない。

この三つについてはすぐ成案と思えるものができた。私は正解が見たくなって、清水晶氏の『新・時刻表に強くなる』（昭和五一年、読売新聞社刊）に載っている光畑さんの案をちらと盗み見した。やはり同じであった。

私は気をよくしたが、盗み見をしたのは気がひけたので、本州部分のルートの載っているページを糊《のり》で張りつけて開かないようにし、またひとりで計算をつづけた。けれども、国電区間が多く、線路の錯綜した東京付近から関東、中部にかけてはあまりに組合せが多すぎて、可能性のすべてを探るには一週間や一〇日でやれることではなかった。しかも電卓に慣れぬためか、ミスタッチをしてははじめから計算しなおすこともしばしばであった。

会社を辞めてから二カ月ちかくたち、夏が終りかかっていた。

大旅行に出かけることは了承しているものの、時刻表相手に計算ばかりしている亭主を見て将来が心配になったのか、女房が、まだ行かないの、と言った。

私は糊づけしてあったページを開いた。

豊橋から会津若松まで引返す、という私の思い及ばなかったルートがそこに示されていた。全体のキロ数も私の案より長かった。私はすっかり感心し、このルートで実行しようと心を決めた。

しかし、いまひとつ問題が残っていた。一〇月二日に武蔵野線の新松戸—西船橋間一四・三キロが開通するのである。常磐《じようばん》線と総武本線が結ばれるわけだから最長ルートの変る可能性がある。私はこの区間を含めた場合についても試算したが、いずれにせよ最長ルートには影響を及ぼさない、との結論をだしていた。けれどもはたしてそうなのか、自信はなかった。

私は種村直樹さんに訊《たず》ねてみようと思った。種村さんは『鉄道旅行術』（昭和五二年、日本交通公社刊）の著者で、一度お会いしたいと思っていた人であった。

「じつは」と言って私は自分の計画を話した。学生ならともかく、いい齢《とし》をした男が児戯に類した目的を持っているのに驚いたのか、種村さんは、

「ほう、それはそれは」

と言いながら、椅子《いす》ごと体をせり出してきた。私は医者と向い合った患者のような

気持になった。

「新松戸—西船橋間が開通しても最長ルートに変更はないようですが……」

と私は言った。

「いや、変りますよ」

と種村さんは即座に答えた。そして奥の部屋から一枚の紙片を持ってこられた。それはやはり光畑さんの計算書であった。新松戸—西船橋間を利用することによって東京近郊区間のルートが全面的に変り、従来より六・五キロ長くなることが見事に証明されていた。

切符の話

最長片道切符のルートは決った。三つの連絡船航路も含めて一三、三一九・四キロ、これが乗車船する「営業キロ数」の総計で、国鉄全線の約六三パーセントに当っている。

北海道の広尾から九州の枕崎《まくらざき》までは最短経路なら二、七六四・二キロであるから、その四・八倍という、なかなかの遠回りである。

ルート図を見ると、羊腸と言うか、行きつ戻りつしながらくねっていて、とくに私の思案の外であった豊橋から飯田線、小海《こうみ》線、只見《ただみ》線などを通って会津若松まで戻るあたりは、阿呆《あほ》らしさ極まって襟《えり》を正させるような趣さえある。

しかし三分の理は探せばある。昼より夜が長くなる秋の季節に、北海道から南九州まで一、二カ月かかって南下してくるのだから、緯度の関係で日照時間が各地ともほぼ一定となる。したがって同じ季節の日本全国を一挙に見られるという利点がある。

こんな旅行はめったにできないし、どこへ行っても紅葉がちょうど見頃になるかもしれない。

いままで最長片道ルートを実行した人は、南九州を起点として南から北へと攻め上る型が多かった。どこかに神武天皇、坂上田村麻呂《さかのうえのたむらまろ》、阿倍比羅夫《あべのひらぶ》といった人たちの血が残っているのかもしれない。しかし私は、前記の理由で北から下ってくることにしたのであった。

最長片道切符のルートが決まれば、つぎは乗車券の購入である。

「広尾から枕崎まで、いちばん長い経路の切符をください」と言っても相手は当惑するばかりだろうから、ルートを書いたものを示す必要がある。

それはすでに出来上っているけれど、そのまま渡すと窓口氏が運賃計算法をまちがえて、私から余計な運賃を徴収しようとするかもしれない。

というのは、国鉄には実際に乗る距離よりも短いキロ数で運賃を計算する区間がいくつもあるからである。たとえば、山陽本線の岩国―櫛ケ浜《くしはま》間は六五・四キロあるが運賃はそれより二一・七キロも短い岩徳《がんとく》線経由の四三・七キロで計算するという規則になっている。そのほかにも運賃計算に関するこまかい規則や規程があって、それについては「旅客営業規則」と「旅客営業取扱基準規程」というのがいっしょになった部厚い本を繰ってみなくてはならない。

たとえば、「規則」の第七〇条には、

「旅客が次に掲げる図の太線区間を通過する場合の普通旅客運賃・料金は、太線区間内の最も短いキロ程によって計算する」

とあって、東京の環状線と赤羽、尾久《おく》、錦糸町《きんしちょう》までを含めた線路図および大阪環状線が描かれている。この図の範囲内ならどんなに遠回りしても運賃の計算は最短経路による、というのだから有難いことだと思っていると、「規程」の第一〇九条に、

「規則第六九条及び同第七〇条に規定する区間の一方の経路を通過した後、再び同区間内の他の経路を乗車する場合の鉄道の普通旅客運賃は、旅客の実際に乗車する経路のキロ程によって計算することができる」

とある。たとえば、常磐線の上りでやって来て日暮里から池袋を回って新宿で中央本線の下りに乗換えていったん圏外に去った人が、こんどは東海道本線で舞い戻ってきて、品川—代々木—神田—秋葉原—錦糸町などと経由して東京駅から新幹線で西へ行く、といった場合は、一回目の経路を含めて実際に乗車したキロ数の運賃を頂きますよ、ということなのである。

ずいぶん細かいことまで規定してあるもので、実際にこんな規則を適用されるケースがあるとは思えない。空文同然であろう。ところが、私がこれから購入しようとしている切符の運賃計算には正にこの条文が適用されるのである。

私はそんなことまで調べてから、レポート用紙三枚に広尾から枕崎までの経由線区、乗換駅、運賃計算用の区間キロ数を書きつけ、欄外に「鉄道一三、〇六六・二キロ、航路二〇一・〇キロ、計一三、二六七・二キロ」と書き加えた。

実際に乗る営業キロ数は運賃計算用のより五二・二キロ長い一三、三一九・四キロであるが、それはもちろん書かなかった。

そのほか「通用開始日一〇月一三日」と記入し、念のため経由線区を太線であらわした線路図を添えて、私は渋谷駅にでかけた。すでに九月三〇日になっていた。

渋谷駅の遠距離切符の窓口には数人の客が並んでいた。

私は気が重くなった。

最長片道切符の鉄道旅行はぜひともしたい。しかしそれはルートの問題であって、切符の形式など二の次のことである。おそらく一五〇ぐらいの経由線区名や駅名が細かい文字でぎっしり書きこまれた切符が作成されるのだろうが、そんな正気の沙汰《さた》とも思われぬ切符を携えて車内の検札や改札口で好奇の眼と応対するのは愉快でない。

それに私の場合、はたして最長片道切符を購入するのがよいかどうか疑問もあった。最長片道切符旅行の所要日数は、特急や急行も利用し夜おそくまで乗れば二五日ぐらい、鈍行で昼間だけという条件なら日の長い季節で三〇日余り、日の短いときだと三五日といったところであろう。

私が当初考えたのは、会社勤めをしていたときは時間がないためにやむをえず味気ない特急ばかりに乗っていたが、こんどはできるだけ鈍行に乗ろう、そして夜にかかることはなるべく避ける、というものであった。

ところが、ルートの決定に時間を費したうえ、若干の所用があったりして、要するにぐずぐずしているうちに、せっかく手にした一世一代の暇が残りすくなくなり、しかも日が短くなってきた。三五日間もまとめて旅に出ることができなくなった。

さしあたっては一〇月一〇日、一一日に関西で所用があり、一九日は東京に戻っていなければならない。その間に北海道だけは乗れそうだが、そのあとの見込みは立てられないでいる。

切符の通用期間は、五〇キロまでが当日限り、二〇〇キロまでが二日、それ以上は二〇〇キロごとに一日ずつ加わるから最長片道切符の場合は六八日間となる。なんとしてでも期間内に枕崎まで乗り終えるつもりだが、この調子ではズタズタに分断されそうである。とすると、中断地点と東京との間を往復するには別途の乗車券を幾度も買わねばならない。それなら各地域別の周遊券のほうが好都合ではなかろうか、とも私は考えた。それなら、あの妙な恥しいような切符を車掌や駅員に見せなくてすむ。

けれども私は、やはり最長片道切符を購入することにした。旅程ばかりか切符まで分断したのでは最長片道切符の旅の「筋」が一本もなくなるような気がしたからであった。

私は渋谷駅の一〇番窓口に例の三枚のレポート用紙と線路図を差し出した。すべては紙に書いてあるし、説明することもないので黙っていた。けだるいような昼下りであった。

三五歳ぐらいの窓口氏も横向きに坐《すわ》って黙ったままそれを見ている。厄介なものが舞いこんだという風もなく、好奇の様子もなく、ただ真剣に見ている。窓口の業務の流れが止ったのに、私のうしろの客も黙っている。

「いますぐでなくていいんですよ」

と私は言った。

窓口氏は黙って席を立つと奥へ入って行った。誰かに相談するらしい。私の背中で舌打ちが聞え、隣の窓口に並びなおす人もでた。

三分ぐらい経《た》ったであろうか、ようやく窓口氏が戻ってきて、

「ここでは売れません」

と言った。なぜかと訊《たず》ねると、

「指定券と同時発行の場合以外は当駅では東京都区内を起点とする乗車券以外は発行できないことになっていますので」

と「旅客営業規則」のどこかの条文を暗誦《あんしょう》してきたような口調で答えた。

その答えだけのために私や他の客をながく待たせたのはどうかと思うけれど、言われてみればそうである。私はうっかりしていた。

私は渋谷駅の構内にある旅行センターへ行った。

ここはいつも混み合っているのだが、時間のせいか珍しく空《す》いており、胸に名札をつけた中年の係員が「いらっしゃいませ」と言った。

愛想はよかったが、私の差し出したものを見ているうちに眉《まゆ》の間に縦の皺《しわ》ができ、この人もまた衝立《ついた》ての向うに姿を消した。

こんどもなかなか戻ってきてくれない。衝立ての向うで鳩首《きゆうしゆ》協議しているらしく、声が聞える。「いつかこんなのが新聞に出ていたぞ」「一枚に書きされるか」「何枚に分けてもいいんじゃないか」などと言っている。何枚にも分けたりしてほしくないが、衝立ての向うの議論に参加するわけにもいかない。

そのうち、カウンターから離れた位置で指定券を打出していた若い係員が呼ばれ、衝立ての蔭《かげ》に入って行った。

しばらく低い声での話がつづいていたが、やがてやや大きな声で、

「いいですよ、やりますよ、どうせ誰かがやらなきゃならないんですから」

と言う若い係員らしい声が聞えた。私は首をすくめてそれを聞いた。

愛想のよい中年の係員が「大変お待たせいたしました」と言いながら現われた。

「いますぐ、というわけにはまいりませんが」

「もちろん結構ですが、どのくらいかかりますか」

「さあ、何日かかりますか」

「九日までにはつくってもらわないと困るんですが」

「たぶんそれまでにはできると思います」

たぶん、では困るので私は、

「キロ数も運賃も全部あれに書きこんでおいたから、そんなにはかからないでしょう」

と言った。相手は、

「私どもといたしましては、お客さまの計算をもとに切符を発行するわけにはまいりませんので」

と鄭重《ていちょう》に答えた。

それから四日後、一〇月四日の昼まえに切符ができた旨《むね》の電話がかかってきた。

「補充片道乗車券」というのであろうか、青い地紋の入った横一〇センチ、縦七センチほどの手書き用の券片で、「広尾」「枕崎」発売日共「六八」日間有効　¥「六五〇〇〇」円と記入され、経由の欄に「裏面」とある。裏を見ると線区名と駅名がぎっしり書きこまれていた。あとでよく見ると山陰の木次《きすき》と三江《さんこう》線、鹿児島県の大隅《おおすみ》線が書き漏らされていたが、そのときは気がつかなかった。

六万五千円もの買い物をするのは久しぶりであったが、高いとも安いとも思わなかった。金を払っている、という感じがしなかった。

「本当に乗るんですか」

と若い係員が切符を手渡しながら訊ねた。

「乗りますよ」

と私は答えた。

第1日（昭和53年10月13日）

広尾―帯広―富良野《ふらの》―旭川―遠軽《えんがる》

この家の主人は、よく旅に出る。

が、すぐ帰ってくる。たいていは翌日、ながくても三日で帰ってくる。もっとも、すぐ帰ってくるからよく出かけられるわけで、薄利多売みたいな旅行である。

よく出かけるから土産物はほとんど買ってこない。すぐ帰ってくるから旅仕度も簡単だ。だから子供たちは父親の旅行に関心がないし、女房にとって格別なこともない。ところが今度は様子がちがう。

主人は前夜から鞄《かばん》を持ちだして何やら入れたり出したりしている。北海道は寒いだろうと女房はむくむくした嵩張《かさば》るものを詰めこもうとする。しかしすでに時刻表、地図、案内書、下着類、洗面道具などが詰っていて、とても入らない。もっと大きな鞄はないの、と女房は言うが、あいにくそんなものはない。

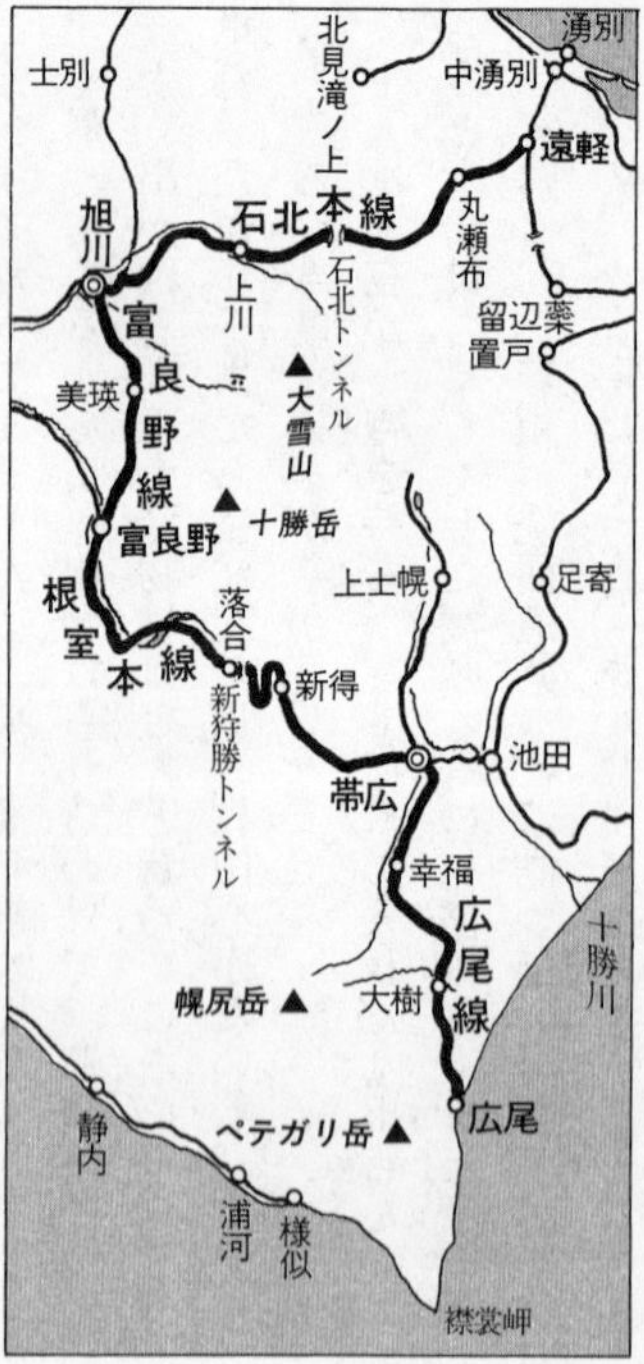

一週間の旅行となると若干の「生活」も鞄に詰めなければならない。

女房は肝臓の薬の入った瓶を持ってくる。旅先では野菜類が不足しがちだろうと葉緑素の錠剤の瓶詰も鞄の脇《わき》に置く。主人のほうも小型の目覚まし時計、梅干し、ウオノメの薬、痔《じ》の薬などを集結させている。

珍しいことだから子供たちは面白くてたまらない。わいわい言いながら邪魔をする。チョコレートかと言って痔の坐薬《ざやく》をつまんだりする。

スェーター類を排除した代りに厚着をし、いつもより重い鞄を肩にかけ、いつもなら子供たちにもバイバイぐらいで出かけるところを少しく訓戒など垂れ、召集令状がきて出征した人たちはどんなことを言って家を出たのだろうと考えながら、私は一〇月一二日の夕方の飛行機で札幌へ向った。

札幌発22時20分の釧路行は鈍行列車であるが、B寝台車が連結されているので「からまつ」という愛称がついている。

B寝台車のうちではもっとも旧式の、ベッドの幅が五二センチしかない三段式であったが、他の車両は普通座席車ばかりなので、横になると自分だけ贅沢《ぜいたく》をしているような気がしてくる。もっとも、各駅に停車するからそのたびにガックンと衝撃がきて、寝台専用列車とは寝心地がちがう。寝つけないので外を見ていると、駅ごとに札幌からの通勤客が定期券を見せながら改札口を出ていく。

「からまつ」は九分遅れて5時39分、帯広に着いた。厚着をしてきたのにホームに降りるとコートがほしいほど寒い。

5時43分発の広尾線の列車は5番線からすぐ発車する。五両編成で意外に長いが、後の三両は途中の上更別《かみさらべつ》で切離し、二両だけが終点の広尾まで行く。最長片道切符の出発点は広尾である。

じつは、こんなコースで出発点の広尾へ行きたくなかった。スタートするまでは広尾線に一指も触れず、処女のように温存しておきたかった。

だから当初の計画では、バスで襟裳岬《えりもみさき》を回ってきて広尾に一泊し、すがすがしい気分で最長片道切符の旅を始めようと思っていたのだが、日程の前と後がおさえられたために夜行列車の利用できる帯広回りになってしまったのであった。

せめて広尾まで眠って過ごそう、と私は思った。「からまつ」のおかげで寝不足である。しかも暖房が入っていて車内は温かい。私は靴を脱いで前の席に足を投げだし目をつぶった。

ところが、帯広の東を流れる札内川《さつないがわ》の長い鉄橋を渡る音が消えたと思うと、急に左の瞼《まぶた》が赤くなった。思わず眼を開けると、十勝平野の横一文字の地平の上に黄味を帯びた大きな赤い玉が乗っかっている。まだギラギラしていないが光線は強い。窓枠の影がレンズで焦点を合わせたようにくっきり映り、振動計のように揺れている。

東京の太陽とはちがう。久しぶりに本当の太陽を見た、と私は思った。

これは最長片道切符旅行の第一日にふさわしい初日の出ではないか。私はちょっと感動し、眼が冴《さ》えてしまった。もっとも、きょうは一三日の金曜日であるが。

広尾線に乗るのは二度目である。前回はこの線にある幸福駅が有名になる以前で、冬の二月であった。沿線は一面の雪原で、白い帽子を斜めにかぶったサイロや、クリスマスツリーの林立したような防風林が印象に残っている。けれども、雪のない季節に来てみると樹々《きぎ》がいかにも立派で、高原を走っているようだ。

私は植物図鑑を持ってくればよかった、と後悔した。来るたびにそう思うのだが、いつも忘れる。北海道を一〇回も旅行しているのに、いまだにエゾマツとトドマツの区別もつかない。教わってもすぐ忘れてしまうのである。私はどこかの途中下車駅で植物図鑑を買おうと思った。

広尾の駅舎は建て直されていて、駅前から眺めるとドライブ・インのようであった。切符売場の上の壁に貼《は》り紙があって、「新生《しんせい》から大樹《たいき》への乗車券を発売します。一七〇円」とある。広尾線には幸福駅のほかにも目出度い駅名が多い。しかし、赤字線とはいえ、ちょっとなりふりかまわぬ商売といった感もある。それに私は「広尾から枕崎《まくらざき》まで」という大切符を持っているから、かようなものには眼もくれぬ。改札口で左下隅に無雑作に鋏《はさみ》を入れてもらい、広尾駅のホームに立った。空気は冷いのに陽光は強く、真新しい駅名標がまぶしい。

8時02分発の帯広行は二両のディーゼルカーに三〇人ほどの客を乗せて定刻に発車した。

駅を出はずれると、すぐ白樺《しらかば》や小さな湿原が現われる。紅葉したツタが大きな闊葉《かつよう》樹《じゅ》にからみついている。ツタの葉は真っ赤で鮮かだが、闊葉樹のほうはやや茶っぽい。すでに紅葉の盛りは過ぎているらしい。まだ観賞に堪えるけれど北海道の紅葉はもっときれいなはずだ。紅葉の見頃は木の種類や日当りによってちがうから、諦《あきら》めるのは早いし、せっかく秋の北海道に来たのだから、どこかで眼を見はるようなのに出会いたい。

左窓に日高山脈が連なっている。この山脈は二〇五二メートルの幌尻岳《ぽろしりだけ》が最高であるが、一五〇〇から二〇〇〇メートルにちかい峰がずらりと並んでおり、緯度が北に寄っているから氷河の跡である圏谷《カール》が頂を鋭く削っていて、なかなか見ごたえがある。

日高山脈を背景に牧場がつぎつぎと現われてくる。全部の牛が立って草を食《は》んでいる牧場もあれば、みんな坐《すわ》ってじっとしているところもある。牧草地に放った時間と関係があるのだろうが、牛は坐っているほうが形がいい。こちらに尻《しり》を向けた牛の背から脇腹あたりの量感はなんとも言えない。

10時01分、帯広着。五〇分ほど待時間があるので、さっそく駅に近い本屋へ行った。いくつかの植物図鑑があったので手にとってみたが、草花の絵や生理の図解ばかりが載っていて、木の名前を知るのに都合のよいのはなかった。

つぎに乗るのは帯広発10時52分の新得行《しんとく》である。この列車は北見から二両連結でやって来るが、帯広で切離されて前の一両だけが新得行となる。あとの一両はどうなるのかと見物していると駅員が十勝三股《みつまた》という行先標をつけた。こんな時間に士幌《しほろ》線の列車があったかなと時刻表を見る。やはり13時07分までない。なかなかのどかである。根室本線の帯広—新得間を鈍行で走るのははじめてであった。十勝平野は日本離れした大規模な農場が多く畝《うね》が長い。それが単調につづくから胸が広々してくるとともに若干退屈でもある。

前の席の背もたれの向うから二歳ぐらいの男の子が眼だけを潜望鏡のように出して私を見ている。視線が合うとすっと潜るが、しばらくするとまた出てくる。それをくりかえしているうちにもう引っこめなくなったから、笑ってみせると、またすっと潜る。そのうちだんだん安心したのか、こっちが口をとがらしてみせたりすると声をだして笑うようになる。母親が気づいて、どうもすみません、と言う。

広い十勝平野が尽きて新得着11時53分。狩勝峠《かりかち》の麓《ふもと》の清楚《せいそ》な駅である。

ここから富良野までは特急に乗らざるをえない。11時56分発の函館行「おおぞら4号」の自由席は一人も立っていないのに一つも空席がないという状態で、こういうのはもっとも愉快でない。乗客の顔つきも服装も鈍行にくらべると冷い。私は食堂車へ行った。

新得からは狩勝峠にかかるので、線路は大きくカーブしながらS字型に斜面を上って行く。大雪山の長い裾《すそ》と十勝平野が車窓の左に開け、また右に移る。なかなか広大な眺めではあるが、ここではどうしても失われた昔を思い出す。

いま走っている線路は昭和四一年に開通した新線で、まもなく長い新狩勝トンネルに入って一気に石狩側の落合《おちあい》に抜ける。この新線敷設《ふせつ》によって根室本線最大の障碍《しょうがい》とされた狩勝越えの急勾配《きゅうこうばい》がなくなり輸送力が増したのは結構なことであるけれど、そのかわり国鉄の車窓随一と称された眺望は失われた。

それまでの線路はここより四キロほど北にある標高七二六メートルの狩勝峠のすぐ下を一キロたらずのトンネルで抜けていた。だから石狩側から根室本線に乗ってくるとトンネルを出たとたんに高い位置で視界がパッと開け、乗客は思わず窓に吸いつけられる仕掛になっていた。戦前の中等国語読本にもその場面が載っていて、「落合を発車した列車は無人の原始林を縫い……」「山中の寂寞境《じやくまくきよう》狩勝信号場に達し……」「トンネルを抜けると、乗客は『あっ』と声をあげ……」「佐幌岳の裾を長く引いた十勝平野の……が雲烟《うんえん》の彼方《かなた》に連なり……」

という部分はいまでも覚えている。

私はそれいらい狩勝峠に憧《あこが》れてしまったが、昭和一七年の夏にその夢がかなった。復刻版の時刻表によれば富良野発8時07分の鈍行列車で出発し、石狩側の最後の駅落合を9時59分に発車したらしい。そして落合から勾配が急になって速度が下がったこと、トンネルの入口にスイッチ・バックと信号場があったこと、まっ黒に煤《すす》けた煉瓦《れんが》のトンネルにゆっくり突っこむと濃い煙が車内にこもったこと、いよいよ狩勝峠だと思うと夢のような気がしたことなど覚えている。けれども、トンネルを出ると濃い霧であった。石狩側は晴れていたのに十勝側は何も見えなかった。私はがっかりし、教科書っていいことしか書いてないんだなと思った。

あれから三六年後のディーゼル特急「おおぞら4号」は新狩勝トンネルを時速一〇

○キロぐらいの快速で走り抜け、嶮《けわ》しい芦別岳《あしべつだけ》を左窓に望みながら、定刻13時08分、富良野に着いた。

富良野からは13時36分発の旭川行で北へ向う。赤く塗られた新しいディーゼルカー二両で、四人掛けの席もあれば吊革《つりかわ》もある通勤型である。東京近郊に舞い戻ったようで味気ないが、窓が二重になっているのはやはり北海道だ。

十勝平野は晴れていたのに霧雨が降ってきた。思い出の狩勝峠とは逆である。まだ一〇月中旬なのに早くも冬型の気象になったのだろうか。晴れていればこの富良野線の車窓から十勝岳とその噴煙が望めるのだが、きょうはやや盛りを過ぎた紅葉の濡《ぬ》れ葉しか見られない。

大雪山から流れ下ってきた忠別川《ちゆうべつがわ》の鉄橋を渡り、14時56分、旭川に着いた。

きょうは旭川から石北《せきほく》本線で遠軽まで行って第一日を終る予定にしている。急行「大雪5号」興部《おこつぺ》行が15時03分に発車するので接続はよい。

「大雪」は急行よりも特急に似つかわしい立派な愛称名であるが、たった二両連結であった。車両も相当に使い古したもので、これで急行料金を徴収するつもりかと言いたくなる列車であった。しかも混んでいて通路にも人がたくさん立っている。

入口のデッキにアルミの屑物《くずもの》入れがあったので私はそれに腰を下ろした。寒い場所だが外はよく見えるし特別席である。もっとも、まん中に穴があいているから洋便器に坐ったような感触がする。私はけさから用をたしていないのに気づいた。旅行の第一日目はいつも通じがわるい。

発車するとすぐ車掌が検札に来た。私の切符を手にとると、枕崎へ行く客が旭川から東へ向う列車に乗っているのはおかしいと思ったのだろう、裏面の経由地を見て、

「なんですか、これは?」

と言う。なんですかと言われても正当な乗車券だから説明しかけると、

「いちばん遠回りの切符ですな」

と言う。なかなか頭の回転がはやい。こんなボロ急行に勤務させておくのはもったいないような車掌である。そのあと、

「これも旅行の一種ですな」とか、

「ほう、六万五千円ですか」とか、

「ご苦労さまです」

とか、いろいろ言って車掌はつぎの車両へ移って行った。

これから枕崎までのあいだに車内検札や改札口で百回ぐらいはこの切符を見せねば

ならぬのだろう。そのたびにこんな調子ではうんざりである。しかも、六万五千円と聞いたとたんにそばにいた乗客が上から覗《のぞ》きこんだりする。

上川《かみかわ》盆地を東に進むにつれて水田が雪景色に変ってきた。このあたりは北海道第一の米作地帯で、それだけに減反の効果が大きいのか休耕地が目立つ。今年の収穫が終ったところは雪面に切株が整然と並んでいるが、うぶ毛のような雑草が一面に生えた休耕地は餅《もち》に青カビが生えたようになっている。二割ぐらいが休耕地のようであった。

層雲峡入口の上川で三分の一ほど客が降り、席があいた。北見峠へ向けて山中の登りにかかると雪が降りはじめ、積雪も駅ごとに深くなっていく。

「いつもなら葉が散ってから雪だもんなあ」

と通路の向うの席で土地の人らしい三人連れが話している。北海道でも一〇月一三日の雪は早すぎるのであろう。

けれども窓外の眺めはただの雪景色ではない。針葉樹の緑と雪の白とのほかに鮮かな黄が加わっている。カエデは茶っぽくなっているが、黄葉はいまが盛りなのか持ちがいいのかきれいに発色している。こういう色の組合せは珍しいし不思議な美しさなので私はそれに見とれ、ちり紙で窓ばっかり拭《ふ》いていた。暖房と人いきれですぐ曇るのである。窓ばかり拭いていたからか前の席の客が、どちらまで、と話しかけてきた。

石北トンネルを抜けて北見に入ると、雪はやんでいた。積雪もすくなく大きな熊笹《くまざさ》の間にちらほら見える程度であった。

まだ一〇月中旬だが北海道の夕暮は早い。五時には日が暮れる。外が見えなくなったので窓ガラスを拭くのはやめ、四〇分ほど走って17時37分、遠軽に着いた。最長片道切符の第一夜は遠軽である。どこかそれにふさわしいような響きをもった地名ではある。

寒い季節に日本式旅館に泊るときは、到着時刻を告げて予約しておいたほうがよい。部屋を暖めておいてくれるからだ。飛び入りだと底冷えのした部屋に通される。

予約しておいた旅館は駅前をちょっと右に入ったところにあった。旅行案内書に載っているほどの旅館なのに、外から見た限りでは、ここで一夜を過ごさねばならぬのか、という気持にさせるつくりである。

もっとも、家屋というものは外観は見すぼらしくても中に入ってみると案外ちゃんとしていることが多い。喫茶店などでは逆の場合がしばしばあるが、旅館、とくに私の愛用する駅前旅館はまず心配ない。

遠軽の宿もそうであった。前掛けで手を拭きながら現われたおかみさんは「お待ちしていました」と愛想がよく、通された暖かい部屋の中ではダルマストーブが燃えていた。風呂《ふろ》も清潔で大きく、こんなところに金をかけるより玄関のあたりをもうすこし整備したほうが繁盛《はんじよう》するのではないか、と進言したくなる宿である。しかし、観光客の訪れない町の宿は常連が多いからこれでよいのだろう。

夕食の膳《ぜん》は単純素朴で、天ぷらと味噌汁《みそしる》とお新香だけであった。天ぷら定食風だがエビとかキスはなく、カボチャやタマネギが主体であった。私は酒をのんだり、ご飯に天ぷらをのせて上から茶をかけたりしながら、北海道の宿の感触を久しぶりに味わった。

ダルマストーブの燃料はオガ炭で、丸太状に固めたオガ屑に竹輪のような穴があいている。酒粕《さけかす》を重油にひたしたような黒い切れはしが添えてあるが、これがつけ木である。火つきがよいからすぐ燃えあがる。そのかわり三〇分もしないうちに消えかかる。

夜中に何回も眼を覚ましては火をつけ、面倒なような楽しいような第一夜を私はすごした。

第2日（10月14日）

遠軽《えんがる》―北見―池田―釧路―厚岸《あっけし》―厚床《あっとこ》

きょうから毎朝早起きをする。

日が短くなっていて五時には暗くなるから、六日間で北海道を回り終えて一九日の朝までに東京に戻るには、夜明けとともに出発しなければならない。だから五時半に起き、六時に宿を出た。

早起きはやってみると気持がよい。なぜ自分は朝寝坊ばかりしていたのかと思うほどだ。通りに人影はないけれど優越感すら湧《わ》いてくる。

それにしても寒い。コートを着てこなかったし、早起きのために風邪をひきそうだ。駅で朝刊を買うと、寒波が来ていて平年より六度も低いと書いてある。

遠軽発6時14分の網走行は二両で、客は七、八人であった。

二つ目の生田原《いくたはら》を過ぎると上り勾配《こうばい》にかかり、清冽《せいれつ》な黄葉が車窓に映えてくる。き

ようは快晴である。カラマツの梢《こずえ》にソーセージの小さいようなのがたくさんぶら下っている。マツの実とは思えないから宿り木の実だろうか。細い流れに沿ってディーゼルカーは急勾配をゆっくりと登って行く。あまりに遅いので運転席を覗《のぞ》くと速度計の針は二〇キロのあたりで振動していた。二〇分以上かかって勾配を登りつめると古びたトンネルに進入する。煉瓦《れんが》で巻いた入口の上部に蒸気機関車の煙の痕跡《こんせき》を黒々と残している。進入直前に鳴らす警笛の音が思いなしか哀調を帯びて聞える。これが常紋《じょうもん》トンネルである。

北海道開拓に鉄道の果した功績は大きいし、いま私がこうして鉄道旅行を楽しめるのも有難いことである。けれども、どのようにして鉄道が敷設《ふせつ》されたのか、忘れてはならぬことがいくつもあるように私は思う。

明治から昭和のはじめにかけての鉱山採掘や土木工事は、いわゆるタコ部屋労働者に負うところが多かった。そこでは最低の住居と食事、超長時間労働、監視と制裁、病人の放置、金銭的収奪など、いまの私たちには想像しにくいほどの苛酷《かこく》なことがおこなわれていた。

このタコ部屋制度の最盛期は明治の末から大正の中頃とされているが、常紋トンネルが開通したのは大正三年、しかも北辺の地である。小池喜孝氏の『常紋トンネル』(昭和五二年、朝日新聞社刊)によれば、リンチの生き埋め、人柱などもおこなわれたらしい。昭和四五年にはトンネル内の待避所で十勝沖地震によるひび割れを修理していた保線区員が、煉瓦の壁の裏から立ったまま埋められたと推定される人骨を発見しているし、トンネルの周辺からも多数の人骨が発見されている。いまでもトンネルにまつわる怪談は多く、国鉄職員は常紋信号場の勤務をいやがるという。

常紋トンネルを抜けると信号場で、スイッチ・バックがある。かつては蒸気機関車の好撮影地としてファンが乗り降りしたところである。いまは「標高三四四米《メートル》」の標識の脇に二両のディーゼルカーがひと休み、といったふうに停車すると、物音がなにもしなくなる。

小休止ののちディーゼルカーは北見盆地へ向ってぐんぐん下る。三〇分もかかって登ってきたのに七、八分で貯《たくわ》えを使い果し、畑のなかの金華《かねはな》に着く。上り急行「大雪2号」との交換のため八分も停車するので、ちょっとホームの砂利の上に降りてみると寒い。若い駅員が大きな白いマスクをかけて改札口に立っている。

つぎの留辺蘂《るべしべ》でも一二分停車する。のんびりした列車であるが、発車時間が近づくと北見市への通勤客や高校生が続々と乗ってきて、窓ガラスが曇りはじめた。

7時52分、北見着。この列車は網走行だが乗客はすべてここで降りる。私も降りたが、ホームから改札口にかけてまるで大都市の駅のように人でいっぱいである。網走からの上りが7時45分着、池北《ちほく》線の下りが7時48分着で、三本の列車が集中したからではあろうが、ずいぶん下車客が多い。

かつて野付牛《のつけうし》といったこの北見市一帯は、北海道としては気候と地味に恵まれたところで、米、小麦、ジャガイモ、甜菜《ビート》、その他いろいろできる。とくにハッカの生産は有名だ。裕福なところらしい。

これから乗る予定の池北線の列車は跨線橋《こせんきょう》を渡った3番線に停っている。7時59分発なのでわずかしか時間がないが、その間にぜひとも駅弁を買わねばならぬ。ここで買い損ねると11時26分着の池田まで駅弁はない。早く宿を出たからもちろん朝食はまだで腹が空《す》いている。と思って駅弁を探すのだがホームが雑沓《ざっとう》していて、あるのかないのかわからない。あきらめて跨線橋を渡る。閑散とした池北線のホームに下りると、橋の蔭《かげ》で寒風を避けるように駅弁屋さんが一人ぽつんと立っていた。幕の内しかないのでそれを買った。北見はいろいろな農産物に恵まれているが、名産となるとハッカだけである。ハッカでは名物弁当のつくりようがないのだろう。

北見発7時59分。通勤客を運んだあとの折返し列車なので空いている。私は運転席に近いところに坐《すわ》った。短いホームだけの小さな無人駅がいくつもあり、鈍行だからその一つ一つに丹念に停っていく。運転士がハンドルを回すと一瞬遅れてガクンと動きだし、すこし走るとすぐ制動をかける。私も運転しているような気分になって前を眺めていると、あちこちにダイコンともカブともつかぬ根菜が積んである。これが甜菜らしい。

池北線は十勝平野の池田と北見を結ぶ一四〇・〇キロの長い線区であるが、観光地と縁のない地味な所ばかりを走る。名前からしてぱっとしない。窓外の景色にも見所といったものはなく、北見から十勝への分水嶺《ぶんすいれい》を越える線なのにトンネルが一つもないのである。

五〇分ほど走って盆地が尽きると置戸《おけと》に着く。広い貯木場に積まれた丸太の太いのに驚かされる。池北線の沿線は北海道屈指の林業地帯である。ここからにわかに人家が消え、列車は細い流れと国道に沿って平凡な山中を登って行く。あたりは雑木林で紅葉は美しさを残しているが大木は見当らない。貯木場で見かけたのは奥から伐《き》り出されたものであろう。

平凡な景色だが勾配は急で、ディーゼルカーは全身これエンジンのように体を震わせながら登る。前方には勾配標、曲線標、それに「山火注意」と朱書した立札が眼に入るだけである。こういうところを二〇分もかけて登るのだからこの区間に常勤する運転士はさぞ退屈だろうが、これが自分の宿命だというふうにハンドルに掌《てのひら》をあてたままじっとしている。人形のように身じろぎもしないが、ときどき鼻水をする。寒波の影響だろう。

忍耐の甲斐《かい》あってようやく平坦《へいたん》になると釧北《せんぽく》信号場跡を通過する。小屋があるだけでホームはなく、線路の傍に「北見国・十勝国」の小さな境界標が立っている。

このあたりから熊《くま》の多い地域に入る。十勝国の最初の駅小利別《しょうとしべつ》付近は熊ノ沢と呼ばれる所であり、その先五つ目に大誉地《およち》という駅があるがアイヌ語で「熊の多い所」の意だという。ちょうど連中が冬眠に入る前で里荒しに出てきそうだから、ひょっとしたら、と窓外を見る眼にも力がこもる。もちろん熊は見えなかったが、峠を過ぎてから俄《にわ》かに風が強くなって樹々《きぎ》が揺れ放題に揺れている。新緑の候は風が通ると葉が裏を見せて若々しい薄緑色になるが、いまは白っぽくなる。秋だと思う。

足寄《あしょろ》、本別《ほんべつ》など大きな貯木場のある駅に着くごとに乗客が多くなり、収穫期の甜菜畑のなかをしばらく走って、11時26分、池田に着いた。刺戟《しげき》に乏しい三時間半ではあったが、それでも新幹線の東京―新大阪間にくらべるとずっと時間が短く感じられる。

池田は十勝平野第二の町で、帯広の東約二四キロのところにある。帯広から根室本線の上りに乗ったのがきのうの10時52分だったから、まる一日ぶりにほぼおなじところへ戻ってきたことになる。遠くへ投げたのに手もとに戻ってくるブーメランのようなコースではないか。これからはブーメランの連続だ。

駅前には「あきあじまつり」と染めた幟《のぼり》が幾本も並び、千代田堰堤《えんてい》行のバスが見物客を待っている。近くを流れる十勝川の本流に堰堤を築き、遡行《そこう》してくる鮭《さけ》を捕獲しているのである。

池田発12時01分の急行「狩勝1号」で釧路へ向う。

ここから釧路までの車窓は、変化に富む、という表現がぴったりくる。線路のほうも曲線あり直線あり登りあり降りありで、それはどこの鉄道線路でもそうであるけれど、それらの間隔が長からず短からず、車窓風景も自分の出番を心得たように適度に出没して、急行での二時間をうまく演出してくれる。

十勝川と別れ浦幌《うらほろ》を過ぎるあたりからの樹林の多様さ。白樺《しらかば》ばかりになるかと見るまにエゾマツかトドマツかの大木だけの鬱蒼《うっそう》としたところに入り、ぱっと明るくなると牧場、そして雑木林。下草がまっ赤に紅葉している。厚内《あつない》からは淋《さび》しい太平洋岸に出、直別《ちょくべつ》で湿原の中を行き、音別《おんべつ》では左が湿原、右が海となる。とくに音別と白糠《しらぬか》の間にある湿原には立枯れの大樹が点々とあって日光の戦場ヶ原よりもいいところだが、根室本線はそこを無雑作に通り抜けて行く。

馬市で有名な大楽毛《おたのしけ》を過ぎて釧路に近づくと、それまでの素寒貧《すかんぴん》とした様相が変るのもおもしろい。左窓に大きな製紙工場が濛々《もうもう》と白煙を上げ、湿原の中に社宅が並び、右窓には釧路西港に碇泊《ていはく》する大型フェリーが見えてくる。釧路着13時47分。

ところで、きょうからプロ野球の日本シリーズが始まっている。私は昭和二五年に国鉄チームが結成されていらいのファンであるから当然ヤクルト・スワローズだ。つい最近も「好きなチームは？」ときかれてうっかり「国鉄」と答え、みんなに笑われたことがあったが、国鉄を離れてヤクルトに移ったとはいえ戦前の超特急「つばめ」に因《ちな》むニックネームをちゃんとつけているのだから、そんなに笑わなくてもいいだろう。

そのスワローズが、国鉄の斜陽時代に狂い咲いた大輪の花のように日本シリーズに登場するのだから気になる。もっとも、相手は大赤字のローカル線など抱えこまず、不動産業や少女歌劇つき遊園地などで儲《もう》けている阪急だし、盗塁の専門家を二人も傭《やと》っているから敵《かな》いっこないだろうが。

駅ビルの食堂に入ってテレビを見ると、2対0で負けている。まあそんなところだろうと思っているとたちまち2対3と逆転した。私が見に来たから逆転したようで気分がよい。

14時45分発の厚岸行は二両連結で、席はほとんどふさがっていた。女子高校生が多い。

一般に朝の通学列車は男女ほぼ同数であるが、下校時の列車にどっと乗るのは女子高校生で、男子はそれほどにはまとまらず、つぎの列車、あるいはそのつぎの列車にと帰宅に時差があるようだ。夜になっても男子の高校生はかなり乗ってくる。

根室本線は函館本線の滝川《たきかわ》から根室に至る四四六・八キロの幹線である。しかし特急や寝台つき急行などの優等列車が走って幹線らしいのは釧路までで、そこから根室までの一三五・四キロの区間は列車本数が半減し、連結される車両数も二、三両になってローカル線同然となる。直通する列車は根室発8時32分札幌着17時53分の上り急行「狩勝4号」一本しかない。むしろ「釧路本線」と「根室線」に分けたほうが実態に合う線区である。

戦前の時刻表を見ると現在ほどの格差はない。やはり戦後における釧路の発展と阿寒国立公園の観光客増加、それにひきかえ千島を失った根室の衰退、それらがもたらした格差であろう。

しかし「根室線」沿線の景観は、どこをとってみても内地と非常にちがう。もし、「もっとも北海道らしい線は？」と問われれば、

「釧路から根室まで」

と答えてよいだろう。社会科などで使う大まかな地図で見ると根釧《こんせん》地方は一面に淡緑色で刷られているので、つい平野部であるかのように錯覚するけれど、それは海抜

一〇〇あるいは二〇〇メートル以下を一律に淡緑色であらわすというわるい習慣がこの種の地図にはあるからだ。だから釧路から二駅目の別保《べっぽ》あたりで丘陵地帯にさしかかると意外な感がしてくる。上高地から高山へ抜けるとき安房《あぼう》峠、平湯峠などの高い峠を越えるが、それを思い出させるような立派な林相の山間を行く線なのである。木の名前がわからないので雑木林としか言いようがないが、雑木でも亭々たる大樹が多い。

三〇分ほど山中を走り一〇分ほどサイロの点在する牧草地を走ると海岸に出、厚岸湾に突き出たアイカップ岬の断崖《だんがい》が見えてくると、まもなくこの列車の終着駅厚岸に着く。

厚岸は江戸初期の寛永年間に幕府によって開かれたというから北海道としては歴史の古い町である。私はこの線を二度通ったことがあるのに厚岸で下車したことはまだない。つぎの列車まで三五分しかないが、せめて国泰寺までで往復してみようとタクシーに乗った。国泰寺はロシアに対する防禦《ぼうぎょ》と仏教布教の拠点として一八〇四年に幕府が建てた寺である。

日本シリーズの第一戦はまだやっているらしく、タクシーのラジオが雑音とアナウンサーの声とを混ぜて受信している。運転手に訊《たず》ねると私の知らぬまに逆転されていて、すでに九回裏で二死だという。わずか一点差、ランナーも塁に出ているのでなんとかならぬかと力んだが、厚岸湖の入口に架けられた厚岸大橋の上で試合は終ってしまった。惜しかったと運転手も残念がるので、スワローズびいきかと思ってきくと、「いや私はタイガース」と答えた。

道幅は広いが車のすくない閑散とした大通りをちょっと走るともう町はずれで、突当りに国泰寺があった。蝦夷《えぞ》三大寺の一つにしては小さく、湿っぽい寺であった。北海道東部の太平洋岸は沖合で寒流と暖流がぶつかるので、海霧が発生しやすいのだという。

アッケシはアイヌ語の「カキのいるところ」で、海とつながった厚岸湖には天然カキの殻が自然に堆積《たいせき》して出来たカキ島があり、その上に鳥居が立っている。あいにく潮が満ちていて鳥居しか見えなかったが、駅前に戻って魚屋を覗《のぞ》くと生ガキを売っている。おとなの手首ほどもある大きなカキであった。

駅のホームに駅弁の売り子が一人いたので近寄って見ると、カキの絵のついた折詰を売っている。カキめしかと財布を出しながら値段をきくと三〇〇円だと言う。どうも安いので中身を訊ねると「カキ饅頭《まんじゆう》」であった。

16時22分発の下り急行「ノサップ3号」でさらに東へ向う。ディーゼルカー二両の小ぢんまりしたローカル急行である。しかし速度はなかなかに速い。右窓後方に厚岸大橋がぐんぐん遠ざかり、列車は厚岸湖の北岸から細長い湿原へと分け入って行く。ヨシの茂る中を澄んだ水が流れている。チライカリベツ川と地図にある。人家はまったくなく、こんな湿地に迷いこんだらズブズブと吸いこまれそうだ。

すでに夕暮で、湿原の向うの丘の上に十四夜の白い月が出ている。

低い丘陵と湿原を縫い、見事な雑木林に入りながら、人跡のないところをローカル急行は東へ東へと走る。こんなところに線路を敷いてこの先に何があるのか、といった感さえしてくるが、座席は半分以上埋まっている。客の数も多いが荷物はもっと多く、網棚がほとんどふさがっている。根室の人たちはどこへ行くにも遠いので荷物が多くなるのだろうか。

霧多布《きりたっぷ》への下車駅浜中《はまなか》を過ぎると左手に根釧原野が開けてくる。原野といっても波のように起伏する丘が薄暮の中に広がっていて、ときどき牛の白いまだらだけが見える。右は丈の高い雑木の疎林《そりん》で、それを通して冷い輝きを増した月が列車といっしょに走っている。列車が速度を落すと月もゆっくり走る。

月が中空に停って17時11分、厚床着。すっかり暗くなった。

最長片道切符のルートはここから標津《しべつ》線に乗換えて北へ向うのだが、私はこのまま根室まで行って泊ろうと思う。標津線の始発は6時33分であるから根室発5時31分に乗ればこれに間に合う。一時間早起きするだけのことならば、ここまで来て根室を無視するのは失礼なようにも思われる。近くまで参りましたのでと表敬訪問をしておきたい。

駅を通過するときだけ灯火の見える深い闇《やみ》のなかを「ノサップ3号」は月と並んで走り、五分遅れてちょうど六時に根室に着いた。

大きな荷物をさげた乗客たちは迎えのライトバンやタクシーでさっと散ってしまい、乗越し運賃を払っていた私が最後に駅を出た。駅前通りの幅は広く店が並んでいるが、明りが弱いので道路の中央は薄暗い。風が冷く東京の真冬のようだ。

その通りを二分ほど行った角にある古いモルタル造りの二階屋が今夜の宿である、すこし傾きかかっているように夜目には見えたが、中に入るとかしいだところはなく、通された部屋には新型の温風暖房器が備えてあった。

食事は厨房《ちゅうぼう》の隣の食堂ですることになっている。部屋のつくりから見ると応接間をつぶして畳を敷いたものらしく、天井の高いがらんとした二〇畳ぐらいの部屋の片隅に私の膳《ぜん》が置いてあるだけで他に客はいない。膳の上にはソーセージの薄切りと少量のイカ刺しとキャベツのきざんだのしか載っていない。少々淋しい。いずれしかるべきものが運ばれてくるのだろうと坐《すわ》って待っていると、女中が銚子《ちょうし》一本と吸物の椀《わん》だけを持ってきて「どうぞごゆっくり」と言った。酒は私が注文したものである。ひとり片隅で手酌《てじゃく》の酒をのみ、格別でない料理に箸《はし》をつけていると、廊下から女中がこっちを見てニヤッと笑う。どうも薄気味のわるい旅館である。

旅館は一夜を明かすところであってご馳走《ちそう》を食べるための施設ではないし、内地の旅館は料理を多く出しすぎるとは思うが、私はたちまち膳の上を平らげ茶漬を一杯だけかきこむと疾風の如《ごと》く宿を出た。観光案内書に紹介されている郷土料理の店が梅ヶ枝町というところにある。港の近くでここからは遠いが、そこへ行こうと思ったのであった。

裁判所や根室支庁の建物のある広い通りを私は急ぎ足に下っていった。人通りはまったくなく、風はますます冷い。根室は寒い根室は寒いと調子をつけてひとりごちながら一五分も歩くと、ようやく繁華街に出た。四つ辻《つじ》を右に曲り、たぶんこのあたりと思われるところで私は一軒の化粧品店に入った。カミソリの替刃を買う必要があっ

たからである。店番をしていたのは一七、八歳の愛想のよいきれいな女の子であった。金を払いながら私は、

「このあたりが梅ヶ枝町？」

と訊ねた。すると娘さんは急に表情を険しくして、

「ここは緑町です。梅ヶ枝町はもっとあっちです」

と固く答えた。どうもご機嫌を損じたらしい。梅ヶ枝町とはそんな悪所なのだろうか。

もっとあっち、と吐き捨てるように言われた町だが、そこは緑町のすぐ近くにあった。なるほどピンクで名高いキャバレーの系列店があり、ネオンが点滅しながら回っている。目的の店はすぐわかり、入ると大きな炉があって暖かい空気と焼魚の臭《にお》いとが満ちていた。

店の主人のすすめでシシャモを注文すると生干しの大きなのを一〇匹も焼きはじめた。酒をたのむと正二合の大徳利がどすんと置かれる。なかなかスケールが大きい。シシャモはいまが旬《しゅん》でしかも本場だからうまかった。つぎにツブ貝の壺焼《つぼや》きを注文すると拳固《げんこ》ほどの大きなのが出てきて、これもうまかった。

根室はいいぞと私は嬉《うれ》しくなり、調子づいて当店自慢イカのソーメンづくりという

のを頼むとこれが冷凍物だった。後悔しながらもう一本酒をのんだ。店を出るとみぞれが降っていた。

第3日（10月15日）

厚床《あっとこ》―中標津《なかしべつ》―標茶《しべちゃ》―網走―中湧別《なかゆうべつ》―紋別《もんべつ》

5時31分、根室発。この列車で厚床まで引返す。ディーゼルカーの三両連結で、先頭車には私のほかに五人の客が乗っている。

線路はいったん東に向い、右へカーブしながら細い根室半島を横断して太平洋岸の花咲《はなさき》へ出る。途中に東根室という無人駅があり、東経一四五度三六分、国鉄最東端の駅となっている。緯度は高くても東に寄っているので標準時刻の上での夜明けは早く、すでに明るい。小雨の降る吹きさらしのホームに客が二人立っている。

花咲を過ぎると洋上にモユルリ島が見えてくる。断崖《だんがい》に囲まれているが上は真っ平らなので黒い板を置いたように見える。海面の波で平たく削られた岩礁《がんしょう》が地殻変動で隆起し島になったのであろう。

根室から厚床にかけては根室段丘と呼ばれる高さ七〇メートルほどの隆起台地がっ

づき、線路はその上に敷かれている。列車は緩やかな草原や雑木林を行くが、海霧のために作物の育ちがわるいので牧草地しかない。海岸も昆布などの採取漁業が主で、花咲から二つ目に昆布《こんぶ》盛《もり》という無人駅がある。大きなウミガラスが枯枝にとまっていて列車が通ってもじっとしている。

線路は段丘の端に近づいたり離れたりしながら曲りくねる。海を見下ろしたかと思うと牧草地を行く。落石《おちいし》を過ぎると、遥《はる》か霧多布《きりたっぷ》へと連なる断崖を一望できるところがあり、そのあたりからサルオガセのからんだ老木や立枯れが多くなる。自然の条件はまことにわるいが、荒涼とした美しさだ。

6時30分、厚床に着く。

厚床は「あっとこ」と発音する。「あつとこ」ではどうということもないが、促音一字のために愛らしい駅名になる。私はこの駅名が好きだ。広々としたところにあるので短いホームがなお短く見え、小ぢんまりしている。そこにこれから乗る標津線のディーゼルカーが一両、ぽつんと停っていていじらしい。

その一両が接続よく6時33分にプワンと一人前に警笛を鳴らして発車する。これから人口密度が日本一すくなく一平方キロ当り一四人という別海町《べっかいちょう》を一時間あまり走る。根釧《こんせん》原野である。

しかし、町と呼び原野と名づけるにはふさわしくないところで、最初の駅奥行臼《おくゆきうす》までの一一・五キロの間、私は注意して左右を見ていたが、緩い起伏のつづく丘陵に白《しら》樺《かば》やナラらしい木が茂り、ときに湿地帯を行くばかりで人家は一軒も眼に入らず、サイロも見えなかった。

そんなところを三〇分走り、町役場のある西別《にしべつ》に近づくとようやく牧草地やサイロが現われてきた。西別の駅名は改称されて別海となったが、駅に入る手前で細いながら水量の豊かな川を渡る。西別川である。かつては鮭《さけ》が折重なって遡《そ》行《こう》した川であり、いまが産卵の季節なのだが、河面《かわも》は静かだ。しかし西別川の上流では、幻の大魚といわれるイトウをいまでも見かけるという。

別海から先は人家や牧場がときどき現われるようになる。日曜日なのに中学生や高校生が駅ごとに賑《にぎ》やかに乗ってきて、7時38分、中標津に着いた。

標津線は二本ある。釧網《せんもう》本線の標茶から国後島《くなしりとう》に相対した根室標津までの六九・四キロの線と、いま私が乗ってきた四七・五キロの線とである。その二本がこの中標津で接してイの字の形になっている。

7時46分発の標茶行も一両である。この沿線はもう一本の標津線にくらべると開拓が進んでいて、大きな区劃《くかく》の牧場が多く、耕地もある。乗客も多く、数えてみると私を含めて一三人いる。たった一三人を多いと言っては国鉄ががっかりするだろうが、それが実情である。

中標津から二つ目の計根別《けねべつ》で一〇分停車するのでホームに降りた。根室は小雨であったがいまは晴れて気持がよい。腕の屈伸をしていると反対方向からディーゼル機関車が空の貨車を五両牽《ひ》いて進入してきた。

この計根別から北へ一八キロほど入った山中に養老牛《ようろううし》という温泉があり、駅の案内板に「バス二五分、日曜日及び冬期運休」と書いてある。日曜に運休するのだからよほど俗化していないのであろう。

泉川(いずみかわ)で根釧原野は終り、丘陵をすこし登ってから下りにかかる。つぎは終着標茶である。さてそろそろ降りるかと思っていると、右窓の下に不思議な眺めが展開しはじめた。距離標で言えば標茶起点四キロから六キロ地点にかけてである。

それは谷あいに細長くつづく湿地なのだが、山肌の樹々《きぎ》はまだ紅葉を一面に残しているのに湿地にまばらに根を下ろす樹だけは葉がすっかり落ちて裸になっている。灰白色の木肌と枝ぶりのせいで、骸骨《がいこつ》の群れが踊りながら谷間を登ってくるように見える。気持のよい眺めではないが、どんな現代彫刻でもこの自然がローカル線の客に対して示す抽象性には及ぶまい、と言いたくなる景観である。

この線は雪の季節に一度通ったことがあり、道東地方にしては平凡な線区だと私は思っていたが、これで標津線の印象は修正されてしまった。枯木の乱舞など見ても見なくてもいいものだけれど、一度乗っただけではごく特定されたものとしてしかその線区についての印象は持ちえないのだ。あらためてそう思う。

早朝から駅弁のないところばかり乗ってきたので非常に空腹である。標茶にも駅弁はないので売店でパンと牛乳を買って応急処置をし、9時52分発の網走回り急行「大雪6号」札幌行に乗る。指定席車には一人も客がなく自由席の車両も二〇パーセント程度の乗車率であった。

左窓に遠く雌雄二峰の阿寒岳が見えている。

釧網本線は阿寒国立公園区域内を通る線である。けれども、できるだけ景色のよいところを選んで敷設《ふせつ》したのではないかと邪推したくなるほど車窓の景観は大したものでない。美留和《びるわ》から川湯《かわゆ》にかけての原生林は立派であるが、いままでに見てきたのと大差なく、森林公園阿寒の真価はもっと西の方にある。しいて挙げれば岩肌から噴煙を上げる硫黄山《アトサヌプリ》ぐらいで、川湯の手前で左窓近くに見えるが、これとて森と湖の大阿寒を代表するものではない。

日本の鉄道は観光のために敷かれたわけではないが、せめて屈斜路湖《くっしゃろこ》の南岸を通しておけばこれほどまでバスに客を奪われはしなかったのではないか、と日曜日なのに空席の目立つ急行列車のなかで私はひとり慨歎《がいたん》した。

阿寒の外輪山を短いトンネルで抜けて北見国に入りオホーツク海岸の斜里《しゃり》に向って下って行く。右窓に斜里岳が見えてくる。形よい頂に雪をおき、裾《すそ》を思いきり長くひいた休火山で、地図を出して山名を確認せずにはいられぬ山容である。こういう山が内地にあれば歌に詠《よ》まれ、名山になるのであろうが、北海道は歴史が浅く、入植した人たちも必死に開拓と取り組まねばならなかったから、この山を詠んだ名歌などないだろう。そのかわり麓《ふもと》の斜里平野は十勝平野のように整然とした耕地が広がり、大きな甜菜糖《てんさいとう》工場もある。

斜里からオホーツク海岸に出る。右窓後方に羅臼岳《らうすだけ》をはじめ知床《しれとこ》の山々が青黒く連なっている。北海道の熊《くま》の三割、約千頭があの山々の中に棲《す》んでいるという。

列車は湿地と海との間の低い砂丘の上を行く。波が荒く、幾段にも崩れている。砂に埋もれた流木や番小屋しか眼に入らない茫漠《ぼうばく》としたところを急行列車は九〇キロぐらいの快速でとばす。前方にウミネコの群がりが見えてくると小さな川が海に流れこんでいて、家があり、ときに駅もある。そこを過ぎるとまた単調な眺めに戻る。

浜小清水《はまこしみず》からしばらく左に見えるのが濤沸湖《とうふつこ》である。来月になればここに白鳥が下りる。右に原生花園で有名な北浜《きたはま》の砂丘がつづく。花期は終って人の姿はないが、砂丘を一面に覆《おお》った灌木《かんぼく》はグミに似た真紅の実をつけていて、濃い緑の葉との対照がきれいだ。下車して観賞したいと思うほどではないけれど、急行でつっ走るのが惜しい。

12時02分、網走着。つぎに乗る湧網《ゆうもう》線は14時23分なので時間がある。

網走は道東を旅行するとかならず立寄るところである。しかも私と相性がわるいのか接続の関係でいつも待たされるので、市内も周辺もひと通り歩いている。それに観光客ずれしたところがあって、もう降りたくないのだが二時間以上もあるのではしかたない。私は新しい資料館のできたモヨロ貝塚を再訪してから市内で昼食をとることにした。

モヨロ貝塚はアイヌとも異る北方系民族の遺跡で網走川の河口にある。駅から二キロ余で近いが私はタクシーに乗った。運転手は「何もないところですよ」と言ってしきりに遠くにある名勝地をすすめる。その誘いをしりぞけ、三百何円かを支払ってタクシーを降り入館料五〇円の小さな資料館に入った。層をなした貝塚の断面模型がつくられ、本物の人骨や土器がはめこんで展示してある。その前に私が立つとテープが回りはじめ、

「遺跡は木と穴だけのつまらない所ですが」

と正直な前置きがあって解説が流れだした。みんながつまらないと言うようにモヨロ貝塚は木と穴だけのところである。穴は竪穴式住居《たてあなしき》とわかるが、塚の上に茂った木の名がわからない。通りかかった土地の人に訊《たず》ねてみると、ほとんどヤチダモとニレだと教えてくれた。タモはとにかくニレを知らなくてはいかんと思う。

湧網線の列車は網走駅の0番線から出る。

プラットホームの番号は、駅の本屋《ほんおく》に近い側から1番線、2番線とつけるのが原則になっている。しかし湧網線のようなささやかなローカル線の場合、ホームを一面新設する必要はないが本線の線路を使われても邪魔なので、1番線の片隅を切りこんで線路を引きこみ、専用の乗降場とする。これが0番線である。したがってここに発着する列車は連結される車両数も乗客もすくないのがふつうで、それだけに0番線の列車には旅情がある。

14時23分発の湧網線経由湧別行は一両で、ぽつんと0番線に停っている。しかし8時25分発のつぎがこの列車であるためか乗客は多く、四人掛けの席に三人ぐらい坐《すわ》っている。

定刻に0番線を発車するとまもなく番外地に入る。網走刑務所の敷地内を通過するからである。一部は煉瓦《れんが》を積んだ高い塀で囲まれているが、つぎの二見《ふたみ》ケ岡《おか》付近までが刑務所用の耕地になっていて、国道二三八号線も湧網線もそのなかを通る。眼前に網走湖の広がる景色のよい場所である。

網走湖が左窓から消えると、こんどは右窓に白樺林を透して能取湖《のとろこ》が見えてくる。

湖岸には水生植物が群生していて薄茶色の蕭々《しょうしょう》とした眺めであるが、ときどきそれが赤茶色に変る。九月中旬には真紅の絨毯《じゅうたん》を敷いたようになるというサンゴソウの名残りである。

能取湖を半周してから斜面を登り、湖面が右下に遠ざかるとオホーツク海を眼下に見下ろす段丘の上に出る。車窓から流氷を眺めるには好個の地点で、冬ならここから常呂《ところ》までの三キロが絶景の区間になる。

常呂はサロマ湖の東岸栄浦《さかえうら》への入口である。しかし湧網線はすぐ湖岸には出ず、南側の山ひとつ隔てた平凡な甜菜畑や牧草地を一時間半も走ってからでないと、この日本第三位の面積を持つ渺々《びょうびょう》たる湖を見せてくれない。待ち遠しい思いで乗っていると、サロマ湖の西南岸に出る直前の計呂地《けろち》で列車交換のため一四分も停車する。ホームに降りてみると、幹は灰色だが白樺そっくりの木が線路際《せんろぎわ》に並んでいる。車掌も所在なさそうに立っているので、

「これは白樺ですね」と私は訊ねた。

「いや、ドロです。マッチの軸にする木です」

ますます自信がなくなった私は、防雪林を指さし、じゃああれは？　と訊ねた。

「カラマツです。落葉松《らくようしょう》とも言います」

と車掌は答え、親切にも掌《てのひら》に字を書きだした。

計呂地を発車するとサロマ湖の岸にぴったり沿って五分ほど走る。オホーツク海とを隔てる長い砂嘴《さし》が対岸につづくだけの茫洋とした湖で、景色と言うには焦点がないのだが、都会の人間にはこういう超景色がいちばん胸にしみる。きのう根室本線で見た月が、きょうは満月となって湖上にのぼっている。

このあたりは全国版の時刻表には掲載されていない臨時乗降場が多い。計呂地のつぎの志撫子《しぶし》もそのひとつで、そこから乗ってきた赤いトレーニングパンツのおばさんが私の前の席に坐っている。乗ってきたときからちょっと生臭い匂《にお》いが漂っていたけれど、魚の生臭さとはちがって食欲をそそるような匂いである。私は生ガキが食べたくなり、その匂いの素《もと》を確認したいと思った。しかし、貴女《あなた》はなぜ生臭いのか、と訊ねるわけにもいかない。

サロマ湖が見えなくなって芭露《ばろう》という駅に停ったとき、こんどこそまちがいなく白樺だと確信できる木が並んでいたので、私は生臭いおばさんに訊ねた。やはり白樺で、このあたりではガンピとも言うとのことであった。それがきっかけになり、香りの素はホタテ貝であるとわかった。貝剝《かいむ》きの日傭《ひやと》いをしているが仕事は途切れずにあるとのことであった。

薄暗くなって17時00分、中湧別に着く。一昨日泊った遠軽《えんがる》からわずか一六・二キロの地点である。

きょうは紋別まで行って泊る予定であるが、18時10分発なので時間がある。その間にいま乗ってきた湧網線のディーゼルカーが湧別まで往復してくれるので、最長片道切符のルートから横道にそれるが行ってくることにした。

中湧別―湧別間四・九キロは名寄《なよろ》本線の枝線で、一日二往復しか列車が走らない。終点の湧別はオホーツク海に面したさい果ての町である。

日曜日なので通勤通学の客はなく、一両のディーゼルカーに乗っているのは私を含めたおとな三人、それに小学一年と三年ぐらいの姉妹だけであった。この女の子たちは途中の四号線《しごうせん》で下車した。日暮れて人家もない臨時乗降場にこんな幼い子たちが降りて大丈夫かと思ったが、母親が迎えに来ていた。

湧別に着いて例の切符を見せ、中湧別からの乗越し運賃を払おうとすると、駅員が、

「まちがえて乗ったのですか」

と訊ねた。

すぐ折返して中湧別に戻ったが、まだ三〇分ほど時間がある。三つの線区が合流する鉄道の要衝なのに中湧別駅は待合室も駅前もひっそりして深夜のようだ。さいわい黄色い公衆電話があったので私は百円玉を入れて自分の家に電話をかけた。私でも一日に一回ぐらいは連絡せねばならぬ。変りはないかときくと「二等だったわ」と女房がはずんだ声で言った。きょうは小学五年の上の娘の運動会で、二等とは駆けっこの結果なのである。予想外の好成績なので転んだ子でもいたのかと訊ねようとするうちに、遠距離だからたちまち時間切れを知らせるジーという信号が鳴った。

中湧別発18時10分の列車は一昨日遠軽まで乗ってきた急行「大雪5号」の成れの果てで、遠軽からは普通列車になっている。

18時47分、紋別着。この列車は興部《おこっぺ》行であるが乗客のほとんどがここで下車した。紋別には以前泊ったことのある感じのよい旅館がある。料理もよかったし泊りたいのだが、今夜は薄情にも新しく出来たビジネスホテルに泊るつもりである。なにしろ三日分の洗濯物を抱えているのできょうはどうしても処理したい。日本旅館でも頼めば一晩でやってくれるかもしれないが、あす朝の出発は早いし、洗濯はバスつきのホテルで自分でやるのが安直でよい。暖房の季節でないと一夜では乾かないが、いまなら大丈夫だ。

きょうの分までを含め四日分の洗濯をして部屋中に飾りつけ、余勢をかってきょうまでに乗ったキロ数を計算してみると、広尾から紋別までで一一七・八キロ、全行程の八・四パーセントであった。

第4日（10月16日）
紋別《もんべつ》―名寄《なよろ》―音威子府《おといねっぷ》―浜頓別《はまとんべつ》―南稚内《みなみわっかない》

きょうの予定ははっきりしていない。

宿泊地が稚内になることはほぼ確かなのだが、最長片道切符のルートを直行するだけでは物足りない気持がする。名寄から深名線《しんめい》に乗って朱鞠内《しゆまりない》まで往復してみたくもあるし、美深《びふか》で下車して美幸線《びこう》にも乗りたい。なにしろ国鉄各線区の昭和五二年度の収支係数を見ると、美幸線が最低つまり日本一の赤字線であり、深名線は第二位なのである。そういう気の毒な線区のそばを通りがかったときはちょっと立寄りたい。

そんなわけで予定ははっきりしないけれど、いずれにせよ紋別発5時28分の名寄行に乗らなければならない。この列車の名寄での接続はどの方面に行くにしてもきわめてよいからである。6時48分発の急行もあるが、これは名寄での接続がまったくわるい。

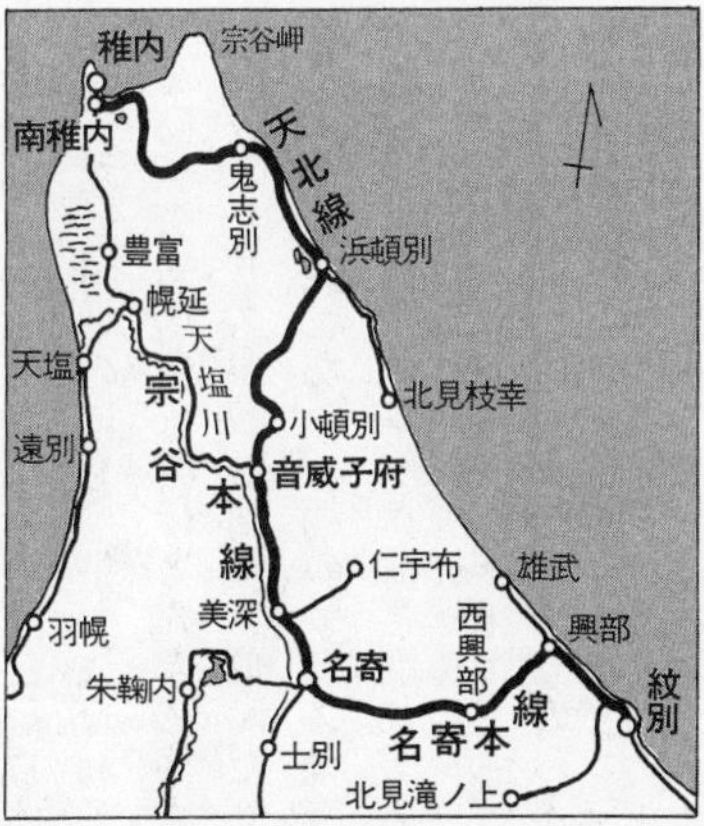

それで5時28分発に乗るために五時前に目覚ましをかけて起きたのだが、ひとつまずいことが起きている。洗濯物が乾ききっていないのである。暖房は入っていたが、冬が近いためかオホーツク海沿岸の空気は湿っているらしい。しかし乾くのを待っていたのでは便利な5時28分発に乗れなくなる。私は比較的湿り気のすくないのを身につけ、あとは一括してビニール袋に詰めて重くなった鞄《かばん》を肩にビジネスホテルを出た。雲はすでに白くなっているが街はまだ暗く、通る車も人もないのに信号機だけが点滅していた。

紋別発5時28分。列車は遠軽《えんがる》始発である。前夜22時15分札幌発の夜行急行「大雪9号」網走行と遠軽で接続しているので、札幌方面からと思われる乗客が荷物をさげて眠そうに降り、代りに長靴をはいた早起きの客が七、八人乗りこむ。三両連結である。

渚滑《しょこつ》を過ぎるとオホーツク海岸に出る。きのうとちがって波は静かだ。しかし日の出前で雲が厚いから海面は暗い。白いウミネコの群れが舞っている。左窓は湿原と牧草地で、まだ薄暗いのにもう牛が放たれている。眠いのか寝ころんでいるのが多い。

6時02分着の興部《おこつぺ》でほとんどの客が降りる。なんとカラスの多いところだろう。五〇羽ものカラスが駅の周辺で飛んだり止ったりしている。しかし、あのカアという声はまったく発しない。朝のカラスは鳴かないのだろうか。

興部からはオホーツク海と別れ、名寄盆地との分水嶺《ぶんすいれい》天北峠へ向う。線路に沿っているのは興部川である。線路の右側つまり東南に面した斜面の紅葉はすでに終りかかっているが、谷の向うの日当りのわるい斜面はまだ美しさを残している。中興部、西興部を過ぎ、興部から四五分も走ってまだ上興部《かみおこつぺ》である。左窓に雪を頂いて目立つ山がある。地図を開くとウエンシリ岳という山で一一四二メートルとある。この山には万年雪があり、そのなかを川が流れて氷のトンネルになっているという。箱根山より低いのにやはり北海道の山である。

上興部から急坂になり速度が二〇キロまで下がる。天北峠はトンネルを掘るほどの嶮《けわ》しい峠ではないので、いちばん上まで登りつめねばならない。ようやく登りきって平坦《へいたん》になり、ディーゼルカーのエンジンがほっと吐息をつくように響きを低めると、線路はするりと背を越えて天塩《てしお》国の下りにかかる。すでに線路際《せんろぎわ》を細い渓流が列車の進行方向に向って流れている。名寄川の上流で、やがて天塩川となって日本海に注ぐ水である。

駅ごとに高校生が乗りはじめ、だんだん混んできた。曇り空から雨も降りはじめ７時52分、名寄着。

最長片道切符のルートを直行するなら名寄発８時08分の稚内行に乗ればよい。この列車は２番線から出る。しかし私は一両のディーゼルカーが淋《さび》しく雨に濡《ぬ》れている０番線へ行った。これが深名線の名寄—朱鞠内間四三・〇キロの山道を往復するキハ22で、こんどの発車は８時17分となっている。

深名線は豪雪地帯を行く線である。まだ雪はないが、樹々《きぎ》の根元は斜面をずり落ちる雪の圧力で押し曲げられ、釣針が山肌をひっかけたような形になっていた。完全に雪に負けて倒れたようにひれ伏し、わずかに小枝の先だけを空へ向けているのも多かった。朱鞠内湖の北岸の白樺林《しらかばばやし》や湖面に点々と残る切株の眺めも見事だったが、それにもまして私の印象に残ったのは白樺と蕗《ふき》ノ台《だい》の二つの無人駅であった。冬期には全列車通過となる高原の駅で、客の代りに雪だけが訪れる。ホームは崩れ、駅の遺跡のようになっており、自然の一部と化していた。

最長片道切符のルートに戻って、名寄発10時35分の宗谷本線の下り鈍行列車に乗る。朱鞠内まで往復したのにまだ一〇時半だから紋別で早起きした効果は大きい。湿っぽく肌にまつわっていた下着もとっくに乾いている。

雨の天塩川を左に見ながら列車は一段高い氾濫原《はんらんげん》の上を行き、三日月型の智恵文《ちえぶん》沼を見下ろすと、まもなく美深に着く。

二年前の六月に来たときは美深の駅前に「日本一の赤字線美幸線に乗って秘境松山湿原へ行こう　美深町」と大書した塔が立っていたが、いまはなくなっている。新しい宣伝文句を探しているのだそうだ。雨が強くなっていたが私は駅前通りのそば屋に駆けこみ、熱い手打ちそばを食べた。店はバラックであったが味はよかった。店のおかみさんに、

「美幸線の調子はどうですかな」

ときくと、

「あははは」

と大きな声で笑う。なぜ笑うのかわからないが、

「町長がわざわざ東京まで行きましてね、銀座で美幸線の切符を売ってきたんです

よ」

と説明する。

美幸線は美深—仁宇布《にうぷ》間二一・二キロの線で、全区間が美深町の行政区域内に入っている。そのためであろうか、国鉄より町長のほうが赤字減らしに熱心なようだ。

とにかく私は12時52分発の美幸線で仁宇布に行き、すぐ折返して13時54分に美深に戻った。もちろんディーゼルカー一両で、乗客は私を含めて往《ゆ》きが五人、帰りは四人であった。

美深発13時59分の鈍行で音威子府へ向う。ディーゼル機関車に古びた客車二両と荷物車一両が連結されている。しばらくぶりに乗る客車列車で鈍行の味わいはひときわ深い。ガタンと発車してゴトゴトと走る古典的な乗り心地で、雨の天塩川を左に見ながら走る。通路を通してカラシ色に塗られた怪物のような機関車が見え、それが客車の揺れと一拍ずつ食いちがいながら体を左右上下にゆすっている。

このあたりは音威子府をはじめ紋穂内《もんぽない》、恩根内《おんねない》、咲来《さっくる》などアイヌ語の音訳による北海道らしい駅名が多い。しかも木材に恵まれているからであろう、見事な一枚板に駅名を太々と書いて改札口の脇《わき》にかけてある駅がいくつかある。とくに紋穂内のは立派で、縦二メートル弱、幅五〇センチ、厚さは三、四センチもあると思われた。紋穂内は大規模稲作の北限地で、モヌプオナイは「小さな平野にある川」の意だという。

音威子府には14時49分に着いた。この列車はここで三六分も停車してから宗谷本線経由で稚内まで行くが、停車中に下り急行「天北」が追いついて天北線経由で稚内へ向う。

天北線が全通したのは大正一一年で、当時は宗谷線と呼ばれ稚内へ通じる唯一《ゆいいつ》の線であった。ところが昭和三年にこれより二一・五キロ短い西回りの線が開通してこれが宗谷本線となったため、天北線に格下げとなった。東海道本線と御殿場《ごてんば》線の関係と同じである。しかし二本の線があるお蔭《かげ》で最長片道切符の旅行者は南稚内まで行けるわけだ。

音威子府発15時12分の急行「天北」は天北線を走る唯一の急行列車で、グリーン車を含む五両編成であった。乗車率は七〇パーセントぐらいだからかなりよいほうであろう。それにしても車内の散乱ぶりは相当なものである。札幌から四時間しかかかっていないのに昼食時をはさんでいるからか、ごみ箱みたいになっている。閑散としたローカル線ばかり乗ってきたので、とくにそう感じるのだろうが。

発車すると、天塩川に沿って行く宗谷本線とさらりと別れ、オホーツク海側との分水嶺への登りにかかる。にわかに山が深くなり、黄葉が多いので車窓が明るくなる。一二、三分登って峠の短いトンネルを抜けるとまもなく小頓別《しょうとんべつ》で、車掌が中央付近の二両しかホームにかからないと放送する。下車する客が空き罐を蹴《け》とばしながら通路を通って中央の車両に集まって来る。

小頓別から天北線の中心浜頓別までは四五・八キロもあり、急行でも四五分かかる。その間に上頓別《かみとんべつ》など上中下三つの頓別があり、浜頓別で分岐する興浜北《こうひんほく》線にも頭に何もつかない頓別という臨時乗降場があるから計六駅もの「頓別」があるわけだ。けさ通ってきた名寄本線にも二八・九キロにわたって四つの興部があったし、三日前に通った石北本線にも四つの白滝《しらたき》があった。内地でも東西南北上中下新本元などを冠した駅名は多く、浦和のように東西南北を四つとも従えた駅もあるが、その浦和にしても東西七・六キロ、南北三・五キロであって、北海道のように何十キロにもわたって一つの地域名が線路上に並んでいるところはない。北海道は歴史が浅く人口もすくないので地名が不足しているのであろう。

浜頓別を過ぎると、すぐ左に寒々とした大小二つのクッチャロ湖が見えてくる。阿寒の屈斜路湖《くっしゃろこ》とちがって湿原のなかの湖沼である。冬には結氷した湖面に雪が薄く積もるので、帆かけスキーという珍しい遊びができるという。

ここからが頓別原野で、急行「天北」は蕭々《しょうしょう》とした夕闇《ゆうやみ》せまる荒蕪地《こうぶち》を稚内目指してひたすら走りつづける。速度もはやく停車駅もすくなく、特急に格上げしてやりたいくらいの走りっぷりである。下り「天北」の札幌―稚内間の表定速度は時速六二・二キロであり、これより遅い五〇キロ台の特急が内地ではいくらも走っている。

ときどき牛を見かけるほかには何もない原野が尽きて、16時46分に鬼志別《おにしべつ》に停車したときは、もうほとんど暗くなっていた。緯度が北に寄ったために日の暮れがきのうより六、七分早いようだ。

さらに「天北」は宗谷岬へ連なる山稜《さんりょう》をさほど速度を落さずに越え、北海道北辺の暗闇のなかを快走する。そんなに急いでいったいどこへ行くのかと問えば、線路があるからさと答えそうに幕別《まくべつ》原野をひたすら走る。鬼志別から一時間もノン・ストップで走りつづけると、闇のなかにようやく灯火が点々と見えはじめ、その密度がにわかに濃くなって17時44分、南稚内に着いた。

南稚内は宗谷本線との合流点であるから、最長片道切符に忠実たらんとすればここで下車しなければならない。しかし私は、なお二・七キロ乗って終着駅の稚内まで行った。

稚内のプラットホームはわずか一面しかなく、木組の屋根を支える柱に「函館から682粁《キロ》」とある。しかし駅舎は鉄筋二階建ての新しい立派なもので、正面には原木の形を生かした厚板がはめこまれ、白いペンキで「日本最北端稚内驛」と書かれていた。

原野と暗闇を走ってきたせいか、新築のビルや明かるい商店街もある駅前の賑《にぎ》やかな雰囲気にちょっと戸惑いを覚えながら、さて今夜はどこに泊ろうかと見渡していると、たちまち客引きが寄ってきた。同じさい果ての街でも根室とはだいぶちがう。

駅舎のすぐ脇にビジネスホテルの看板が出ている。四階建ての小さなビルである。入って行くと一、二階は土産物屋や飲食店でフロントは三階となっている。エレベーターがないので階段を上って行ったが、満室です、とにべもなく断られた。あいにく、とも言わない。他に適当なところはないかと訊《たず》ねると、近くにもう一軒あるが改築中で休業していると言う。そんなことを教えてもらっても何の役にも立たない。

駅前に観光案内所があり、まだ開いていたのでそこへ行った。宿の斡旋《あっせん》を頼んでいる先客が二人もいる。どうやらきょうの稚内は混んでいるらしい。

観光地の宿は土曜日が混むが出張客が主力になる町では月曜と木曜が混むという。

きょうは月曜日である。駅前に客引きはいるがこれは極力避けたほうがよい。旅館にかぎらず街頭で人を呼ぶようなところはそれ相応の内容が待ちかまえていることが多い。

けっきょく町の中心部にある宿はとれず、南稚内の駅の近くに新しくできたビジネスホテルに泊ることになった。最長片道切符の旅行者は稚内まで来てはならぬ、ルートに忠実に南稚内まで戻れ、ということらしい。

強制送還されるような気分でタクシーに乗り、運転手に稚内の景気を問うと、

「魚は普通に揚がっているようですなあ」

と言う。景気は順調ということであろう。つぎに訊ねるべきは、いま何がうまいか、である。言下に、

「ソウハチ」

との答えが返ってきた。聞いたことのない魚だが、とにかくいまが旬《しゅん》だという。

私は物の名前を覚えるのが苦手だ。体を表わした名前、たとえば出目金なら覚えられるけれど、ランチュウなどのようになぜこの金魚がそう呼ばれるのかわからない名前は、教えられたとたんに忘れる。時刻表の愛読者なのに特急の愛称名すらよく忘れる。佐世保特急の「みどり」、網走特急の「おおとり」などはとくに苦手だ。

私はソウハチ、ソウハチと唱えながら車を下りた。食べさせる店の名も知りたかったが、欲ばって店名まで覚えようとすると肝心の魚の名前を忘れるおそれがあった。

フロントでソウハチを食べたいと言うと、すぐ近くの店を教えてくれた。野趣のあるカウンターに坐《すわ》り、食べ慣れた魚であるかのように「ソウハチ」と言うと、勢いよい返事が返って若い板さんが小型のカレイを焼きはじめた。

第5日（10月17日）

南稚内《みなみわっかない》―幌延《ほろのべ》―留萌《るもい》―深川《ふかがわ》―岩見沢―沼《ぬま》ノ端《はた》―札幌―小樽

自分の家で寝ているつもりで眼を覚ます。つぎの瞬間、旅先の宿にいるのだと気づく。

ああ自分はいま旅に出ているのだ、という実感が布団《ふとん》の中で湧《わ》いてくる。部屋の構造を思い出しながら手を伸ばして枕元《まくらもと》の電気スタンドのスイッチを探り、時計を見る。そして、時計の針が適度な時刻を示していれば旅の実感は爽《さわ》やかなものとなる。

ところがいまはそうでない。まだ午前一時過ぎだ。

廊下に人の気配がする。エレベーターの唸《うな》りが聞える。私を夜中に起した犯人を見定めたくなり、ドアを開けて覗《のぞ》くと、エレベーターの前に二人連れが立っている。一瞬こちらを見たがすぐ眼をそらしてエレベーターのランプに眼をやっている。しばらくすると表の通りから車のエンジンを吹かす音、走り去る音が聞えてくる。

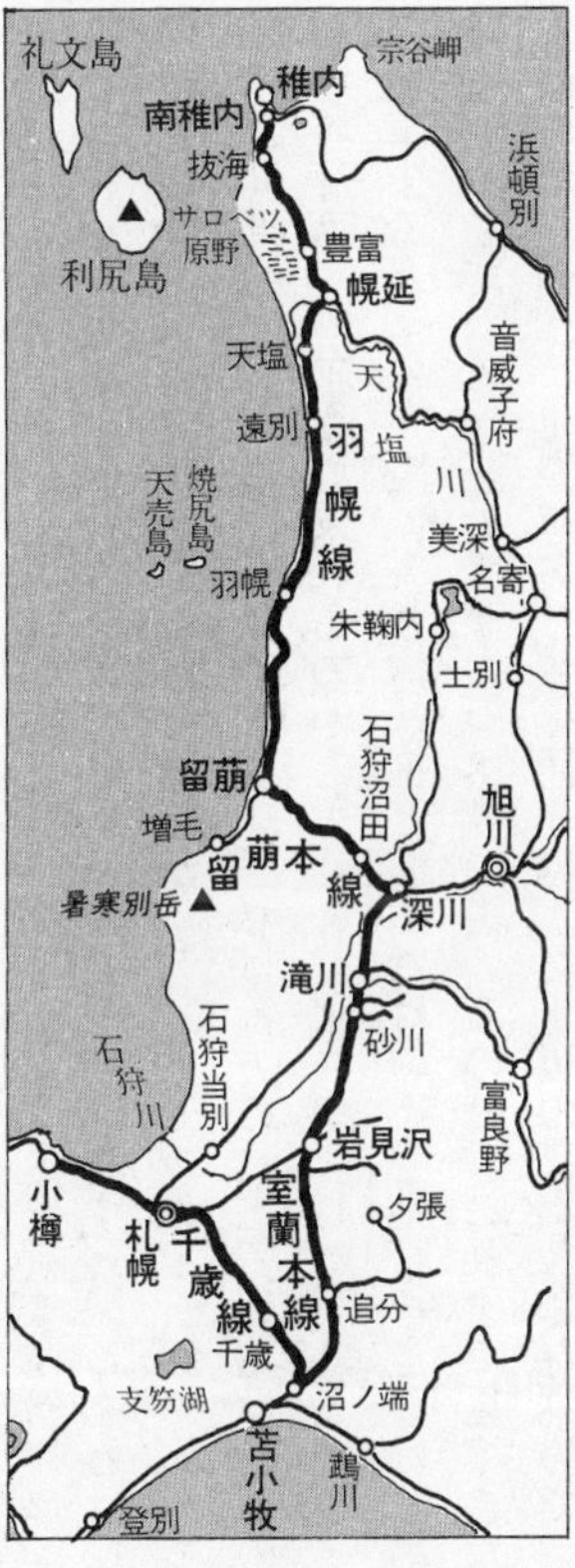

のどが乾いたので自動販売機まで行って罐ビールを一本買う。廊下を歩くとそれらしき気配のする部屋がある。どうやらこのホテルは多目的に活用されているらしい。なまじ一本飲んだために不足感を覚え、もう一本買いに行く。眼がさえて時刻表をめくりはじめる。一時間半ほど起きていたが、その間に二組引揚げたようであった。

南稚内も新築の駅舎で、タクシーが一〇台ぐらい駐車していた。まもなく札幌からの夜行急行「利尻《りしり》」が着くので、それを待っているのであろう。風が強い。

古めかしい車両を一両も連結した「利尻」が暖房の蒸気をホームに吹きつけながらゆっくりと眠そうに到着し、二〇人ほどの客を降ろすと、こんどは反対側のホームに6時14分発宗谷本線経由旭川行鈍行が、ディーゼルカー三両で入って来た。

先頭の車両には乗客が一人もいない。私は前方の見えるいちばん前の席に坐《すわ》った。この特等席で幌延まで乗れるのかと思うと、眠いが嬉《うれ》しい。

発車するとすぐ丘陵に入り、熊笹《くまざさ》と灌木《かんぼく》だけの不毛地帯を走りはじめる。丘陵は複雑に起伏しているが丘の肌がのっぺりしているので、これまで見てきた北海道の景観とは趣がちがう。北海道らしさを通り越した北辺の寒々とした眺めで、そのなかを線路だけが曲折しながらつづいている。

七、八分登ると利尻富士の全景の見られる地点がある。丘陵の西側を切落した海蝕《かいしょく》崖《がい》の上を列車が走るからである。しかし、ほんのわずかの間なので、そのつもりで待機していないと見損なう。曇っているのでどうかなと思いながら気をつけていると、旭川からのキロ数を示す「251」の距離標を過ぎたところで高い崖《がけ》の上に出た。利尻富士は頭をかくしていたが、広げた裾《すそ》がそのまま海面に没する姿は毅然《きぜん》としていて一種の神々《こうごう》しささえあった。

ふたたび熊笹と灌木のなかに入り、最初の駅に停車する。抜海《ばっかい》である。利尻富士にふさわしい雄渾《ゆうこん》な駅名であるが、パクカイは「丘の上に大きな岩のある所」の意だという。

抜海から勇知《ゆうち》を過ぎ兜沼《かぶとぬま》までの二〇分は同じような荒蕪地《こうぶち》を行く。このあたりは駅間距離が長いので各駅に列車交換の設備があり駅員がいる。どの駅のホームにも花壇がつくられ、一〇月中旬なのにいろいろな花を咲かせている。古タイヤを植木鉢に仕立て、派手な色のペンキが塗ってある。小さな石ころまで一つ一つ三原色や緑で色分けして丹念に塗ってあったりして、駅員の心遣いがしのばれるが、暇があるんだなあとも思う。

兜沼で丘陵地帯は終り、サロベツ原野にかかる。線路は北海道でもっとも広い泥炭地の東側に敷かれ、右窓に茫漠《ぼうばく》とした眺めが四〇分もつづく。前方を見ると線路が一直線に伸びて原野のなかに溶けている。

しかし、八年前にはじめてサロベツ原野を通ったときは、それこそ原始のままの広大な野だと思い、あまりの何も無さに感動すら覚えたのだが、二度目のきょうは、牧場や家が眼に入ってしかたがない。新しい牧舎やサイロがあるから入植者が増えたのだろうが、それにしても前回の印象とちがう。

前回は金曜日の夕方に羽田を発《た》ち、夜行急行「利尻」の夜明けに見たサロベツ原野であったが、今回は北海道をひと通り回ってからここへ来たということもあろう。このような印象のちがいは各線区に乗るたびに痛感することである。そうは言っても、この茫漠としてとらえどころのない原野の景観は内地のものではなく、時間を忘れさせてくれることに変りはなかった。

7時38分、幌延着。ここで羽幌《はぼろ》線に乗換えるのだが、11時50分着の留萌まで駅弁はないしこの幌延にもないので、駅の売店で牛乳を二本飲んでおく。

幌延発8時02分の羽幌線の列車はディーゼルカー二両で、高校生が五〇人くらい乗っていた。天塩《てしお》まで通うのであろう。

羽幌線は留萠—幌延間一四一・一キロの長い線区である。全線日本海に沿っているが、海に近いところはあまり走らず、牧草地や耕地のなかを延々と行く。全国版の時刻表では駅の数が二七であるが、そのほかに九つの臨時乗降場がある。

発車して白樺林《しらかばばやし》を抜けるとすぐ天塩川を渡る。河原はなく、両岸の低い河成段丘の間を水がいっぱいになって流れる北海道型の川である。

振老《ふらおい》という気味のわるい名の駅を過ぎるあたりから牧草地が多くなる。

天塩のひとつ手前に中川口《なかかわぐち》という、ホームの長さが五メートルぐらいしかない小さな臨時乗降場があり、数人の高校生が乗ってきた。そのなかの女子高校生一人が「すいません」と小さな声を出して私の席の前に坐ると、すぐ鞄《かばん》から英語の教科書を出して開いた。色の白い愛らしい高校生である。この臨時乗降場の左手に小さな牧舎とサイロが三つ四つ見え、他に何もないから牧場の子にちがいない。とすると、家では牛の世話もしているのだろうし、もしかするとゴム手袋などはめて牝牛《めうし》の種付けの手伝いなんぞやっているかもしれない。とてもそんなふうには見えないが。

天塩で高校生たちが降り、車内はガラ空きになったが、ホームに人だかりがしている。誰かを見送りに来ているらしい。新婚旅行にしては時間が早すぎるし、見送る側に男女の高校生が多いから先生の転勤であろうか。ホームの人波や視線が前の車両に集中しているので私は覗きに行ってみた。三五歳ぐらいの男の人が窓際《まどぎわ》に立って幾度もお辞儀をしている。そのうしろで黒い羽織姿の奥さんらしい人がハンカチを目に当てている。一帳羅を着た女の子が寄り添っているから三人家族なのだろう。

天塩は羽幌線の主要駅であるがホームは狭く、そこに見送り人が詰っている。このまま発車しては危険ではないかと思うほどだったが、定刻の8時36分、ディーゼルカーは容赦なく動き出した。人の群れもそれにつれて動き出す。ホームをはずれると線路のふちに飛び降りて、一緒に走りながら手を振る高校生も多い。列車はそれを振切るように速度をはやめた。

単調な海岸線が近づき、また遠くなる。海は遠くが青く近くは灰褐色をしている。沖合いまで白波が立っていて船影はない。稲作の北限地遠別《えんべつ》を過ぎると水田が現われるが依然として牧草地が多く、原木を積んだ駅も多い。

幌延から二時間で羽幌《はぼろ》に着く。ここはススの出ない良質の家庭用炭を産出し、羽幌炭は石炭不況の圏外にあると言われたが、けっきょく昭和四五年に閉山してしまった。

ここで列車の後部に二両増結され四両編成となる。せっかくだから増結車に席を移してみる。隅っこに先客が一人いるだけで、しかも国鉄の職員である。

「羽幌線はいつもこんなに空《す》いているのですか」

と訊《たず》ねてみる。

「そうなんです」

と元気がない。

晴れていればオロロン鳥の群れる天売島《てうりとう》や焼尻島《やぎしりとう》の平たい島影が見えるのだが、厚い黒い雲が水平線まで下がっている。苫前《とままえ》、古丹別《こたんべつ》を過ぎ力昼《りきびる》からは海蝕崖の下の海際を行くようになる。雨と風が強くなってきた。窓に水滴が音を立てて吸いつき、斜めに糸を引いて落ちる。あと一と月もすればこれが吹雪に変るのだろう。北海道では台所の外に積んである薪《まき》を取りに行って、吹雪に視界を奪われ遭難することもあるという。まだ一〇月の中旬だが、このままそんな冬に入ってしまうのだろうか。

留萌着11時50分。この列車は留萌から急行となり深川を経て旭川まで行く。きょうの私の予定は、このあと深川に出て函館本線で岩見沢、さらに室蘭本線、千歳《ちとせ》線を経由して札幌か小樽に泊るつもりであるが、このまま急行で行ってみても岩見沢発14時13分の室蘭本線には間に合わず、そのあとは16時42分発までない。岩見沢が16時42分なら留萌発13時45分の鈍行で行っても十分である。とすれば留萌の町を二時間ばかり歩くのもおもしろかろうと考えていたのだが、この雨では無理だ。しかし私は留萌で下車し、12時12分発の深川行鈍行に乗換えた。発車して約三五分、天塩国から石狩国への峠にかかると雨は止《や》み、短いトンネルで峠を越えると雲が切れ薄日がさしている。ひとをからかうような天気である。

深川からは複線電化の函館本線で列車本数が多い。目的の岩見沢発16時42分に間に合う列車が四本もある。私は一四分待って13時49分発の鈍行に乗り、14時11分着の滝川で途中下車した。滝川で降りたのは直行して岩見沢まで行っても早く着きすぎて一時間四六分も待たねばならず、その待時間を滝川に振向けると日本シリーズ第三戦の程よい時間帯、つまり中盤から終盤へかけてが見られると思ったからであった。滝川駅前の新しいビジネスホテルの喫茶室でテレビを見たが、スワローズは老投手足立に完封され三塁も踏めずに完敗した。あまりに見事な負けっぷりなので、かえってさっぱりした気分になり、滝川始発15時46分手稲《ていね》行に乗った。711系という北海道専用の交流電車六両の編成であった。

岩見沢16時42分発室蘭本線の列車は客車四両と荷物車二両である。この線はディーゼルカーがすくなく、このような客車列車が多い。しかも中に入ってみると一般の客車列車と趣がちがう。戦前の車両でもいまは蛍光灯につけかえられているが、ここでは卵を半分に割ったような昔懐《なつ》かしいブラケットが天井にはめこまれており、金具も真鍮《しんちゅう》である。薄暗くてわびしいが戦前の急行列車に乗ったような落着きもあって、蒸気機関車の最後の宝庫と言われた室蘭本線の体臭が漂っている。

車内は混んでいた。高校生はすくなく、一般客とくにおばさんやお婆《ばあ》さんがかなり乗っている。

室蘭本線は夕張炭田の炭鉱群から搬出された石炭を室蘭へ運ぶための大幹線であった。貨物ばかりでなく、戦前は札幌に寄らずにこの線を通って函館から稚内まで直通する寝台車つき列車が走っていたこともあった。しかし、いまやすべての優等列車は遠回りしてでも札幌に立寄る時代となって、室蘭本線にはこんな列車しか走らない。けれども往年の栄光は老朽化したとはいえ駅のつくりの大きさに残っていて、ディーゼルカーでは貫禄《かんろく》負けする。やはり客車列車でないと似つかわしくない。牽引《けんいん》するディーゼル機関車のピョーウという警笛の音色は蒸気機関車のそれとはちがうけれど、哀調には通じるものがある。

西の空を眺めると、石狩平野の彼方《かなた》に、すでに輝きを失った黄赤色の太陽が、ぐんぐん恵庭岳《えにわだけ》に接近していた。

最長片道切符のルートに従えば18時07分着の沼ノ端で千歳線に乗換えて札幌に向うべきなのだが、沼ノ端は鈍行しか停車しない駅で、つぎの札幌行は20時42分までない。私は一つ先の苫小牧《とまこまい》まで乗越し、18時30分発の急行「ちとせ17号」に乗った。

千歳線はもとの北海道鉄道札幌線で、国鉄に買収された当時、全線を走る列車は一日五、六往復しかなかった。それがいまでは複線化されて、特急と急行を主力とする三〇往復もの列車が走るようになった。百万都市札幌の発展を象徴するような線区である。

急行「ちとせ17号」札幌行は九両という長い編成で千歳線をつっ走る。左窓間近に時代を謳歌《おうか》するような千歳の空港ビルの明りや誘導灯が眼に入る。私は今夜は札幌を素通りして小樽に泊ろうと思いはじめていた。

この列車の札幌着は19時27分である。19時28分発の小樽行があるが、札幌駅は大きいからわずか一分では乗換えられるかどうかわからない。車掌が来るのを待って接続するか否《いな》かを訊ねると、あとで調べて返事をします、と言う。その返事がいっこう来ないうちに札幌が近づき、車掌がマイクで接続列車の案内をはじめた。小樽方面については19時51分発があると言っただけで、私が問合せた19時28分発は無視されている。しかしこれで私への返事も兼ねているのだろう。

とっくに日は暮れているから小樽に二〇分ぐらい早く着いても着かなくても、どっちでもいいのだが、私はなんとなく闘志が湧《わ》いてきて19時28分発に間に合ってやろうと思った。

札幌駅の構造をくわしくは知らないが、中央に地下道があることはわかっている。私は長い編成の真ん中あたりの扉口に立って待機した。さいわい定刻19時27分、「ちとせ17号」は5番線に到着し、2番線に19時28分発の小樽行が見えた。私は地下道への階段を駆け下り駆け上った。その私をあられもない大股《おおまた》で追い抜く女性がいたのには感心したが、たぶん小樽行に間に合ったのは二人だけだったろう。扉はすぐ閉まった。

車内は勤め帰りの客で通路まで混んでいた。私だけが馬のように息をはずませていたが、二つ目の琴似《ことに》で席があいた。

銭函《ぜにばこ》から海に出る。ここから小樽までは山が急傾斜で海に落ち、列車は低い護岸に沿って走る。車窓近くに波しぶきが上がり、車内の明りがそれを照らし出す。

小樽着20時13分。雨が強く降っている。駅前の角から二、三軒目にビジネスホテルが見えたので駆けこんだ。駅前広場が広いのですこし濡《ぬ》れた。部屋に荷物を置いてからフロントで近くの店を教えてもらい、また駆けこんだ。よく走らされる日である。きょうは北海道最後の夜なので、私はもう一度ソウハチを注文した。

第6日（10月18日）

小樽―倶知安《くっちゃん》―伊達紋別《だてもんべつ》―函館～～青森―好摩《こうま》

町はさびれても駅は小さくならない。

貿易会社の支社などが小樽を見捨てて札幌に移っても、小樽駅の建物は昔のままに立派だ。建物ばかりではない。ホームの鉄骨屋根の堂々たる張出し具合はどうだ。一級駅の風格を備えている。

午前五時四五分。閑散とした広いコンコース。天井は吹抜けづくりで高い。若い駅員が改札口を離れて、ぽつんと一人立っている。私の切符を見て「すごいですねえ」と言う。北海道だけですでに二〇もの途中下車印が捺《お》され、この切符も風格が出はじめている。

5時51分発の長万部《おしゃまんべ》行が3番線に入って車体の下から湯気を吹いている。客車四両、荷物車三両の客車列車である。私が乗った車両には先客が二人いた。一人は青年で窓を開けて見送りの女性と話している。もう一人は中年の国鉄職員である。

発車すると二人とも「寝台」をつくって横になった。寝台というのは、シートの片端を持上げてその下にジュースの空き罐をあてがい、二〇度ぐらいの傾斜をつくって肘《ひじ》掛けを枕《まくら》にするものである。四人掛けの普通車で寝るにはこれが最良とされている。

青年は柔かそうな布製の手提袋を枕にして、長い脚を窓に立てかけた。

小樽は坂の町と言われる。斜面には昔の西洋館を偲《しの》ばせる古い建物や新しいカラー屋根が、新旧思い思いに建てこんでいる。すでに夜は明けたが、丘の上に右下の欠け

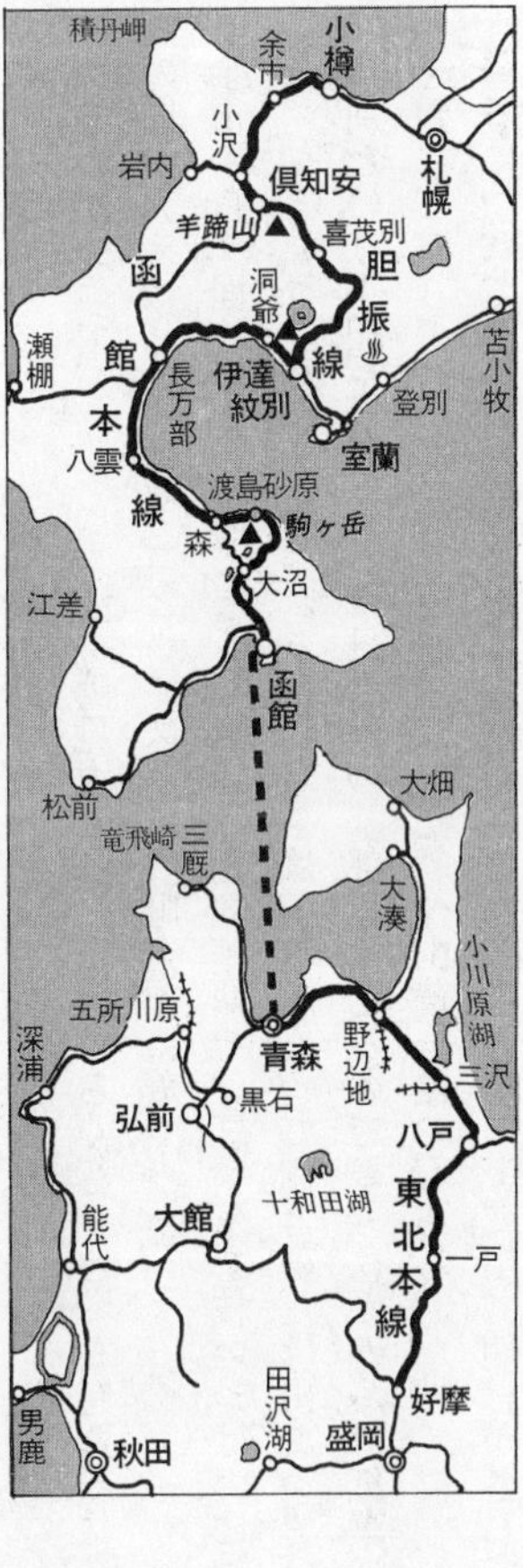

た白い月が残っている。

家並みが去って、断崖《だんがい》と入江の隠見する台上をしばらく行くと、右窓遠くに積丹半《しやこたん》島の崖《がけ》が見えはじめ、リンゴとウイスキーの町余市《よいち》に着く。

余市から一面のリンゴ畑となる。ちょうど収穫期で、紅《あか》い玉を枝いっぱいにつけている。つぎにブドウ畑が現われる。こちらは収穫が終って棚と蔓《つる》だけになっていた。

然別《しかりべつ》という小駅を過ぎると積丹半島の基部を横切るので登りにかかる。紅葉はまだ色を残し、盛りの黄葉との対照がきれいだ。全山黄一色のもある。

登るにつれて濃い朝靄《あさもや》のなかに入り、さらに登るとその上に出て朝日がさしてくる。下界を埋めた靄を窓の下に見下ろすので、飛行機からの眺めに似てきた。

峠の手前の銀山《ぎんざん》で下りの客車列車とすれちがう。小樽と長万部の間を走る鈍行は客車列車が多い。こういう鈍行同士が静寂な山の中の駅で交換するのはいいものである。ローカル線の味わい深いと言うべきだが、ここはローカル線ではなく函館本線である。札幌から函館への輸送の主力は千歳線経由に移り、勾配《こうばい》とカーブの多いこの区間はさびれてしまったのだ。

銀山からトンネルを抜けて黄葉が窓をかすめる急勾配を下り、小沢《こざわ》で岩内《いわない》線からの高校生や大きな籠《かご》を背負ったかつぎ屋のおばさんたちを乗せるとまた急な登りにかかり、ニセコアンヌプリに連なる山稜《さんりょう》をトンネルで抜ける。ここが倶知安峠で蝦夷《えぞ》富士の羊蹄山《ようていざん》がすぐ近くに眺められるはずなのだが、霧で何も見えない。きょうは曇か晴かはっきりしない天気である。

倶知安着7時38分。ここで胆振《いぶり》線に乗換える。7時46分発だから接続はよい。クッチャンとはいかにも北海道らしい。どことなく投げやりな響きがあって愉快だが、「猟師の小屋のある沢」だという。このあたりは水質がよいのか駅のホームに「日本一の水」と書かれた湧水《ゆうすい》が引かれている。

胆振線は倶知安から羊蹄山の裾《すそ》を回り、洞爺湖《とうやこ》と有珠山《うすざん》の東側を通って室蘭本線の伊達紋別に至る八三・〇キロの線である。戦争末期には線路の下から昭和新山が盛り上ってきたし、つい最近は有珠山の噴火による降灰や泥流で線路が埋まるなど、火山活動の被害をよく受ける線で、昭和五二年度は泥流の除去費がかさんで赤字線の第一〇位に入っている。

倶知安発7時46分の伊達紋別行はディーゼルカー二両であった。五分ほど走ると霧がはれ、羊蹄山が裾野から頂へと見る見る全容を現わしてきた。なかなか運がいい。裾野の耕地を四五分走ると、この線の中心喜茂別《きもべつ》に着く。ここはアスパラガスの産地で全国の生産高の七〇パーセントを占め、大きな罐詰工場もあるそうだが、駅は町から離れた淋《さび》しい山際《やまぎわ》にある。一九分停車するので砂利のホームに降り、待機中の除雪車を眺めていると、駅長が来て「きょうは羊蹄山が見えませんなあ」と言う。おや、と思ってその方向を見ると、いつのまにかまた雲をかぶっている。

アスパラガスのことを訊《たず》ねると、こちらへおいでくださいと、線路をまたぎながら駅舎の脇《わき》の花壇へ案内される。そしてミツバが薹立《とうだ》ちしたようなモシャモシャの叢《くさむら》を指して「伸びるとアスパラはこんなになるんです。土の中にあるのがホワイトアスパラ、地上に出たのがグリーンです。ホワイトは保存がきかないので罐詰にしかなりません」と説明してくれる。念願のエゾマツとトドマツの違いについて質問すると、山肌を指さして、

「あそこに幹の白っぽいのが一本あるでしょう。あれが……」

とくわしく解説してくれた。一本しか見本がないので実地教育は不十分であったが、要するに、幹が白いか赤いか、枝の付け根が上向きか下向きかで見分ける、というのがその骨子であった。発車時刻になったのでお礼を言うと、駅長は挙手の礼をした。

知りたかったことを教えてもらったので、よし見分けてやろうと窓外を見ていると、やがて列車は日本海側と太平洋側とを分かつ峠への登りにかかる。速度は遅くなり樹

木が多くなるので観察するのに都合がよい。しかし、幹が赤っぽいとか白っぽいとか言っても判然としているわけではないし、まして下向きの枝などちっとも見当たらない。それに、赤い幹がエゾマツだったのか下向きの枝がトドマツだったのか肝心のことをもう忘れていた。

分水嶺《ぶんすいれい》の峠をトンネルで抜け、長流川《おさるがわ》に沿って下る。この川に沿って北湯沢《きたゆざわ》、蟠渓《ばんけい》などの温泉があり、そこに駅もあるが、私は居眠りをしていたので知らずに通り過ぎた。

騒がしい気配で眼を覚ますと、三人連れのおばさんが私の前と横に坐《すわ》っておしゃべりをしており、列車は壮瞥《そうべつ》に停車している。ここは洞爺湖の流出口のすぐ下にあり、ここから終着伊達紋別までは農村地帯となる。けれどもホームも駅舎の屋根も灰で被《おお》われていて、殺伐としている。有珠山の降灰である。畑も田も家も一面に灰黒く、ディーゼルカーは線路際に積もった灰を巻上げながら走る。

有珠山はなかなかの様相を呈している。頂上から黒い太い噴煙がまっすぐ筒のように立ち上り、ある高さから横に拡《ひろ》がって原爆のキノコ雲のようだ。

「きょうは蒸気を仰山上げておるのう」

とおばさんの一人が言う。また噴火するのではあるまいか、と思ったので訊ねてみると、

「いや、雨が降るといつもああなる」

とすこしも動じない。

伊達紋別には10時33分に着いた。明治のはじめに伊達の支藩亘理《わたり》の藩主伊達邦成《くにしげ》が開拓した所なのでこの名がある。反明治政府派だったので石高を減らされ、やむをえずこの地に移ったというが、いまは道南第一の穀倉地帯になっている。

ここから函館まではいろいろな列車がある。私はまず10時42分発の鈍行に乗って洞爺で下車し、タクシーで見晴台《みはらしだい》まで往復して洞爺湖と有珠山の泥流を見、洞爺発11時36分の急行「すずらん2号」で函館へ向った。この急行は長万部、八雲《やくも》、森、大沼など停るべきところにきちんと停車しながら内浦湾をぐるりと回る。

長万部は函館本線との分岐駅で交通の要衝であるが、天然ガス試掘の際に湧《わ》いた温泉があるくらいで格別の町ではない。しかし駅付近には毛ガニの看板が多い。オシャマンペは「カレイのいる所」の意だというが、毛ガニを宣伝する所になっている。

ここから八雲にかけては、左に噴煙を上げる有珠山と頂に雲をかぶった羊蹄山、右

には海から噴き出たような駒ヶ岳の全容が車窓から一望でき、列車はそれらの火山に囲まれた内浦湾に沿って走る。この湾は「噴火湾」の別名を持つが、江戸末期に来航したイギリス船の船長が「ヴォルカノ・ベイ」と言ったのに由来するという。

八雲は明治一一年に旧尾張《おわり》藩主徳川慶勝《よしかつ》が開いた酪農の先進地で、地名は「八雲たつ出雲《いずも》八重垣つまごみに」に因《ちな》むそうで、出雲町、八重垣町などの町名がある。北海道でも南部まで来ると歴史の香りがいろいろとしてくる。

森から「すずらん2号」は砂原《さわら》線に進入する。

函館本線は森—大沼間で新旧二つの経路に分れている。駒ヶ岳の西麓《せいろく》を急勾配で登るほうが明治三六年に開通した旧線である。しかし鉄道、とくに蒸気機関車は登り坂に弱いので、この区間は輸送力の障害となっていた。重い石炭を積んだ貨物列車など短い編成に組替えないと登れないのである。そこで遠回りではあるが勾配の緩い線路が駒ヶ岳の東麓の海側に敷かれた。開通したのは敗戦の年の六月であった。砂原町を通るので「砂原線」と呼ばれるが正式名称はこれも函館本線である。

現在、特急、急行の場合、下り列車はすべて旧線経由、函館へ向う上りは砂原線経由と旧線経由とに分けて運転されているが、「最長片道切符」だから遠回りの砂原線に乗らなくてはいけない。さいわいこの急行「すずらん2号」は砂原線経由である。

列車は駒ヶ岳の裾を大きく巻きながら緩い勾配をぐんぐん登って行く。左窓に対岸の室蘭を望み、駒ヶ岳のなだらかな山腹を走るのでなかなか爽快《そうかい》である。裾の美しい貴婦人のような駒ヶ岳の全容を眺めるには旧線のほうがいいが、砂原線の車窓も捨てたものではない。

13時41分、大沼に停車したので私は下車し、13時48分発の鈍行函館行に乗換えた。北海道の旅の終りを鈍行列車の車窓から見届けたいような気持がしたからである。大沼駅の跨線橋《こせんきょう》から眺めた駒ヶ岳は美しかった。いまや北海道へ渡る旅客の九割以上が飛行機を利用するようになり、函館本線の車窓からこの山を眺める人はすくなくなってしまったが、形のいいことでは駒ヶ岳が一番だな、と私は思った。

函館着14時34分。連絡船は15時05分に出帆する。乗船名簿に記入し、ハッチに並んだ乗組員に慇懃《いんぎん》に迎えられて船内に入る。銅鑼《どら》が鳴ると埠頭《ふとう》から「蛍の光」が流れ出した。

出航後二時間、渡島《おしま》半島と津軽半島との間に夕陽が沈む。海の黒いうねりの上に見えるのはフェリーの窓明りや漁船の灯火ばかりとなって、18時55分、連絡船は青森港に着岸した。

ここで最長片道切符の旅を中断し、東京に戻らなければならない。

私は青森駅のみどりの窓口へ行った。連絡船は気の毒なほど空《す》いていたのに寝台券は売切れの列車が多く、入手できたのは21時10分発の電車特急「ゆうづる10号」であった。十和田湖《とわだこ》の紅葉が見頃だから、その客が多いのかもしれない。

時間があるので青森の町へ出た。空気はやや冷いがコートが欲しいほどではなく、心地よい。あの根室の寒風が遠いことのように思われた。

ところで、最長片道切符のルートは、青森から盛岡の手前の好摩まで行って花輪《はなわ》線に入ることになっている。だから夜行であれ、青森から東北本線に乗って上野へ向えば当然好摩を通る。したがって好摩が中断地点となる。しかしそれでは青森―好摩間一八二・六キロを寝台車で眠ったまま通り過ぎることになる。これではどうも申しわけない。私はできれば次回は青森から再開したいと思った。だから「青森」という途中下車印の捺された切符は内ポケットに仕舞い、窓口で青森から東京都区内までの乗車券を購入した。

特急「ゆうづる10号」は23時10分頃に好摩を通過したはずである。もちろん私は眠っていた。

第7日（10月28日）

好摩《こうま》—大館《おおだて》—弘前《ひろさき》—深浦《ふかうら》—東能代《ひがしのしろ》—秋田

10月27日上野発23時05分常磐線回り青森行寝台特急「ゆうづる13号」は、午前0時を過ぎても上野駅の9番線ホームに停車したままである。

綾瀬《あやせ》で貨物列車の機関車が故障し、常磐線の下り線を塞《ふさ》いでいるという。綾瀬は上野から九・九キロ、すぐそこの駅である。

「まもなく代りの機関車が松戸から回送されてまいりますので、しばらくお待ちください」という車内放送があったから、いずれ動くのだろうが、これであすの予定は目茶苦茶だ。私は、どうにでもなれ、と自棄《やけ》になりながら、いっぽう、青森—好摩間を無視した報いのような気がしないでもなかった。

文句を言うにも弁解するにも相手のないことなのだが、時間の都合がつかなくて一一月一日までの五日間しか日程がとれなかったのである。それまでに東北地方を乗り終えないと後のスケジュールがますます厳しくなるので、私は泣いて青森—好摩間を切った。切ったといっても、北海道の帰りに寝台車で眠りながらこの区間に乗っているから首はつながっているが、どうも寝覚めがわるい。

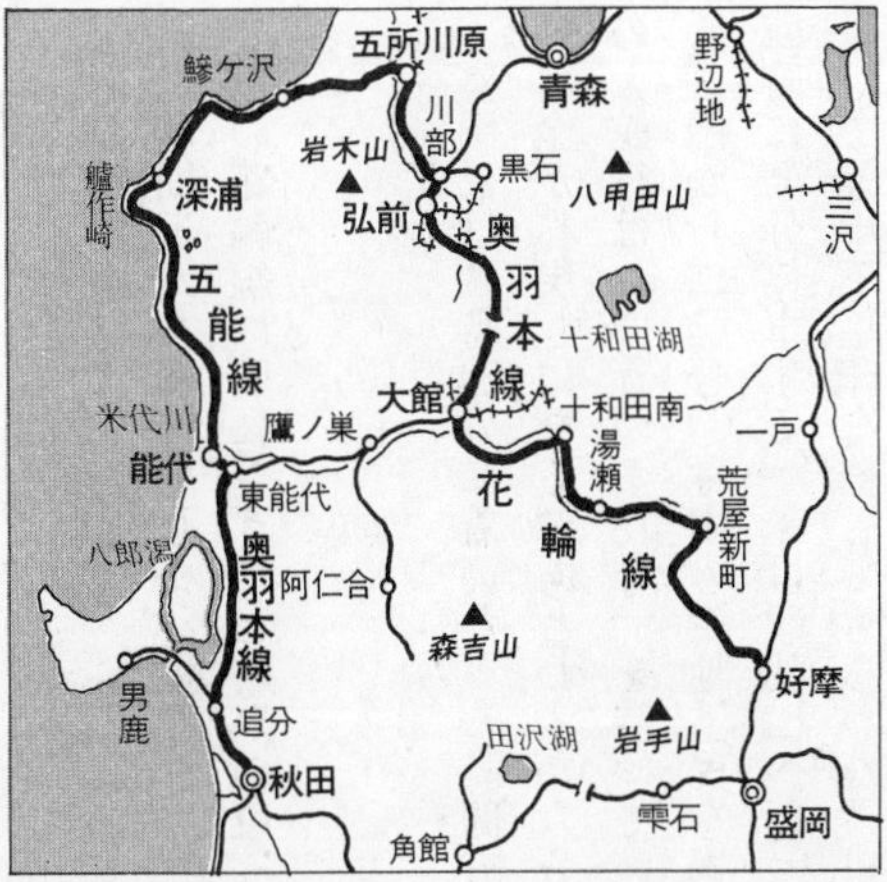

0時49分に「ゆうづる13号」はようやく上野駅を発車した。一時間四四分の遅れである。

なるようになれと思って眠ろうとしても、盛岡に着いてからのことが気になって眠れない。つい時刻表を開いてしまう。

この列車は定時運転なら7時00分に盛岡に着き、7時11分発の539列車沼宮内《ぬまくない》行と927D列車花輪《はなわ》線経由大館行との併結列車に接続する。これは列車番号で判《わか》るように客車列車とディーゼルカーとが一緒になっている。花輪線が分岐する好摩まで機関車が引っ張るのだろうが、こんな珍奇な列車は他に類を見ない。車両にはさして関心も知識もないのだが、この呉越同舟列車には興味を覚える。だから、ふだんは持ち歩かないカメラまで鞄《かばん》に入れてきた。しかし二時間近くも遅れてしまってはもう駄目である。それどころか、つぎの盛岡発8時45分の花輪線に間に合うかどうかのほうが問題で、これにも遅れると12時33分発までない。

盛岡には8時54分に着いた。一時間五四分の遅れである。二時間以上遅延すると特急料金が払戻しになる。あとわずか六分、どうもおもしろくない。しかし8時45分発の大館行は「ゆうづる13号」を待っていてくれた。

盛岡から二〇分、啄木《たくぼく》の生地渋民《しぶたみ》を過ぎると好摩である。上り列車との交換待ちで臨時に七分停車する。私は改札口へ行って上野からの乗車券を渡し、枕崎《まくらざき》行の切符を見せて途中下車印を捺《お》してもらった。自分からすすんで「最長片道切符」を見せるのは、これがはじめてであった。青森―好摩間を無視したので、せめて「好摩」の印は捺しておきたかった。

好摩を二七分遅れて発車し、東北本線と分れると、藁葺《わらぶき》屋根が見え、みちのくに来たなと思う。しかし、左窓に見えるはずの岩手山も、その先に連なる八幡平《はちまんたい》の山々も雲をかぶっている。

岩手松尾から急な勾配《こうばい》にかかり、列車は竜ケ森《りゅうがもり》高原へ向ってゆっくり登って行く。蒸気機関車が走っていたころは、この勾配で精一杯罐《かま》を焚《た》き、煙を吹上げたので、その撮影地としてファンを集めた所である。

龍ケ森は小海《こうみ》線の清里《きよさと》を淋《さび》しくしたような高原の駅で白樺《しらかば》が多い。

蒸気機関車が消えてもぬけの殻のようになった機関庫や転車台の残る荒屋新町《あらやしんまち》からまた登りとなり、分水嶺《ぶんすいれい》のトンネルを抜ける。線路の右を流れているのは米代川《よねしろがわ》の上流で、この水は大館を通って能代《のしろ》から日本海へ出る。まだ川幅は狭いが水量は多い。

秋田県に入ると、花輪線には不似合いな立派な温泉旅館のある湯瀬《ゆぜ》に着く。ここからつぎの八幡平までの間は米代川が深い峡谷となり、列車は崖《がけ》っぷちの際《きわ》どいところを走る。水量が多いので見応《みごた》えがあり、紅葉もまだ美しさを残していた。

八幡平駅の付近には秋田犬の看板が多い。「郵便切手モデル犬出身犬舎　××荘」というのもある。犬もこのあたりの産業の一つなのであろう。

二四分遅れて11時30分、十和田南《とわだみなみ》に着く。駅名どおり十和田湖観光の南口であるが、この駅はもと毛馬内《けまない》といういい名前だった。そのままにしておけばよいのに、こんな駅名に改称されたのは惜しい。

大館着12時22分。ちょうど三〇分の延着である。しかし12時29分発の奥羽本線下り急行「こまくさ」には間に合う。

米代川に沿う城下町大館は、秋田杉の製材や木工が主産業であるが、そのほか肉のやわらかい比内鶏《ひないどり》や秋田犬の産地でもあり、忠犬ハチ公はここの出身であった。それに秋田美人の本場でもあり、なかなかいい所であるけれど、よく大火事を起す町で、戦後だけでも四回ある。春になると奥羽山脈から乾燥した強い南風が吹きおろすからだという。そういえばこの地方は昔から比内あるいは火内《ひない》と呼ばれている。

駅のホームで、その比内鶏をつかった「鶏樽めし弁当」を売っている。大館名産曲《まげ》木《き》細工のわっぱを型どった丸桶《まるおけ》のような容器に入っている。ほんらいなら迷わず手を出すところだが、このあとの弘前で一時間半も待時間があり、街へ出て昼食をしようと思っているから買うわけにいかない。

せめて写真でも撮ろうと思ったが、鞄《かばん》のなかにあるはずのカメラがない。花輪線のなかに置き忘れたにちがいない。私の乗って来た列車は折返しの盛岡行となるのでまだホームに停っている。急いで探しに戻ったが土曜日なので高校生がたくさん乗っている。しかも私は車窓の景色のまにまに右や左へ幾度も席を移したから、どの席を探したらいいのかさっぱりわからない。うろうろしているうちに12時29分発の青森行「こまくさ」が入ってきた。私は諦《あきら》めることにした。

いくら安物でも一応はカメラだから、それを失《な》くせば気が沈む。いまごろあれは独りでどうしているかな、とも思う。しょんぼりしているうちに急行「こまくさ」は矢《や》立《たて》峠の長いトンネルを抜けて青森県に入った。

碇《いかり》ケ関《せき》、大鰐《おおわに》など温泉やスキー場のある駅を過ぎ、津軽平野に出るとリンゴ畑が多くなり、13時13分、弘前に着いた。

つぎに乗る五能《ごのう》線の列車は14時45分発だから時間がある。私は鞄をロッカーに入れ、中央通りをまっすぐ二〇分ほど歩いて弘前城の石垣まで行き、帰りは繁華街の土手町通りをぶらぶらしながら駅に戻った。弘前は空襲を受けていないので古い建物が多い。しかし私が歩いた二本の通りに関する限りでは城下町らしい風格のある建物はなく、ただ古びているだけで、景気のいい町ならとっくに建て直してしまっただろうと思われた。なんだか二〇年くらい昔を歩いているような、そんな通りであった。食べに入りたいような店も見当らず、大館の比内鶏弁当を思い出しながら駅のスタンドで変哲のないソバを食べた。

弘前発14時45分五能線経由東能代行の列車は、四両も連結しているのに混んでいた。一〇分前に乗った私はやっと坐《すわ》れたが、発車したときには通路にもかなりの人が立った。

リンゴ畑に囲まれた撫牛子《ないじょうし》というむずかしい読み方の駅を過ぎ、川部《かわべ》に着くと、ここで進行方向が逆になり五能線に入る。岩木山は雲をかぶって見えないが、沿線は一面のリンゴ畑である。このあたりのリンゴの樹《き》は巨木が多い。樹齢五〇年以上と言われる太い節くれだった幹がくねりながら逞《たくま》しい枝を横へ長く張出している。植物怪獣がのたうつようで、けっして形のよい樹ではない。しかも張出した枝には武骨な丸太のつっかえ棒がしてある。そうしなければ折れてしまうのだろう。なにしろ実がすごくたくさんついているのだ。

林崎《はやしざき》という無人駅に停ったとき、私は数えてみたのだが、一本の右半分を数え終らないうちに二五〇個になった。列車の窓から数えたのだから見落しが多いだろうし、もしかすると千個ぐらいなる樹もあるのではなかろうか。実物を見なくては信じてもらえないだろうが、そうなのだ。

たしかな数を知りたいので、誰かに訊《たず》ねてみたいが、この津軽地方で人と話をするのは苦手である。方言のなかでは津軽弁がいちばんわかりにくい。抑揚のつけ方が東京語といちじるしく違い、外国語のようだ。もっとも、こちらが話しかければ東京の言葉で答えてくれる人も多いけれど、それは気がひける。日本語に国際性はないにせよ、日本にいるのにためらいなく平然と自国語で話しかけてくる外人の神経を私は理解できない。

リンゴ畑が減って水田が増え、湿地が多いからポプラもあって北海道のような景観になり五所川原《ごしょがわら》に着く。半数の客が降り、同じくらい乗ってくる。なかなか活気のある駅で、五能線の名はこの五所川原と能代からきている。駅の東側に接して津軽鉄道のディーゼルカーが一両停っている。冬になるとダルマストーブを積み乗客がそれを囲むというローカル色の濃い私鉄で、太宰治の生地金木《かなぎ》を通って津軽中里《なかさと》まで行く。

五所川原から岩木川を渡り、日本海が見えると16時01分、鰺《あじ》ケ沢《さわ》に着く。明治のはじめまでは津軽米の積出港、北前船《きたまえぶね》の交易港として賑《にぎ》わったというが、いまはただの漁港である。列車はここで後部二両を切離す。

五能線は鰺ケ沢から能代に近い八森《はちもり》まで、八〇キロにわたって日本海に沿う。景色のよさとローカル線の風情《ふぜい》とを備えた線区の代表としてこの五能線を挙げる人は多い。たしかに日本海と北国とが合成する寥々《りょうりょう》とした沿線風景は胸にしみ入るものがある。

すっかり乗客の減った二両のディーゼルカーは海岸段丘の上を行く。泥灰色の土で地味は痩《や》せているのだろうが、段々になった狭い水田が小まめにつくられている。潮風が強いのであろう、丈の低いポプラの植込みに囲まれた民家や屋根一面に石を載せた番小屋が眼につく。海は黒く波が荒い。もうじき吹雪の季節になるし、住みにくそうなところである。

北に突き出た大戸《おおど》瀬《せ》崎《さき》を回るとますます海は荒っぽくなり、「千畳敷」の上を波が嘗《な》めている。ここは一七九三年の地震で海床が隆起し、岩盤が広いテラスのように海に張出した所で、名勝に乏しい五能線の沿線では観光地となっており、ドライブ・インなどもある。しかし五能線の味わいは、このような「点」ではなく、風を避けて肩をすぼめるようにたたずむ民家と岩礁《がんしょう》に体当りする日本海の荒波とにある。

風合瀬《かそせ》という駅がある。これは風がぶつかり合うところにある川、の意である。そのつぎに驫木《とどろき》という駅がある。『国鉄全駅ルーツ大辞典』(一九七八年、竹書房刊)によれば「ふつう轟、等々力の字が当てられ、瀬の音、波の音がごうごうととどろくところにつけられる地名」とあり、「その音に三頭の馬も驚いたというのも面白い」というコメントがついている。いかにも五能線らしい駅名であるが、字画が三〇もあるから、おそらく国鉄の駅名のなかでいちばんややこしい漢字であろう。時刻表を虫メガネで見ても字が潰《つぶ》れている。せめて駅名標を眺めようと思ったが、ひら仮名とローマ字だけで漢字はなかった。

五時すこし前、夕日の下端が水平線に接すると、日が沈むという表現そのままに、たちまち海中に没した。もうこれきり二度と現われないぞ、と言うかのような沈み方である。

薄暗い湾内に巨岩がにょきにょき突き出た深浦に着く。17時12分着で発車は17時45分だから三三分も停車する。わずかに残っていた乗客がみんな降りてしまう。私は今日中に秋田まで行くが、いったん改札口を出た。

昨夜の常磐線の事故のおかげで、ほんらいなら五能線を乗終えた時刻なのに深浦で日が暮れてしまった。いまいましいが行くところもないので駅前の喫茶店に入った。一〇人以上の客がいたが、備えつけの漫画雑誌に読み耽《ふけ》る女子高校生と友達同士でおしゃべりをしている若い女性ばかりで、男の客は一人もいない。落着かないコーヒーを飲んでいると、ようやく若い男性が旅行鞄をさげて入ってきた。女子高校生の一人が、

「先生どこさ行っちゃんねえ」

と大きな声で言う。「いやあ、すぐ帰《けえ》る」と言いながら先生も漫画雑誌の山から慣

れた手つきで一冊を抜き出し、読みはじめた。

深浦のすぐ南に、日本海へ向って突き出した艫作崎《へなしざき》がある。列車は地形に忠実にぐるりと遠回りしながら岬の上に登り、灯台の近くを通過する。探照灯のような細長い光が沖を照らしながらゆっくり回っていて、ときどきチカッと明るくなる。

もう夜で何も見えないのだが、窓に額を押しつけ両手で眼の両側を遮蔽《しゃへい》して外を見る。こうすると車内の明りで近くは見える。白い波しぶき、護岸のコンクリート、そして狭い棚田がある。

青森県最後の駅大間越《おおまごし》で数人の客が降り、私一人になった。淋しいので人恋しくなっていると、つぎの岩館《いわだて》から風呂敷《ふろしき》包みを背負ったかつぎ屋のおばさんが一人だけ乗ってきた。近寄って中身を訊ねると「衣類さね」と言いながら包みをかき分けて中を覗《のぞ》かせてくれる。派手で少々毒々しい柄の半纏《はんてん》が一〇着ぐらい重なっていた。

東能代で20時19分発の急行「むつ4号」に乗換え、秋田着21時17分。予約しておいた大きなビジネスホテルに鞄を置いてから、大急ぎで盛り場の川反《かわばた》へ行った。五能線の車窓から夕焼けを見たのに、大粒の雨がいきなり降ってきた。あわてて駆け込んだから店の選択が不十分で、鱩《はたはた》のちょっとしか入ってない塩汁鍋《しょっつるなべ》をつつき、ざあざあ降りのなかをホテルに戻った。

フロントの前のソファーに、白い上っ張りと白い杖《つえ》の男の按摩《あんま》さんが四人、肩を寄合って坐っている。新聞も雑誌も読めないから、ただ黙念と高僧が瞑想《めいそう》にふけるように行儀よく坐っている。宿泊客からの注文を待っているのであろう。しかしフロントの、あの蜂《はち》の巣のような棚には、夜が更《ふ》けたのに鍵《かぎ》がたくさん差しこまれたままである。きょうは土曜日、ビジネスホテルの客はすくないようであった。

第8日（10月29日）

秋田―鶴岡―坂町《さかまち》―米沢―横手

雨はまだ降っている。

私が羽越本線に乗ると、よく雨が降る。だから雨のよく似合う線のような気がしている。

線路の海側に沿ってつづく防風雪林はクロマツで、霧や雨の似合う木であるし、日本海は晴れていてはらしくない。

秋田発6時41分の特急「いなほ2号」は、日本海に沿う砂丘の上を南に向って快走している。秋田からの客はすくなく、私のいる最後尾の12号車は四人である。

海から離れて羽後本荘《うごほんじょう》に停車し、稲叢《いなむら》に雀除《すずめよ》けの赤い吹流しを立てた水田を行くと、また海に出る。象潟《きさかた》が近づいてきたので、駅の手前の左側にある蚶満寺《かんまんじ》を見ようと注意していると、ちらと参道をかすめて象潟に停車した。

ここは芭蕉が「松島は笑ふがごとく、象潟はうらむがごとし」と書いた一六八九年には九十九島八十八潟と言われる景勝の地であった。蚶満寺の「蚶」の訓《よ》みはキサで、キサはアカガイの一種である。そのキサがたくさん獲《と》れたのでキサ潟と呼ばれ蚶満寺があるわけだが、一八〇四年の大地震で隆起し、陸地になった。隣の金浦町《このうらまち》にのこる年代記によれば、大木の枝が箒《ほうき》のように地を掃き、鐘楼の撞木《しゅもく》が揺れて早鐘を打ちつづけ、死者は三三三人であった。いまでも水田のあちこちに松の生えた小丘が点在し、水田を海に見立てれば松島に似てくる。

象潟からは鳥海山の熔岩《ようがん》が海に落ちる崖《がけ》の上を行く。松の間から波しぶきを見下ろすうちに秋田、山形の県境にかかる。ここは有耶《うや》無《む》耶関《やのせき》という古関の跡

とされるが、名のとおりどこにあったのか、なかったのかもわからない。伝説によれば、昔このあたりに「手長足長」という怪物がいて旅人をとっては食べた。ところが「三本足のカラス」という親切なのがいて空から旅人に警報を発してくれる。怪物がいるときはウヤウヤ、いないときはムヤムヤと鳴くのだそうだ。私見をのべれば、手長足長とは崖っぷちを行く人間を海中に攫《さら》い込む波のことであり、カラスの鳴き声で海の荒れぐあいを予知したのでは、と思うが、とにかく車窓から見下ろしても相当に荒っぽい海岸である。

そういうところでも、わずかな入江があれば家がかたまっている。このあたりの集落は瓦《かわら》屋根ばかりで、新しい家でも派手なトタン葺《ぶ》きはほとんどない。

鳥海山の山裾《やますそ》の海岸を回り終えると、いきなり庄内平野の水田地帯に出る。右窓に松林をのせた砂丘がつづいている。

酒田着8時10分。座席が三分の一ぐらいふさがる。

水の濁った雨の最上川を渡り、庄内平野の東寄りを走る。風除《かぜよ》けの植込みに囲まれた農家が一軒ずつ点在している。

8時35分着の鶴岡で私は下車した。このまま特急でつっ走っても、坂町からの米坂《よねさか》線の列車は12時42分までなく、鶴岡発10時16分の鈍行で行っても間に合うからである。

雨のなかを私はタクシーで致道《ちどう》博物館へ行った。鶴岡の街は道が不規則に入り組み、幅も狭い。敵の侵入を防ぐために道順をわかりにくくした城下町時代そのままなのであろう。五叉路《ごさろ》があったり一本の道がZ型に折れ曲ったりする。そんな道を角隠しをしたお嫁さんの一行が傘をさして歩いている。まだ朝の九時である。

致道博物館は鶴岡城址《じょうし》に接した藩主酒井家の御用屋敷で、書院庭園などもあるが、月山山麓《がっさんさんろく》の田麦俣《たむぎまた》から移築した多層屋根の民家がおもしろい。多雪に堪えるよう屋根を幾層にも流した三階建てで、釘《くぎ》やカスガイを使わず縄で柱を結び合せてある。靴をぬいで上がり、誰もいない大きな民家のなかを木製の農具に触ったりしながらうろうろするのは、空巣に入ったようで、たのしい。

鶴岡駅に早目に戻り、1番線で待っていると、定刻10時02分に新津《にいつ》行鈍行832列車が客車四両、荷物車二両の編成で入ってくる。この列車は、私が乗ってきた特急より一時間一〇分も早い5時31分に秋田を発車し、鶴岡には一時間半も遅くやってきたのである。特急の倍以上の時間がかかっている。なにしろ羽後本荘で二一分、酒田で三五分、余目《あまるめ》で三九分も停車するのだからのんびりしている。鶴岡の停車時間は一四分だからむしろ短いくらいだが、その間にコンテナを積んだ貨物列車が入ってきて先に発車して行った。

わずかな客を乗せて鶴岡発10時16分、三〇分ほど走ると日本海に出る。きのうの夕方から日本海ばかり見ているけれど、五能線にくらべると海辺の人家も多く、あれほど寒々とはしていない。カラスが多い。寒いのか毛を立ててムックリした体形になっている。

左側の山は朝日山地で、まもなく白河、勿来《なこそ》とともに奥羽三関所の一つとされる鼠《ねず》ケ関《せき》を過ぎて新潟県に入る。このあたりから一段と山が海に迫り、海岸の眺めがよくなってくる。とくに今川《いまがわ》という臨時乗降場からつぎの桑川《くわがわ》にかけては「笹川流れ《ささがわなが》」の名勝で、五〇メートル以上もある巨岩がいくつも聳《そび》えている。波に洗われて穴があき、向う側の見えるのもある。

桑川から一五分、間島《まじま》を過ぎて左に大きく曲ると、突然右窓に砂丘と平野が開け、三面川《みおもてがわ》を渡って越後《えちご》平野の北端村上に着く。付近には茶畑が多い。村上は茶の栽培の北限地であり、三面川は鮭《さけ》の遡行《そこう》する川の南限であるから、北日本と中部日本の境目のような町である。鉄道も村上以南が直流電化で、以北は交流となっている。

坂町着12時30分。ここで米坂線に乗換える。

米坂線は米沢―坂町間の九〇・七キロ、熊《くま》のいる飯豊山《いいでさん》と朝日岳の間の豪雪地帯を荒川に沿って東西に抜ける線区である。この線は仙台、山形と新潟を結ぶ最短経路なので一日二往復の急行「あさひ」が走っているが、これから私が乗るのは鈍行の米沢行で、坂町発12時42分となっている。

発車するとすぐ荒川沿いになり、一五分ほど走って越後下関《しもせき》を過ぎ、左に鷹《たか》ノ巣《す》温泉を見ると渓流から峡谷に変る。磐梯《ばんだい》朝日国立公園に含まれる荒川峡である。雨がかなり降っているのに、それでもまだ足りないかのように深い谷間から濃い雲が噴煙のように湧《わ》き上がっている。滴《しずく》をたらす紅葉が美しい。

にわかに風雨が強くなった。狭い谷に押込まれて風速がはやまるのか、一風吹くと茶や黄の葉が一斉に枝から振払われ、音を立てて水滴とともに窓にぶつかってくる。「集中豪雨とちがうか」と心配そうに窓を拭《ふ》いて外を覗《のぞ》く人もいる。

新幹線なら風速二五メートルを越すと自動的にストップするが、米坂線の三両のディーゼルカーはかまわず走り、幾度も鉄橋を渡る。濁流が重なり合いながら鉄橋の下をくぐっている。ふだんならいい眺めであろうが、あまり風が強いのでスリルがある。「強風雨警報」の標板を掛けた玉川口《たまがわぐち》を過ぎると鉄橋を渡る。昭和一五年三月五日、ちょうど通りかかった列車を雪崩《なだれ》が襲い、鉄橋ごと河原に転落して一五人の死者を出したところである。

谷が開けて小さな盆地に入ると風は弱まり、13時28分、小国《おぐに》に着いた。ここはすでに山形県である。一八分停車して二両を増結し、ふたたび荒川の谷に沿って登る。「標高二九四米《メートル》」の標示のある羽前沼沢《うぜんぬまざわ》を過ぎると荒川の水域は終り、宇津《うつ》峠のトンネルを抜けた列車は米沢盆地へ向って下りはじめた。左から長井《ながい》線が合して今泉《いまいずみ》に着き、ここから米沢盆地の西側を二〇分ほど南へ向うと西米沢で、列車はこの上杉鷹山《ようざん》の城下町を遠巻きに半周して東の町はずれにある米沢に着いた。いまでこそ駅前に家並みはあるが、米沢駅は町の中心からずいぶん離れたところにあり、川を一本隔てている。現在の奥羽本線が米沢まで開通したのは明治三二年であるが、鉄道を敬遠した米沢の人たちは、町から離れた田圃《たんぼ》のなかにしか駅をつくらせなかったのである。

小降りにはなったが雨はまだ止《や》まない。

きょうは、すこし強引なスケジュールだが米沢発16時09分の特急「つばさ3号」で一気に秋田県の横手まで行ってしまう。

こんどは米沢盆地の東側を北上し、赤湯で盆地が尽きると登りにかかる。あたりの斜面は一面のブドウ畑である。傾斜の急なところでは棚が四五度くらい傾いている。温泉場の上ノ山《かみのやま》を過ぎたが蔵王は見えない。きのうから東北地方をひと回りしたけれど、名山のどれひとつとして姿を見せてくれない。線路の右を流れるのは最上川の上流の須川《すかわ》であるが、蔵王温泉から流れ出る酸川《すかわ》というのが合流しているために酸性が強く農業用水には使えないという。たしかに河原の石が酸化鉄のように赤茶色になっている。

「蔵王」という小駅を通過する。この駅はもとは金井《かない》と言った。それが蔵王の人気にあやかろうとしたのか、身分不相応な駅名に改称した。そのため旅行者を惑わしたらしい。ひところ交通公社の時刻表のバスの欄に、

「国鉄蔵王駅からは蔵王山方面の乗りかえはできませんのでご注意ください」

と注記してあったことがある。

山形着16時49分。乗客の半数が下車した。特急「つばさ3号」は日の暮れた山形盆地を北へ北へと走り、陸羽東線、陸羽西線の分岐駅新庄《しんじょう》からまた登りとなる。

車内販売員が酒類だけをワゴンに積んでやってきた。私の斜めうしろで、

「ぼくに水割り頂戴《ちょうだい》！」

と呼びとめる元気な声がする。声が妙に高いので振返って見ると、女の子である。

どうも特急列車の客には変なのがいる。

音頭で有名な真室川《まむろがわ》を過ぎると「及位」という駅がある。ノゾキと読むので山陰本線の特牛《こっとい》とともに難読駅名の双璧《そうへき》とされている。山間の小駅で、もちろん特急は停車しないが、駅名標を見たいので窓に額を当て手をかざして待機する。及位を通過するとすぐ雄勝《おがち》峠のトンネルに入り、ふたたび秋田県に舞い戻って、18時55分、横手に着いた。

第9日（10月30日）

横手―大曲《おおまがり》―盛岡―宮古《みやこ》―花巻―一ノ関―気仙沼《けせんぬま》

横手駅の3番線ホームに長大な客車列車が停っている。6時30分発の秋田行鈍行で、数えてみると一一両もある。

秋田着が7時57分であるから、いずれは通勤通学客で満員になるのだろうが、いまは一両に一〇人ぐらいしか乗っていない。かつぎ屋のおばさんが多く、それぞれの荷を解いて梨《なし》やイチジクや野菜などを交換し合っている。青果市場の原型のようであるが、金銭の受け渡しも記帳もしていない。

きょうはようやく晴れた。左窓に見事な虹《にじ》が見える。空にかかるのではなく、一方の端は地平に達している。

二二分で大曲に着き、6時56分発の田沢湖線盛岡行に乗換える。

田沢湖線は大曲―盛岡間の七五・六キロ、奥羽山脈を貫く仙岩《せんがん》トンネルが完成し、

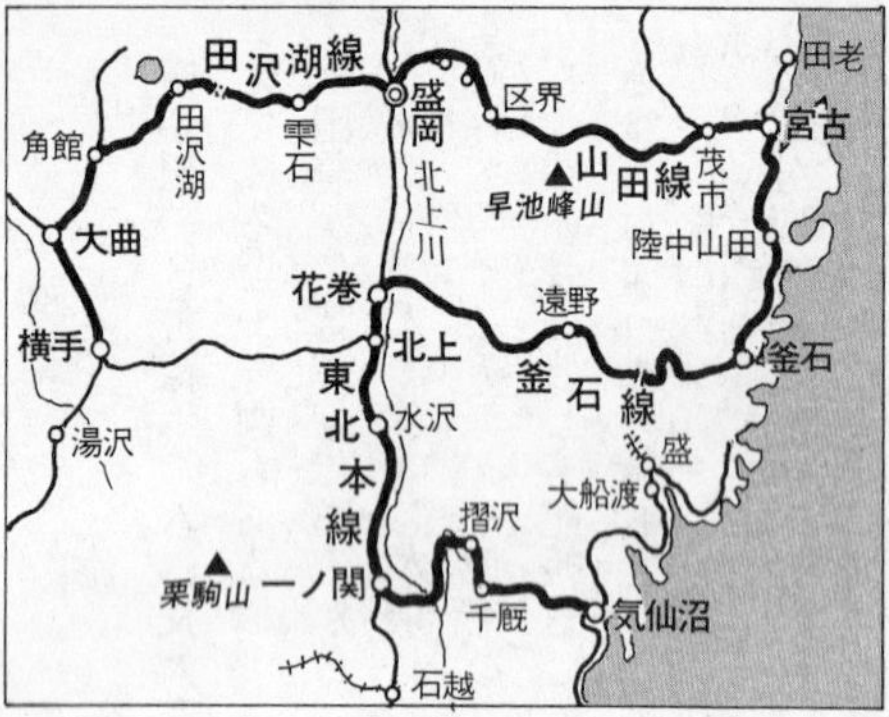

昭和四一年に全線が開通してからは盛岡と秋田を結ぶ最短経路となった。しかも東北新幹線の開通に備えて電化されるというから、いまどき珍しい恵まれた線区である。

大曲から、農家が一戸ずつ点在する散村を二〇分走ると角館《かくのだて》に着く。高校生の大半が下車し、それとほぼ同数の高校生が乗ってくる。田沢湖町の高校へ通うのであろう。

城下町角館は秋田美人の多い所とされるが、たしかにきれいな女子高校生が多い。外が寒いので乗ってきたときは顔が赤く、野暮ったいが、そのうちみんな色白になる。もっとも、まだ美人以前で、ゆで卵みたいな顔をしている。

田沢湖で車内は閑散となる。二両のディーゼルカーは、谷を渡り雪覆《スノー・シェード》いをくぐり防雪柵《スノー・フェンス》をかすめて登る。一〇分あまりで長い仙岩トンネルに入り、岩手県へ抜けるとこんどは快く下りはじめた。

左窓に岩手山の全容が見えてくると、広々とした田園のなかの雫石《しずくいし》に着く。ここは昭和四六年、全日空機が自衛隊の戦闘機に体当りされて墜落したところだ。

雫石のつぎは小岩井《こいわい》で、小野義真、岩崎弥之助、井上勝の三人の創設者の頭文字をとって名づけられた有名な農場は駅から離れているが、小さな牧場は車窓からも見える。盛岡には六分遅れて8時56分に着いた。

盛岡発8時58分の山田線・釜石線経由の急行「そとやま」は循環運転の列車で、盛岡から北上山地を越えて三陸海岸の宮古へ出、それから釜石、遠野《とおの》、花巻と回ってまた盛岡に戻ってくる。したがって乗客は二、三回入れかわるわけで、盛岡からの客はほとんど宮古で下車すると思われる。しかし、最長片道切符のルートを急ぐ人間にとっては好都合な列車で、もとより私は宮古にも釜石にも下車せず、コの字型に乗り通して花巻まで行く。

発車してまもなく、車掌が通りかかったので、「花巻までの急行券をください」と私は言った。

「え、お客さん、これ宮古回りですよ」

と車掌は愕然《がくぜん》としたように言う。花巻までは東北本線の急行なら三〇分もかからない。しかし宮古、釜石経由のこの急行は五時間一八分もかかるのだから車掌が驚くのも無理はない。私は切符を見せ、事情を簡単に説明した。車掌は感心したり安心したりしてから、

「なんでも結構です。とにかくお客さんですから」

と言った。

この急行の愛称名「そとやま」は盛岡のすぐ東北にある山々の総称で、外山節《そとやまぶし》という民謡もある。しかし列車は外山の南をちょっとかすめただけで、あとは人跡の稀《まれ》な北上山地を行く。

盛岡から四つ目に大志田《おおしだ》という山中の小駅がある。上り勾配《こうばい》なので駅のホームへ入る線路はスイッチ・バックの引込線となっている。だから急行は引込線に入らずに一段高い本線から駅を見下ろして通過する。ホームでは駅長が一人、直立不動でそれを見送っている。つぎの浅岸《あさぎし》もスイッチ・バックの駅であった。

四〇分ぐらい無人の北上山地を登ると、あたりはなだらかな高原となり、区界《くざかい》を通過する。白樺《しらかば》の林が多く、葉が落ちているので遠くから見ると白い縦縞《たてじま》になっている。区界から下りになり、閉伊川《へいがわ》に沿って行く。この川は宮古で太平洋に注ぐ。両岸の紅葉がきれいだ。トンネルが多いので、暗闇《くらやみ》から出るたびにぱっと紅や黄に包まれ、

それをくりかえすから、めまぐるしい。駅があるとわずかに家が現われるが、過疎《かそ》地域なので廃屋となった分教場があったりする。

車内もすいていて、二割ぐらいの乗車率だから静かだ。しかし、五人ばかりの若い女性のグループがいて、その一角だけが花やいでいる。「あなた、生理休暇もう使っちゃったの」などと朗らかに話すのが聞えてくる。時代は変った。

腹帯《はらたい》という変な名の駅を過ぎると、つぎが茂市《もいち》で、ここではじめて停車する。10時47分、盛岡からここまで一時間四九分もノンストップであった。昼間の急行でこれほど長時間の無停車は他にない。

宮古着11時07分。私を除くすべての乗客が下車したが、代って剣道具を抱えた勇ましい女子高校生の一団などが乗ってきて、それまでより車内は賑《にぎ》やかになった。

宮古—釜石間は典型的なリアス式海岸で、本州最東端の魹《とど》ヶ崎《さき》をはじめ豪快な断崖《だんがい》のある岬が多いが、深く入り込んだ湾内は静かで、帆立貝の養殖がおこなわれ、入江の奥には漁港とわずかな耕地がある。列車は岬の根元を越え入江をかすめるので、登って下ると入江の駅、という型をくりかえす。

松の枝の間から船越湾を見渡す吉里吉里《きりきり》で正午のチャイムが聞え、つぎの大槌《おおつち》で鼻曲り鮭《さけ》の獲《と》れる大槌川を渡る。

最後の岬の基部を越えると、これまでののどかな入江の眺めとは対照的な、赤錆《あかさ》びた城砦《じょうさい》のような釜石製鉄所が右窓に現われる。釜石の製鉄は南部藩いらいの歴史をもっているが、立地条件がわるいのか業界再編成のたびに縮小の一途で、つい最近も大規模な人員整理が発表されて町全体が暗く沈んでいると新聞に書いてあった。しかし、釜石に着くと客が威勢よく乗ってきて、席はほとんどふさがった。

釜石から二〇分ほど谷底の狭い平地を走ると陸中大橋《りくちゅうおおはし》に着く。ここは谷の行止りであるが、線路はかまわず先へ延び、トンネルに入って登りながら左に急カーブし、一八〇度向きを変えて対岸の中腹に出る。斜面が急なので桟道のような鉄橋がかかり、はるか下に陸中大橋駅を見下ろす。列車はしばらく山並みのまにまに漂ってから分水《ぶんすい》嶺《れい》のトンネルを抜け、北上川の水域に入って遠野へと下りはじめた。

車窓から見た『遠野物語』の町は鉄筋の建物があったりして、柳田国男の名著の面影は偲《しの》べない。わずかに、馬屋の突き出た曲り屋を一軒見ただけであった。

北上川の支流猿ヶ石川に沿って、列車は北上山地の平凡で複雑な地形とつき合いながら曲りくねって一時間近く走り、ようやく平野に出る。左手に遠く岩手山、右には北上山地の最高峰早池峰山《はやちねさん》が見えている。

東北新幹線の下をくぐり、北上川の本流を渡って14時16分、花巻に着いた。

花巻からは14時26分発の鈍行で一ノ関へ行き、16時28分発の大船渡線《おおふなと》で気仙沼着18時22分を予定している。ところが嬉《うれ》しいことに、7分前に発車したはずの14時09分発上り特急「はつかり8号」がまもなく入線してくる、という放送が聞えるではないか。

北上川流域は地盤が軟弱で徐行区間が多い。だから制限速度いっぱいの高速ダイヤで走らされる東北本線の特急は、わずかな遅れでもなかなか取返せない。一〇分ぐらいの遅延は日常になっている。それで、もしかしたらと期待していたのだが、そのとおりになった。私はひとりで莞爾《かんじ》とし、遅れの「はつかり8号」に乗りこんだ。なぜ私が喜ぶかというと、この特急のお蔭《かげ》で一ノ関からの大船渡線は一列車前の15時08分発に間に合い、気仙沼には明かるいうちに着けるからである。特急券を買わねばならないし、一時間半早く着いても大したことではないが、私はしばしば列車遅延の被害を受けているので、たまにこういうことがあると嬉しいのである。

大船渡線は一ノ関—盛《さかり》間一〇五・七キロの線区で、このうち気仙沼までは北上山地の南部を行く。この山地を横断するのはけさから三度目で、沿線風景は変りばえがしない。山が低くなり人家がやや多くなる程度の違いである。それよりむしろこの区間の面白さは、線路の敷き方にある。

一ノ関発15時08分。高校生の下校時なので満員である。桑とタバコの畑が点在する丘陵を東へ二〇分ほど進むと陸中門崎《かんざき》で、ここから進路を北に変え、一三分走ってセメント工場のある陸中松川を過ぎ、猊鼻渓《げいびけい》観光の乗船場をちらっと見るあたりで、また東へ向い、約一五分の摺沢《すりさわ》からは、さっきと逆の南行となり、一二分で千厩《せんまや》に達すると、ようやくほんらいの進路となって東へ向う。つまり東―北―東―南―東、というふうに線路が敷かれているので、二〇キロもの遠回りになっている。日本最長遠回り切符の所持者がこれを笑うのもおかしいが、これが鍋《なべ》の鉉《つる》に形が似ているのでナベヅル路線と呼ばれる政治路線である。

大船渡線が気仙沼まで開通したのは昭和四年であるが、当初の計画では一ノ関からまっすぐ千厩と気仙沼を目指していた。ところが工事中に摺沢に有力者が現われて線路を北回りにねじ曲げ、千厩は通らないことになった。しかるに新ルートの工事が進んだところでその有力者は失脚し、千厩が力を回復したので、現在のような路線になったという。

「はつかり8号」が遅れたお蔭で一列車早い大船渡線に乗れたから、太陽はまだ西にある。その太陽が一五分ほど右窓からさしたと思うと、こんどは同じくらい左窓からさす。

一ノ関から乗ってきた高校生は摺沢でも降りたが残りの全員は千厩で降りた。一ノ関からちょうど一時間かかっている。ここまでが通学圏なのであろう。ここは南部馬の産地だったので町名にその面影を残している。千厩から一ノ関までの運賃は三六〇円だが、線路がまっすぐなら一七〇円のはずである。

16時45分、東北地方第一の漁港気仙沼に着いた。日のあるうちに宿泊地に着いたのは、きょうがはじめてであった。

第10日（10月31日）
気《け》仙沼《せんぬま》―前谷地《まえやち》―石巻《いしのまき》―仙台―郡山《こおりやま》―平《たいら》―水戸

魚市場の競《せ》りは午前五時から始まるという。

六時にタクシーを呼んでもらい、魚市場を見に行きたいと言うと、運転手は喜んで、「きょうは瑞宝丸が帰ってきてる」と言う。この運転手はその船の乗組員だったのだそうだ。

瑞宝丸は九九トンとのことなので、なぜキリのよい一〇〇トンにしないのかと訊《たず》ねると、

「一〇〇トンからゼイチンが高くなるからね」

と言う。船の税金はそうなっているらしい。

魚市場の岸壁には白くて案外瀟洒《しょうしゃ》な瑞宝丸が碇泊《ていはく》しており、その前の広いコンクリートのたたきの上に尻尾《しっぽ》を切られたマグロが整然と並んでいる。すでに競りは済んだ

ようで、それぞれに札がついている。これが瑞宝丸の水揚げだそうだ。何匹いるかと訊ねたが、運転手は腕組みをしてすぐには答えない。ようやく、

「数えてみんとわからんけど、五六〇本ぐらいか」

と言い、もう一度「数えてみんとわからんけど」と言った。

「やっぱりカジキが多いなあ」と運転手が言うが、私にはみなおなじに見える。値段はカジキマグロで約一五万円、本マグロだと七〇万円はするという。私はどれが本マグロかを教えてもらい、これがそんなにするのかと見入った。

私が感心していると、

「船長知ってるから一本買ってか」

と運転手は本気で言った。

魚市場を出て気仙沼駅へ向う。これからどこへ行くのかと運転手が訊ねるので、気仙沼線で前谷地へ行くと答えると、それなら南気仙沼のほうが近いから、と引返しそうになる。南気仙沼は魚市場の近くである。しかしそれでは最長片道切符のルートから気仙沼—南気仙沼間の四・五キロが欠落してしまう。私は事情を説明して気仙沼駅へ向ったが、運転手は腑《ふ》に落ちないようであった。

気仙沼発7時10分。四両連結の車内は高校生で満員であった。

きょうも快晴である。海岸に沿って三五分ほど走ると本吉《もとよし》に着き、高校生が降りる。本吉からは一年前に開通したばかりの新線区間になる。にわかにトンネルが多くなり、海はわずかしか見えない。トンネルを出ると小さな漁港があり駅がある。それをくりかえしながらこの線の中心志津川《しづがわ》に近づくにつれ、高校生ばかりでなく勤め人や中学生、さらに小学生まで乗ってきて、また満員になる。

志津川に着くと車内はいったんガラ空きになったが、代ってそれまでとはちがった型の客が乗ってくる。ローカル線らしくない身だしなみの人が多く、三〇パーセントぐらいの乗車率となる。仙台まで直通する便利な列車だからであろうが、意外に乗車率がよい。

　気仙沼線の沿線はしばしば津波に襲われる。とくに志津川は湾口が広く開いているので、押し寄せた津波の水位が一層高くなり、被害はとくに大きかった。そのたびに交通は杜絶《とぜつ》し食糧危機に陥るので、鉄道敷設《ふせつ》の願望は非常に強かった。明治の中頃から陳情がくりかえされたが、「我田引鉄」に熱心な政友会が政権をとると話は進んでも民政党がとって代るとまた停滞し、そうしているうちに戦時体制となって中断した。

　しかし、ようやく昭和三二年に気仙沼―本吉間、四三年に前谷地―柳津《やないづ》間が開通し、そして昭和五二年一二月一一日、ついに全線が開通して、「悲願八十年」と言われた志津川も鉄道のある町となった。その開通日に乗りに来た私は、沿線の人たちの狂喜ぶりに、時代のズレを覚えながらも感動せずにはいられなかった。

　けれども、すでに城壁のような防潮堤が海と志津川町とを遮断してくれたし、仙台とを結ぶ立派な国道四五号線も完成して、志津川町民のマイカー所有率は一・七世帯に一台となっていた。「悲願」であったときに鉄道は敷かれず、なくてすむ時代になって開通したというのが実態であった。

　だから新聞などの論調は、また赤字稼ぎのローカル線が一本増えたと批判的であったし、国鉄自身も気仙沼線の赤字係数は七二五、つまり一〇〇円の収益をあげるのに七二五円もの経費を要する厄介な線区になるものと予測していた。

ところが、予想に反して乗車率はかなり良いという。志津川町民をはじめとする沿線の人たちに、気仙沼線を育てようという意識が強いからだそうである。まだ昭和五三年度の営業成績は発表されていないが、いま乗っている列車に関する限り、それは事実だと思われる。乗物は空《す》いているほうが望ましいが、こういう現象は嬉《うれ》しい。

新開通区間を走り終えて柳津を過ぎると、大河のように水量の豊かな北上川を渡り、「ささにしき」の刈り入れのすんだ穀倉地帯に入って、9時05分、気仙沼線の起点前谷地に着いた。到着直前の乗車率は約七〇パーセントという高率であった。

前谷地からは9時27分発の石巻線の下り列車に乗る。北上川の堤防に沿って二〇分も走ると、もう石巻である。あっけないのでもうちょっと乗っていたい気もする。

石巻は妙な駅で、石巻線と仙石《せんせき》線とは駅舎もホームも別のところにある。

おなじ名前の駅が二つあるのは紛らわしいが、国鉄にはこういう変な駅が四つある。浜川崎（鶴見線と南武線）、尼崎（東海道本線と福知山線）、宇美《うみ》（福岡県の香椎《かしい》線と勝田《かつた》線）とこの石巻である。いずれも私鉄を買収したためという事情はあるが、はじめてのときはちょっと戸惑う。

とにかく、途中下車ではないのにいったん改札口を出されるから切符を見せなければならない。まだ全行程の三分の一にもならないが、すでに券面には途中下車印が三〇個も捺《お》されて賑《にぎ》やかになっている。若い改札係が、

「これは何ですか。切符ですか」

と言う。改札口を出ると、広場の右手に宮城電気鉄道時代の面影を残す仙石線の駅舎があり、10時10分発仙台行快速電車に乗る客が五〇人くらい列をつくっていた。

仙石線は仙台の郊外電車である。座席は四人掛けのクロスシートではなく、国電型なので外を眺めにくい。松島湾に沿って走るところもあって景色のよい線なのだが、海側に坐《すわ》れば首が痛くなるし、反対側では向い側の人が邪魔になる。いっそ子供がよくやるようにシートの上に膝《ひざ》をついて窓に顔を向ければよいが、これはやりかねる。私は山側に坐ってときどき腰を浮かしながら松島を眺めた。

仙台着11時14分。これから東北本線で郡山まで行き、磐越東線《ばんえつとう》で平に出て、さらに水戸へと向う予定である。郡山までは鈍行だと時間がかかりすぎ、特急では早く着きすぎるので、私は途中の福島まで特急、あとは鈍行というふうに使い分けることにし

た。

東北本線の特急は、きょうもすこしずつ遅れているらしく、仙台発11時28分の「やまびこ6号」は五分ほど遅れてやってきた。自由席は混んでおり、朝から牛乳しか飲んでいないので食堂車に行く。右窓に蔵王がよく見えている。

向いの席に徳利を二本立てたおっさんがいて、私に話しかける。「わさあ北上《きたかみ》の百姓がんすが」と自己紹介してから、ことしの粗《あら》利益は八百万円を越えそうだからまずまずである、東京の学校を出て結婚した娘のところへ遊びに行くのだ、というようなことを嬉しそうに話す。話を聞きながら私は、昭和はじめの不況時代に東北の貧農が「娘売ります」と書いた板切れを家の前に立てかけて人買いの来るのを待った、という話を思い出した。

「やまびこ6号」は約五分遅れのまま福島に着き、私は12時37分発の黒磯《くろいそ》行鈍行に乗換えた。五両連結の客車列車で、焦茶色《こげちゃいろ》にくすんだ車内は空いていた。特急から乗移ると、何十年か逆戻りしたような感じがする。

二〇分ほどで松川に着く。

「上り特急列車待合せのため一九分停車します」

と車掌が放送する。それに応《こた》えるように乗客の一人が「あーあ、ふわっ」と吐息ともあくびともつかぬ大きな声を出す。車掌はおなじことをもう一度乾いた口調でくりかえす。「お急ぎのところ恐れ入りますが」などとは言わない。そんな言葉は不自然なような、晴れた日の午後の鈍行列車であった。

一九分も停車するのは二本の特急にまとめて抜かれるためである。まず秋田発の

「つばさ2号」が制限速度の一二〇キロに近い高速でかすめ去る。速いのでよくはわからないが、満員のようであった。みんなあんなに急がねばならぬほど忙しいのだろうか、と思う。

ホームに降りて機関車の先まで行ってみる。吾妻《あづま》連峰がよく見え、ちょっと傾き気味に丸い口を空に向けた寄生火山の吾妻小富士が愛らしい。ホームの縁を、茶色いが立派なカマキリが一匹、ゆっくり歩いたり立止ったりしている。靴のつま先でちょっかいを出してみると、毅然《きぜん》と胸をそらして鎌《かま》をもち上げる。

久しぶりにカマキリと遊んでいると、こんどは仙台発の「ひばり14号」が高速で通過して行く。

ようやく発車して、東北らしい青い山なみの安達太良山《あだたらやま》が右窓に近づき、二本松に着く。秋の空が気が遠くなるように青く高い。宇宙が見えるような空だ。

「阿多多羅山の山の上に　毎日出てゐる青い空が　智恵子のほんとの空だといふ」
と高村光太郎の詠《よ》んだ空がこれなのだろう。

郡山着14時01分。磐越東線の平《たいら》行は6番線から14時17分に発車する。磐越東線は阿武隈《あぶくま》山地の中央部を横切って常磐線の平へ抜ける八五・六キロの線で、会津若松や磐梯山を持つ磐越西線《ばんえつさい》にくらべると地味な線区である。

平凡な阿武隈の山ふところを走りはじめると、一五分で三春《みはる》に着く。かつては三春《みはる》駒《ごま》の産地として知られた城下町であるが、いまは肉牛飼育に転向し、馬のほうはあの角ばった木製の玩具《がんぐ》しか残していない。三春の名は、春になると梅、桃、桜が同時に咲くのに由来するという。町は駅から離れていて見えないし、いまは花はないが、その代り改札口の横の自転車置場は華やかで、二百台ぐらいが色とりどりに並んでいる。

沿線の神社は一斉に秋祭りをやっているらしく、どの社の杜《もり》にも白い幟《のぼり》が立っている。その白と柿《かき》の実の対照がおもしろい。このあたりに限らず、柿は驚くほどたくさんの実をつけるものだと、あらためて思う。遠くからは紅葉のように見えるのさえある。

左窓に全山石灰岩の大滝根山《おおたきねやま》を過ぎると、夏井川の渓谷に沿って下りはじめる。磐越東線の沿線ではここだけが見所で、紅葉が谷を埋めていた。

16時24分、平に着く。常磐線の上り電車は16時27分発で接続はまことによいが、すでに車内は黒一色で騒がしい。男子の高校生で満員なのである。

駅ごとに高校生が降りて勿来《なこそ》あたりまで来ると車内はすっかり空いてしまうが、五時を過ぎると、こんどは勤め帰りの人たちの電車となり、まず17時07分の磯原《いそはら》で第一陣が乗ってくる。五時を打つのを待ちかねたように退社してきたのであろう。そう思うせいか、そんなタイプの人たちに見える。

17時17分の高萩《たかはぎ》で第一陣が降り、またどっと乗る。17時39分の日立では降りる人の何倍も乗って通路までいっぱいになるが、ちょっと垢抜《あかぬ》けしたオフィス・レディの多いのが目立つ。やはり大会社の主力工場のあるところはちがうなと思う。

18時14分、定刻に水戸に着いて、通勤電車からホームに押出された。

水戸まで戻ってくると、いったん家へ帰りたい気もする。上野まで特急ならわずか一時間二〇分である。しかし、あすは6時30分発の水郡《すいぐん》線に乗るので、今夜は水戸の駅前に泊る。

第11日（11月1日）

水戸—安積《あさか》永盛《ながもり》—小山《おやま》—友部《ともべ》—我孫子《あびこ》

水戸駅は早起きだ。

午前四時すこし前から電気機関車の警笛や発車合図のブザーが、駅前ビジネスホテルの窓ガラスの中まで聞えてくる。上野に朝早く着こうとする寝台列車がつぎつぎに着発しているのである。

五時を過ぎると、こんどは電車が頻繁に発車して行く。七時半から九時にかけて上野へ続々と到着する通勤電車群である。

水戸駅は、上野までの所要時間分だけ早起きなのだ。

おかげで私も四時に起されてしまった。いっそのこと出かけてしまいたいが、私がこれから乗ろうとする水郡《すいぐん》線の郡山行一番列車は6時30分発である。東京と関係のない線区だから、自分のペースでダイヤを組んでいるのだろう。

水郡線の名は水戸と郡山を結ぶところからきているが、郡山の一つ手前の安積永盛で東北本線に合流するので、公式の営業区間は水戸—安積永盛間一三七・五キロとなっている。距離が長く、沿線の眺めも概して平板だが、時間のことなど忘れてのんびり揺られるにはよい線である。

郡山行のディーゼルカーは、忙しく発車して行く常磐線の交直両用電車に尻《しり》を向けるかのような恰好《かっこう》で停車していた。水戸駅の東のはずれに切込まれた短いホームが水郡線の発着所になっている。

水戸から一五分、ゴボウ畑などのなかを走って上菅谷《かみすがや》に着くと、女子高校生が乗りはじめる。ここからは常陸太田《ひたちおおた》まで九・五キロの枝線が分岐している。太田市には水戸光圀《みつくに》が隠居した西山荘

がある。

高校生や中学生を乗り降りさせながら走るうちに久慈川《くじがわ》に沿うようになる。右窓の低い丘陵は阿武隈山地の末稜《まつりょう》で、左は八溝《やみぞ》山地である。進むにつれて谷の耕地が狭くなり人家も減ってくるが、乗客はかえって増えてくる。この線の中心大子町《だいごまち》へ通う人たちであろう。

茨城県にしては珍しい温泉と滝のある袋田《ふくろだ》を過ぎると常陸大子で、7時53分に着く。

二三分も停車して常陸大子を出ると、久慈川の谷がにわかに深くなり、松をのせた岩峰の矢祭山《やまつりやま》から福島県に入る。しかし線路は相変らず久慈川に沿って行く。水がきれいで、鮎《あゆ》の簗場《やなば》もある。

9時42分着の磐城《いわき》石川で一二分停車する。「名産石川石」と彫られた大きな黒曜石の鎮座するホームに降りてみると、秋の日差しが爽《さわ》やかである。荷物車では忙しく積みおろしがおこなわれているが、車掌はベンチに腰をおろして脚を伸ばし、気持よさそうに目をつぶっている。線路の上では制帽を目深《まぶか》にかぶった長髪の若い駅員が、転轍器《てつき》を操作してから右手をさっと空手のように伸ばしてカッコよく指差確認をする。

磐城石川を発車すると低い分水嶺《ぶんすいれい》にかかり、これを越えると阿武隈川の上流に出る。線路《せんろ》脇《わき》に薪《まき》を背負ったお婆《ばあ》さんがひと休みしている。

安積永盛着10時46分。下車したのは私ひとりであった。きのう眺めた安達太良山がふたたび眼前にある。きょうの空も青く深い。

10時58分発の鈍行客車列車で白河へ向う。九両も連結しているからガラ空きである。後部の何両かはホームにかからない駅が多く、そういう駅でも長く停車して二本の特急に抜かれたりする。

そんなのんびりした列車ではあるが、各駅に、

「デッキから振落される事故が多くなっています」

という注意書きが貼《は》ってある。鈍行客車列車の車両は旧式で、デッキの扉は手で開くようになっている。開けっぱなしで走っていることも多い。転轍器を通過するときなどガクンと横揺れするから、気をつけないと振落される。こんなことは汽車旅行の常識であるけれど、自動ドアに慣れた客だと落ちるのだろう。

白河で12時17分発の急行「まつしま4号」に乗換える。ここから小山まで一気につっ走って14時02分発の水戸線に乗る予定になっている。

複線電化区間の急行なので、鈍行客車列車とちがって快調に走り出したが、二つ目の白坂《しらさか》で停車した。時刻表では通過となっているのに停るのである。特急に抜かれる

ためで、これを「運転停車」という。変な用語だが、運転上の都合による停車の意である。したがって客扱いをしないからドアは開かず、時刻表では通過駅となっている。どうせ停車するのなら客扱いをしたらよいと思うが、ダイヤが乱れたときは停車の必要がなくなるし、急行停車駅の実績をつくって町の人を喜ばしてしまうと、ダイヤ改正で運転上の都合がなくなっても通過駅に格下げしにくくなる。

白坂で「運転停車」して二本の特急に追抜かれた急行「まつしま4号」は、その怨《うら》みを弱い者相手に晴らすかのように二つ目の黒田原《くろだはら》で鈍行列車を追抜く。抜かれるのは私が白河まで乗ってきた客車列車である。なかなかややこしい。

黒磯に着くと、車内の電灯がしばらく消える。交流から直流に切換えるためである。

直流となった急行「まつしま4号」は、那須岳《なすだけ》を右に見ながら快走し、宇都宮に四分も早く到着したが、その先に徐行区間があって肝心の小山には二分遅れの14時02分に着いた。これから私が乗ろうとする水戸線の電車は同じ14時02分である。跨線橋《こせんきょう》の向うのホームではすでに発車のベルが鳴っており、手を振りながらバタバタ走ってくる私を助役が迷惑そうに眺めている。

助役の目にとまった以上、無情な発車の心配はないが、この小山という駅は一〇年このかた絶えず改築中という不思議な駅であるから、走りにくくてしようがない。乗換え客は数人いたから私一人のせいではないが、満員の客を乗せた水戸行電車の発車は二分遅れた。

小山を出ると、すぐ茨城県に入り、紬《つむぎ》の結城《ゆうき》に停車して鬼怒川《きぬがわ》を渡ると下館《しもだて》で、ここから真岡《もうか》線が分岐する。乗客の大半が下車した。

筑波山を右に眺め、稲荷《いなり》と焼きものの町笠間《かさま》を過ぎて、15時11分、常磐線との接続駅友部に着いた。友部は水戸から西へわずか一六・五キロの地点である。

友部からは、15時20分発の急行「ときわ8号」上野行に乗った。一一両もの編成なのに席はほとんどふさがっていて、私は酒盛りをしている三人組の一角にようやく坐《すわ》った。

最長片道切符のルートは、16時09分着の我孫子で下車して成田線に入り、房総半島を一周してから東京地区に入ることになっている。けれども私は、きょうでこの旅をいったん打切らねばならない。

東京へ戻るのならこの急行で上野まで行ったほうが早いけれど、私は我孫子で下車し、途中下車印を捺《お》した。

第12日（11月9日）

我孫子《あびこ》—成田—松岸《まつぎし》—成東《なるとう》—大網《おおあみ》—安房《あわ》鴨川《かもがわ》—千倉《ちくら》—千葉—西船橋

きょうは日帰りで、お伴《とも》が一人いる。

これが厄介なお伴で、小学二年の娘である。今週は学校の都合で毎日家にいる。女房は前からの約束で外出するという。一人で家においてもおけないし、行く行くと言うので連れてきた。いままで何回か汽車に乗せたことがあるが、一時間もすればかならず退屈して、いつ降りるのかとしきりにきく子である。きょうは房総一周だから一〇時間ぐらい乗らねばならない。覚悟はよいかと言い聞かせると、大丈夫と言うが、どうなるかわからぬ。

上野駅の売店でパンや菓子を買いこみ、7時40分発の常磐線経由成田行の電車に乗る。四つドアの国電だから珍しくもない。「汽車に乗るんじゃなかったの?」と伴女

が不満そうに言う。もう「汽車」などないが、言わんとすることはわかる。

きょうは松戸か取手で競輪があるらしく、それらしい人たちが大勢乗っていて、タブロイド判の新聞に見入り、鉛筆を嘗《な》めながらしるしをつけている。あれでも新聞か、とか、鉛筆で何を書いているのか、とかお伴がいろいろ質問する。なかなかうるさい。

我孫子を8時14分に発車して、最長片道切符の旅は八日ぶりに再開された。

成田線に入ってしばらく走るうち、伴女のようすがおかしいので、どうしたかときくと、「おしっこ」と言う。この電車は国電型だからトイレはついていない。成田までは電車が頻繁に走っているが、ここで一台遅らすと成田ではつぎの銚子《ちょうし》行を一時間半待たねばならない。一時間半なら大したことはなさそうだが、そのあとの接続がめっきりわるくなり、安房鴨川では三時間二〇分の遅れとなって日が暮れてしまう。この電車から成田発8時59分の銚子行に乗継ぐのが、私の苦心の案なのだ。おしっこ、と言われても簡単にこの電車から降りてしまうわけにはいかないのである。

あと三〇分我慢せよ、と私は言った。うん、と彼女はうなずく。よく言い聞かせてきたから殊勝なものである。ところが五分もすると、もう我慢できないという。

つぎの駅での停車中にホームの隅っこで大急ぎでさせながら、車掌に頼んでドアを閉めるのをちょっと待ってもらうか、と考える。しかし本人はいいとしても、付添人が軽犯罪法に問われるケースである。専務車掌は司法警察権を持っている。黙認はしても協力はしないだろう。

思案に暮れていると、つぎの木下《きおろし》という水田のなかの小駅で上り電車の交換を待ち、三分停車した。幸いなことに成田線は単線であった。さっそくホームの縁から車両の継ぎ目へ向って済ましたが、前途多難である。

印旛沼《いんばぬま》を右に見て下総《しもうさ》台地に入り、8時58分、成田に着く。8時59分発の銚子行電車が六両編成で、すぐ向い側のホームに停車している。四人掛けだからこんどは「汽車」らしい。

成田から先は東京への通勤圏外となるので、宅地造成もなく、下総の農村風景がのどかに開けている。この線は、鹿島《かしま》港から成田空港への油送列車が走るので警戒態勢が敷かれているのだろうが、車窓からはその気配は感じられない。

一五分ほどで利根川の堤防に接近し、また離れて9時33分、伊能忠敬の旧宅のある旧河港町佐原《さわら》に着く。佐原のつぎの香取《かとり》で鹿島線が左に分岐し、長大なトラスを見せて利根川を渡っている。ここから線路は利根川の堤防に沿って銚子までつづく。

銚子の一つ手前の松岸に10時23分に着き、下車した。ここで総武本線の上りに乗換えて九十九里平野から外房《そとぼう》へと向うのがルートである。一二分ほど時間があるので、お伴用の餌《えさ》を仕入れに改札口を出た。途中下車印を、と言うと、中年の駅員が「めったに使わないので、あるかな」と駅舎へ探しに行く。あることはあったが、すっかり干からびていて、いくら捺《お》しても字がうつらない。

その駅員に「お気をつけて」と見送られ、10時35分松岸発。銚子半島のつけ根の短いトンネルを抜けると九十九里平野が広がり、列車は松林と水田とビニールハウスのなかを走る。八日《ようか》市場《いちば》からは下総台地と平野の境目を行くようになり、右窓は低い丘陵、左窓は田畑という単調な眺めがつづく。車窓からの陽光が暖かく、とろとろしていると、お伴が起きろと言う。

成東着11時32分。ここで東金《とうがね》線に乗換える。接続はよく、こんどの大網行は11時36分発となっている。

東金線は、外房線と総武本線を結ぶ一三・八キロの短い線区で、中心をなす東金市は北側に鴇根城址《ときがねじょうし》の翠巒《すいらん》を背負った暖かそうなところだ。九十九里浜の片貝《かたがい》海岸にも近く、畑作、稲作、海産物のすべてに恵まれて、このあたりの市場町のなかでもとくに豊かであったという。東金のつぎの駅は福俵《ふくたわら》という目出度い名であるし、終着の大網も景気のいい駅名である。

大網でも接続がよく、11時57分に着いて急いで駅弁を買い、12時01分発の急行「外房1号」安房鴨川行に乗移る。駅弁のお蔭《かげ》でお伴が元気をとりもどす。

外房線に入っても台地と平野の境を走るが、天然ガスのタンクの並ぶ茂原《もばら》から九十九里平野の南部の湿地帯を横切ると、海がちらと見えて外房海岸の入口大原《おおはら》に着く。

大原からは、御宿《おんじゆく》、勝浦《かつうら》、鵜原《うばら》、上総興津《かずさおきつ》、安房小湊《あわこみなと》など、ほぼ各駅ごとに漁港と海水浴場がある。トンネルを抜けると入江が見えて駅があり、つぎの岬に近づくとまたトンネルに入る。それをくりかえしながら「外房1号」は急行なのにほとんど各駅に停車する。大原から外房線の終点安房鴨川にかけては、商品価値のある駅がずらりと並んでいるので、特急ですら一駅おきに停車したりする。だから、この区間内は特急でも鈍行でも所要時間はあまり変らない。

トンネルと入江のくりかえしが四〇分ばかりつづくと、海岸に松林の並ぶやや広い平野に出て、終点安房鴨川に着く。13時35分着で、つぎに乗る内房《うちぼう》線の千葉行電車は13時38分発である。

線名は内房線に変っても、安房鴨川から千倉までは、これまでとおなじく外房の海岸を行く。しかし海岸線はなだらかとなり、耕地も現われてくる。このあたりは霜の降らないところで花作りが盛んらしい。「フラワーライン」などと名づけられているが、花の季節は初春なので、いまは格別のことはない。

ところで、伴女のご様子はしおれし花のごとく、退屈はその極に達している。私はこの鈍行電車に三時間乗って千葉まで行きたいと思っているのだが、とても無理と察せられる。やむをえず私は一計を案じ、14時10分着の千倉で下車し、14時57分発の特急に乗換えることにした。この四七分の間に二つの建物を見て気分転換をはかろうというわけである。

千倉には私が小学校時代に三回来たことのある海の家があり、彼女にとってはことしの夏に来たばかりの臨海学校がある。タクシーでその二軒を巡回した。私のは建てなおされていて、四〇年の昔を思い出させてくれるものはなかったが、彼女のほうは夏の出来事を得々と説明しながら、汽車から降りればこっちのものというように、私をあちこち引張りまわした。

千倉始発14時57分の特急「さざなみ10号」の8号車自由席には、私たちを含めて六人しか乗っていなかった。館山《たてやま》で一二、三人乗ったが、それからはもう乗る客がいない。シーズンを過ぎた平日で、車内の客は静かである。お伴はたちまち眠ってしまう。櫟《いちい》らしい木が密度濃く繁《しげ》る山肌につっこむとトンネルに入り、出ると耕地と駅があり、ビワの段々畑の下を行く。海の近くを走っているのだが、海の見えそうなところにくると、かならず瓦《かわら》屋根が建てこんでちらちらとしか見せてくれない。しかし、やや高いところを走る竹岡《たけおか》と上総湊《かずさみなと》の間では、浦賀水道を挟んで逆光の三浦半島がかすみ、巨船のシルエットも見えた。黄色くなった西日で白く光る海面には、ノリひびや定置網も見られ、東京湾でもこのあたりはまだそういうことができるのかと思う。

木更津《きさらづ》に近づくと、火力発電所の赤白まだらの大煙突が現われ、一本残らず樹《き》をむしりとられた宅地造成中の丘の上を、着陸態勢に入ったジェット機が低空で過ぎていく。お伴は気持よさそうに眠っている。

きょうは、これでおしまいにしようと思う。できれば千葉で下車し、西船橋まで行って武蔵野線で新松戸、さらに日暮里《にっぽり》、赤羽、田端、新宿と最長片道切符のルートを通りたいと思っていたのだが、それは諦《あきら》め、このまま終点の東京地下駅まで乗ることにする。

車掌が二人組で検札に来る。私の切符を見せると、一人がおもしろそうに切符と私を見くらべてから、もう一人の車掌に向って「どうだすごいだろう」と自分のことのように言う。私はその車掌から西船橋—東京間の乗越し切符を買った。

左窓につづく石油コンビナートに松明《たいまつ》のような炎が点々と見えてきた。もう夕暮で千葉は近い。下車する客が席を立ちはじめる。

お伴が眼をさましたので、

「千葉で降りて、ふつうの電車に乗ってみるか」ときく。

「いやだあ」と答える。

空には幾条もの飛行機雲が茜色《あかねいろ》に染まっている。先のほうが乱れながら下降しているので、炎上しながら墜落したようにも見える。

特急「さざなみ10号」は西船橋を一気に通過し、17時09分、地下の東京駅に着いた。

六時過ぎに家に帰ると、女房が「どうだった？」ときく。「まずまずだった」と私は言った。お伴は、どうだとばかり男の子のように胸をそらしている。

西船橋からの続きは、あさっての土曜日にやろうと思う。

「あさってもいっしょに行くか」

と私はきいた。

「もう行かないんだ」

と彼女は答えた。

第13日（11月11日）

西船橋—新松戸—日暮里《にっぽり》—尾久《おく》—赤羽—田端《たばた》—新宿—吉祥寺《きちじょうじ》

居間の壁に手書きの線路図を貼《は》った。最長片道切符のルートの図で、これまでに乗った線は赤で示してある。

まだ全行程の四割程度であるが、北海道に端を発した一筆の赤い線が、犯人の逃走経路のように迷走しながら東京に潜入している。枕崎まで到達すれば、これはこれなりに一つの絵になる、と思う。

父親が外で何をしているかを家族にいちいち正確に知らせる必要はない、と私は考えている。どうせ女房子供が思っているほど大したことはしていないのだし、酔っぱらって帰ってくれれば業務上の交際、外国で何をしようと海外視察、それでよいのである。父親の責務は、もっと大きな次元で家族全体を包みこむことにある。

けれども、ただ汽車に乗るばかりで他に何もせず房総半島を一周する父親が、子供

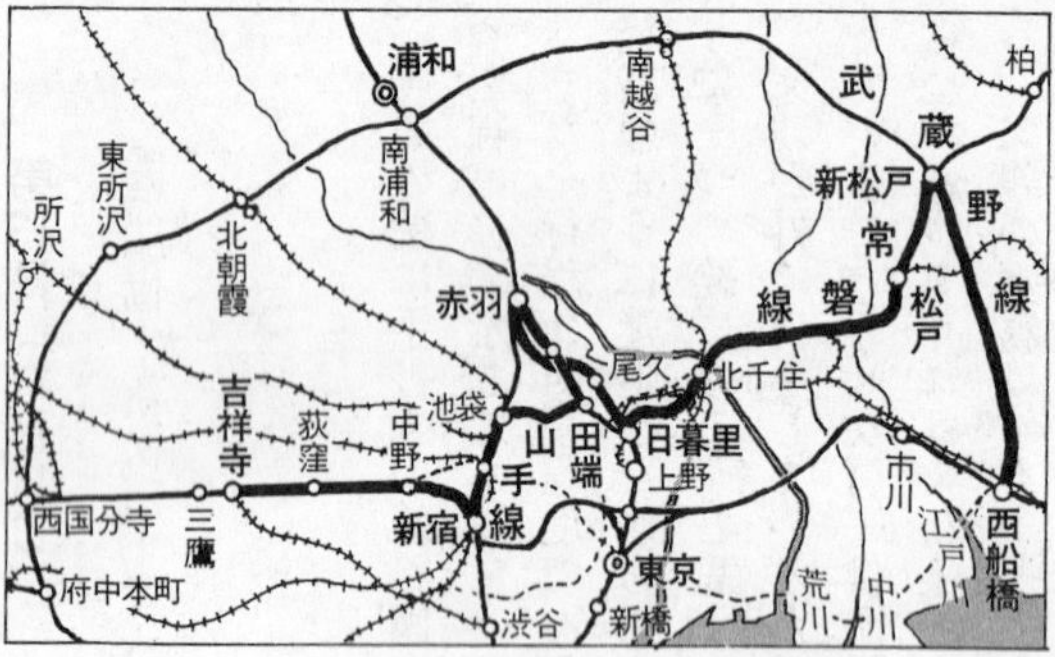

の心にどう映じたかは多少気にかかる。片鱗《へんりん》を見られた以上、全貌《ぜんぼう》を知らせたほうがよさそうにも思われる。房総一周をする人は年間何十万といるだろうが、広尾から枕崎までできるだけ遠回りをして行こうという人間はあまりいないだろう。どっちが利口か馬鹿《ばか》かは明らかだが、平凡か非凡かというくらべ方だってある。「はやくこの地図が全部赤くならないかなあ」と子供が言いだすようになれば成功である。すでに「きのうはここん所に乗ったんだね」と指さしているではないか。

そういう次第で居間に線路図を貼ったが、きょうのコースは東京付近をごそごそするだけだから、地図に書きこんでも、これだけ乗ったぞと言えるほどには赤くならない。

そもそも片道切符の最長ルート探索は、机上の遊戯としては知的にも優れたものである。のちに知ったことだが、愛媛大学工学部の西泰英教授が「多経路システムにおける最長もしくは最短経路の探索」の一例題として、国鉄の最長片道ルートの算出をコンピューターを使ってやっておられるほどのものである。

ところが、それを実行するとなると話はまったく別で、知と痴のちがいが出てくる。その最たるものが東京付近だ。最長ルートの探索においては、ここをどう通るかが決め手になるほど高度で複雑な地区であるのだが、乗るとなるとまったく阿呆《あほ》らしい。用があっても乗りたくない国電に、用もないのに乗ろうというのだから、さすがの私でも気が進まない。

ぐずぐずしているうちに昼になり、昼食を済ますと一時を過ぎた。

地下鉄の東西線で西船橋へ行き、本線の上に立体交差でつくられた武蔵野線のホームに昇る。真新しいホームを北風が通り抜けて寒い。南側は行止りになっているが、ここからさらに東京湾の埋立地を伝って川崎の塩浜《しおはま》まで行く京葉《けいよう》線が工事中である。

武蔵野線は鶴見《つるみ》からこの西船橋まで、東京の外側をぐるりと大きく回る全長約一〇〇キロの長い新線である。旅客よりは貨物列車のためにつくられた線で、鶴見―府中《ふちゅう》本町《ほんまち》間のごときは貨物列車専用となっている。したがって旅客電車が走るのは府中本町から西船橋までの七一・八キロである。このうち、私がこれから乗ろうとする西船橋—新松戸間の一四・三キロは、つい先月、一〇月二日に開通したばかりで、これによって最長片道切符の東京周辺のルートは大きく変った。

西船橋発15時04分。国鉄の新線区間はどこでもそうであるが、こまかい地形に左右されず、新幹線のように高架橋や切通しでまっすぐ敷設《ふせつ》されている。だから景色の半分はコンクリートの壁となる。三つ目の駅新八柱《しんやはしら》などは半地下にあるので、冷いコンクリートに囲まれたホームには、地下鉄ともちがう威圧感がただよっている。

しかし、沿線には雑木林が多く、水田も残っており、藁葺《わらぶき》屋根さえ見られる。総武本線や常磐線の車窓から見ると、都市化は千葉や我孫子まで進んでしまったかのように思われるけれど、こういう出来たての新線で横に走ってみると、指と指との隙間《すきま》のように案外近いところに田舎が残っているのを知る。

一六分で新松戸に着き、常磐線の上りホームに降りた。

これから上野へ向うのだが、常磐線の国電は運転系統が二つに分れていて、快速は上野行、各駅停車は北千住《きたせんじゅ》から地下鉄千代田線に乗入れとなっている。快速は新松戸には停車しないので、七分ほど各駅停車に揺られてから、乗降客のひしめく松戸で快速に乗換えた。

国電の快速にもいろいろあって、中央本線の快速などダイヤが過密なためか鈍速である。あれに乗っていると、快速とは速度のことではなく停車駅の問題であったのか、という理解に達するのであるが、この常磐線のは本物の快速だ。時速一〇〇キロぐらいでとばす。江戸川を渡って東京都に入り、中川を渡って小菅《こすげ》の東京拘置所をかすめ、荒川を渡ると、もう北千住であった。

もっとも、北千住からは各駅停車となって、16時すこしまえ日暮里に着いた。

ところで、この日暮里からの最長片道切符のルートに関しては少々厄介なことがある。それは「尾久問題」とでも称すべきもので、「旅客営業取扱基準規程」の第一四九条の解釈の問題なのである。

尾久は日暮里と赤羽の間にある東北本線の列車専用駅である。この区間の東北本線は二つに分れていて、列車は尾久経由の線路を通り、「京浜東北線」と通称される国電は日暮里から田端、王子《おうじ》を経由して赤羽に至る線路を走る。距離は尾久経由のほうが〇・二キロ長いが、運賃はどちらを通っても短いほうの王子経由で計算されることになっている。

運賃の計算法はそれでよいとして、最長のルートを求める者としては、この二つの

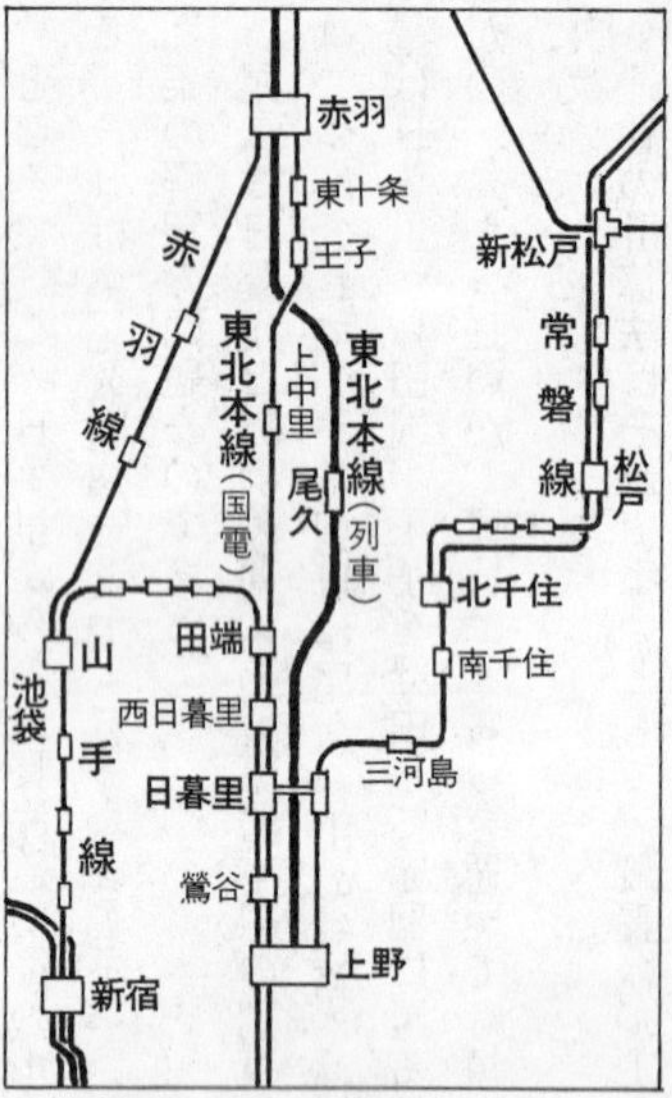

線路を極力活用したくなるのは当然である。つまり、常磐線の日暮里で下車して、そのあと尾久―赤羽―田端―池袋というふうに乗りたいわけである。事実、時刻表の巻頭の線路図を見る限りでは、そのルートで何も問題はないかに見える。

ところが困ったことに、常磐線に乗ってきて日暮里で下車しても乗換えられないのである。尾久を通る東北本線の列車は日暮里に停車しないのだ。停車しないのは当然で、プラットホームが無いのである。

ホームが無いのだから東北本線にとって日暮里は旅客営業上無関係、したがって常磐線との接続駅は上野、というのなら話は簡単であるが、東北本線にはもう一本国電用の線があって、これは日暮里に駅がある。いったい東北本線は日暮里に駅があるのかないのか？　ないのなら最長片道切符の旅行者は、尾久へは行けないから、日暮里

―田端―赤羽―池袋のルートとなり、尾久経由を活用したのにくらべて六・〇キロ短くなってしまう。いったいどう考えたらよいのか？

国鉄には「旅客営業規則」と「旅客営業取扱基準規程」というものがあり、じつにこまかいことまで規定している。この二つを項目別に対照しつつ一冊の本にしたものが市販されているが、六法全書のように部厚い。その細部にまでよく行届いた問題処理には、呆《あき》れつつ感服させられるが、遺漏なきを期した条文は難解だ。そういう「規則」と「規程」がある。もちろん「尾久問題」にも触れていて、「規程」の第一四九条には、

「次の各号に掲げる各駅相互間発着の乗車券を所持する旅客に対しては、当該各号の末尾かっこ内の区間については、途中下車をしない限り、別に旅客運賃を収受しないで、乗車券面の区間外乗車の取扱いをすることができる」

とあって、その第三号に、

「日暮里、鶯《うぐいすだに》谷又は西日暮里以遠（田端方面）若《も》しくは三河島以遠（南千住方面）の各駅と、尾久駅との相互間（日暮里・上野間、鶯谷・上野間）」

となっている。「三河島以遠」とは常磐線のことであり、尾久に発着する旅客は日暮里を通り越して上野まで行って常磐線に乗ってかまいません、鶯谷まで一駅戻って

も結構です、日暮里―上野間、あるいは鶯谷―上野間の運賃は頂きません、ということである。

尾久を通る列車は日暮里に停ろうにもホームがないのだから、当り前であるが、とにかくそういうふうに規定してある。

しかし、この第三号に規定する「特典」は尾久駅に乗降する客のみを対象にしているとしか解釈できない。したがって尾久を通り越して赤羽まで行こうとする私などは適用外と思われる。

だが、赤羽や大宮までの客ならば日暮里に停車する国電があるからよいが、その先の宇都宮や高崎方面の列車区間の客はどうすればよいのか。まさか赤羽か大宮までは国電に乗って、そこから先は列車に乗れ、というわけではないだろう。そう考えると、おなじ第一四九条の第二号が意味をもってくる。

「西日暮里以遠（田端方面）の各駅と三河島以遠（南千住方面）の各駅との相互間（日暮里・上野間）。ただし、定期乗車券を使用する旅客を除く」

となっているからである。

「西日暮里以遠」とは、まさに以遠であって、赤羽はもとより、青森でも北海道でも含まれると解してよい。第三号が尾久乗降の場合のみを規定しているのは、尾久のつぎが赤羽であり、そちらの線はすでに第二号で規定済みなので重複を避けたのであろう。条文というのはそういうものである。

したがって、日暮里で下車せずに上野まで行き、東北本線の列車に乗換えて逆行し、尾久を経由して赤羽に行ってかまわぬ、と解釈できる。

けれども、部厚い「規則」や「規程」にこまごまと書いてあるのは、すべて運賃についてである。はじめから終りまで、金をとるかとらないか、そればかりなのである。最長片道切符のルートについての考え方は、運賃計算法とはちがう。運賃計算上は合法であっても、乗換えられない駅で乗換えたと見做《みな》すルートを容認するのは、いささか気がとがめる。

かといって、尾久経由のルートが合法なのに敢《あ》えて六・〇キロ短い日暮里—王子—赤羽—池袋にするのも惜しい。私は苦しまぎれにこう考えた。

第一の命題。乗るべき最長ルートは、新松戸—上野—尾久である。乗換え不能の日暮里は無関係である。

第二の命題。乗車券は新松戸—日暮里—尾久とする。

つまり、東北本線の列車線とホームのない接続駅日暮里の両方の顔を立てたわけである。親切なような、ずるいような考え方だが、弁証法でいう止揚《アウフヘーベン》だろう。

そういうわけで、私は日暮里では下車せず、上野まで行った。

上野発16時11分の黒磯《くろいそ》行電車は、高架下の薄暗い13番線から発車した。上野公園の台地の東側を回り、日暮里の構内を走り抜けると、右にカーブして国電の線路群と別れ、尾久に停車する。駅の右側は目立つ建物もない平凡な荒川区の町々であるが、左側は尾久客車区で、清掃中あるいは待機中の特急列車がずらりと並んでいて楽しい。

尾久を出ると、すぐ国電の線路と再会し、三分ほどで赤羽に着く。

一段高い赤羽の国電ホームから、京浜東北線の青色の電車で田端へ向う。東十条を過ぎると北区の中心王子である。右は飛鳥山公園の台地で、ちゃんと樹《き》が茂っているし、左窓のすぐ下に東京に残る唯一《ゆいいつ》の都電が見えるのも嬉《うれ》しい。東京の鉄道旅行もまんざらではないぞ、と思う。

台地の中腹から操車場を見下ろし、田端に着くと、こんどは山手線《やまのて》内回りのウグイス色の電車に乗る。発車すると左に急カーブして台地へ頭をつっこむ。切通しの入口は珍しく地肌が露出しており、ススキも生えていて北海道西北部の海蝕崖《かいしょくがい》を思い出す。事実ここは海蝕崖でこの下は海だった。

山手線はここから武蔵野台地に入り、池袋、新宿、渋谷と回って品川で台地の外に出る。山手線は「環状線」とも言われ、専用複線の上を約一時間で一周しながらぐるぐる回っているのだが、「日本国有鉄道線路名称」による正式の営業区間は、品川—新宿—田端であって環状をなしてはいない。ずいぶん非現実的な取扱いであるけれど、「山手」の名に相当するのは、たしかにこの区間である。

武蔵野台地は幾条もの川に刻まれているから凸凹している。今ではどぶ川ばかりだし家が建てこんでいるから、丘や川の風情《ふぜい》はまったくないけれど、山手線は台地を掘り谷をまたいで走る。目白《めじろ》の駅は切通しの底にあり、神田川の谷を鉄橋で渡ると高田《たかだの》馬場《ばば》で、これは谷の斜面につくられた半高架駅である。

16時55分、新宿着。国鉄の旅客扱駅は全部で約五二七〇あるが、乗降客のいちばん多いのがこの新宿で、一日平均六六万人だという。だからどっと降りる。降りるまいと思っても自然に降ろされてしまう。降りる客には具合よい駅である。

新宿からは中央本線の下り電車に乗る。こんどはオレンジ色の快速で、左にカーブしながら東中野を通過する。ここから直線区間となり立川の手前まで約二四キロにわたって線路がまっすぐ伸びている。北海道を除くと、ここがいちばん長い直線区間である。東京の足元でこんな線路の敷き方のできた時代は、もはや想像の外のことであるが、ここに鉄道が建設された明治二二年ごろは雑木林ばかりの武蔵野だったのであろう。もっとも、当初はここより南の甲州街道沿いに敷設しようとしたが、各宿場から旅人が泊らなくなると反対され、ルートを変更したという事情もある。

日が暮れてきた。中央本線は三鷹《みたか》まで高架だが、荻窪《おぎくぼ》付近だけは青梅《おうめ》街道の下をくぐるので地上に下りる。駅の脇《わき》に密集した飲み屋に夕べの灯がともり、幾度か来たことのある店の赤提灯《あかちょうちん》がちらと眼に入る。ちょっと誘惑されたが、のむ相手もいないのでそのまま通り過ぎ、吉祥寺で下車した。

中途半端《はんぱ》な一日であったが、きょうはこれで打切る。吉祥寺で中断したのは、ここと渋谷を結ぶ京王帝都電鉄井《い》の頭《かしら》線の沿線に私の家があるからである。

第14日（11月12日）

吉祥寺《きちじょうじ》—西国分寺—南浦和—大宮—倉賀野《くらがの》—拝島《はいじま》—立川—登戸《のぼりと》

私は毎朝、自分でも感心するくらいきちんと起きて、予定した列車に乗ってきた。ところが、きのうの西船橋からおかしくなってきた。「運転間隔3〜6分毎《ごと》」としか時刻表に載っていないような国電では、エスカレーター同然、相手にとってまことに不足である。いつでも乗れると思うから、いつまでも家でぐずぐずしてしまう。

きょうは国電ばかりではない。高崎線に乗り、さらに八高《はちこう》線というローカル線にも乗る予定である。八高線はほぼ一時間に一本の割りで列車があるから、乗り損なったら大変という運転間隔ではないが、接続がわるければ、高崎の一つ手前の倉賀野という退屈な駅で一時間近く待たなければならない。だから私はきのうの夜、きちんとスケジュールをたてておいた。

予定をたてるときは、運転本数のもっとももすくない線区の列車時刻に照準を合わせ、

それに他の線の列車を従わせるのが原則である。これは時刻表旅行に限らない。座談会や委員会の日取りを決めるときなど、忙しい人の都合を最初にきく。いつでも出てこられる国電みたいな人は後回しにする。

私は、まず八高線の倉賀野発の時刻を基準にして逆算し、三案つくった。自宅の出発時刻で言うと、五時五〇分、六時五〇分、八時ちょうどの三案である。

眼が覚めたら八時を過ぎていた。三段構えにしたために眼覚ましはかけていなかった。

きょうは日曜日である。いまからでもぜひでかけたいので、急いで時刻表をしらべると、八高線の時刻にちょっと間があいていて、一〇時に家を出ればよい。そうしようと思ったが、ついでにそのつぎをしらべてみると一一時である。なんとなく動作が緩慢になり、一一時すこし過ぎに家を出た。

井の頭線で吉祥寺へ行き、中央本線のホームに上って下りの国電の発車時刻表を眺めると、11時39分発が出たばかりで、つぎは53分発となっている。吉祥寺での待時間は一〇分以内とふんでいたのだが、案外に間があいている。

三鷹で特別快速を待避したので、西国分寺に着いたのは12時11分であった。あてにしていた12時09分発の武蔵野線は出てしまって、つぎは12時52分までない。これで八高線の列車はさらに一本あとになる。昨夜たてた第一案から数えると第六案に相当する。広いコンコースのベンチに坐《すわ》っていると、貨物列車が何本も通過して行く。

武蔵野線の西国分寺から東所沢にかけてはトンネルばかりである。このあたりは平《へい》坦《たん》な武蔵野台地で山などないのだが、トンネル工法が進歩したので、地価によっては用地を買収するよりトンネルを掘ったほうが経済的だというし、環境問題も起らない。しかし台地が尽きて荒川流域の沖積《ちゆうせき》平野に出ると、もうトンネルは掘れないので高架になる。こういうところにトンネルを掘ろうとすると、排水設備などで地下鉄のように工費がかかるのだそうだ。東北新幹線建設が埼玉県南部の用地問題で難航しているのもそのためである。線路の敷きにくいはずの山岳地帯では工事がはかどり、平野部ではなかなか線路が敷けない。時代は変ったものである。

荒川の長い鉄橋を渡って13時24分、南浦和に着く。ここで京浜東北線に乗換えると、大宮までは約一〇分である。

大宮発13時52分の長岡行鈍行電車に乗る。日曜日なので子供連れが多く、買ってもらったオモチャの包を開いて母親に叱《しか》られたりするから車内は賑《にぎ》やかである。

熊谷あたりまでは東京への通勤圏なので、それらしい住宅が多く、高層団地もあるが、古い農家も多い。冬の風が強いのか、そういう農家は北側に林を背負っている。新しい住宅は吹きさらしである。

桑畑が多くなり、神流川《かんながわ》を渡って群馬県に入る。晴れていれば赤城山《あかぎさん》や榛名山《はるなさん》など上州の山々が見えるのだが、きょうは曇っている。

八高線への乗換え駅倉賀野は、高崎の一つ手前の駅である。西側には宿場町の低い家並みがあるが東側は桑畑で、素寒貧《すかんぴん》としている。こんどの八高線の発車は15時50分なので二五分ほど待たねばならないが、北風が強くてホームにはいられない。跨線《こせん》橋《きょう》のなかで待っていたが、それでも冷えた風が吹き抜ける。上州名物のからっ風であろう。

鼻の奥がむずむずしてきたのを気にしながら待つうちに、色も車体も新旧さまざまなディーゼルカーの六両編成が高崎からやってきて、倉賀野駅のホームが田舎の感じになる。

八高線の名は八王子と高崎を結ぶところからきており、列車は高崎発着となっているが、正式の営業区間は八王子—倉賀野の九二・〇キロである。線路は関東山地と関東平野との境目に忠実に敷かれているので、かなり曲りくねった路線となっている。山地からは神流川、荒川をはじめ幾本もの川が流れ出ていて、谷から平野へ出るところに、いわゆる谷口集落をつくっている。群馬藤岡《ふじおか》、児玉《こだま》、寄居《よりい》、小川町《おがわまち》、高麗川《こまがわ》、東飯能《ひがしはんのう》、拝島など、八高線の主要駅は、だいたいそういう町である。駅と駅との間は右は山、左は平野とほぼきまっていて、平野には桑畑が多い。駅舎はどれも瓦《かわら》屋根をのせてひなびており、無人駅では客が生垣の間から出入りするなど、これはまぎれもなくローカル線である。紅葉のきれいなところもあって、一〇日ぶりの旅情を感じる。

しかし、残念ながら日が暮れてきた。しかも背筋に悪寒《おかん》が走る。上州の風で風邪をひいたようだ。

拝島が近づくと横田基地の跡にさしかかる。暗くてもだだっ広いのでそれとわかる。滑走路の末端をかすめるとき、八高線は首をすくめるように短いトンネルを抜ける。線路すれすれまで滑走路が延長されたとき、危険防止のため線路の上に盛り土をした個所である。防空壕《ぼうくうごう》のようなもので、こんな妙なトンネルは他にないだろう。ドライブ・インや屋根の上にピンを立てたボウリング場などが現われ、にわかに灯火が多くなると、18時08分、青梅《おうめ》線、五日市線との接続駅拝島に着いた。隣のホームに休日運転のハイキング用快速電車が停っていたので、私はそれに乗った。立川までは一〇分である。

立川の駅はホームも地下道も雑沓《ざっとう》していた。駅前の広い通りには新しいビルが並び、デパートの屋上からは催物や売出し広告の大垂幕が下がっていた。立川は東京西郊のベッドタウンの中心である。しかし都心に通うには電車だけでも一時間かかる。誰もこんな遠くから通勤したくないだろうが、立川の町はその人たちによってますます発展している。

これから南武《なんぶ》線に乗り、鶴見《つるみ》線へと入るのが最長片道切符のルートであるが、きょうは南武線の途中の登戸で下車し、小田急で家へ帰ることにする。南武線は夜でもよいが、鶴見線は明るいときに乗りたい。それに風邪もひいている。

南武線の電車は、立川からの買物帰りの客で混んでいた。

第15日（11月23日）

登戸《のぼりと》—尻手《しって》—浜川崎《はまかわさき》—鶴見—品川—代々木—神田—秋葉原《あきはばら》—錦糸町《きんしちよう》—東京—小田原—沼津—御殿場《ごてんば》—国府津《こうづ》—茅ケ崎《ちがさき》—橋本—八王子

切符の通用期間は六八日である。

一〇月一三日が使用開始日だから、一二月一九日で期限となる。あと二七日しかない。

それなのに行程のほうはまだ四〇パーセントにしかならない。あと八千キロも残っている。たくさん残っているのは有難くもあるが、二七日で残り全部に乗るのは相当にあわただしそうだ。あわただしく乗るのはもったいない気もする。

旅行日と雑用日とを振分け、六八日あれば大丈夫と思っていたのだが、風邪で一週間寝こむことまでは計算に入れてなかった。それでこんなに押しつまってしまった。

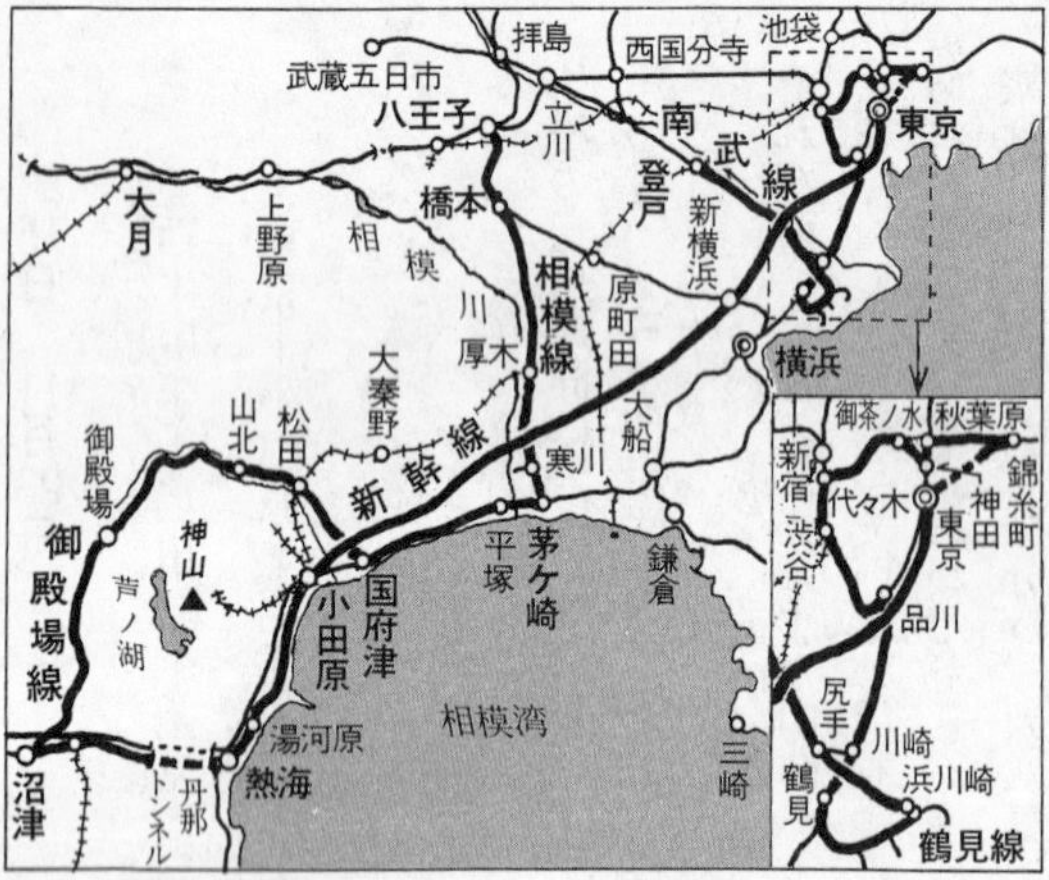

風邪で寝ているあいだ、六八日間以内にやらねばならぬこともあるまい、と私は考えた。ルートは私の意志によるが、通用期間は国鉄側が勝手に決めたことである、そんなものに支配される必要はない……。これは正常な考え方である。天井などぼんやり眺めているほうが正常になるのかもしれない。

ところが、風邪がなおると考えが元に戻った。いったんやると決めたことはやろうということになった。身体《からだ》の調子の良し悪《あ》しでずいぶんちがうもんだな、と私は思った。

それと、例の切符に対して情のようなものも芽生えている。当初は、みっともない切符奴《め》！　と思いながら渋々携えていたのだが、何日も一緒にいると、そうでもなくなってくる。あちこちの駅で途中下車印を捺《お》されて、羽根つきの下手な子みたいな面相になってきたのも愛嬌《あいきょう》がある。終着駅「枕崎《まくらざき》」の印を捺してやりたいな、と思わせる顔である。

私はスケジュールを組みかえてスピード・アップをはかった。鈍行に乗るつもりだった中央西線を特急に変更したりした。それでも残り二七日のうち二〇日が旅行日となった。

再起第一日目のきょうも、まだ東京とその近郊である。

八時に家を出て、登戸発8時45分ごろの南武線に乗り、9時13分、川崎の一つ手前の尻手でまず下車する。

尻手からは南武線の枝線に乗換えて浜川崎へ行くのだが、この区間は運転本数がすくないのに、時刻表は「この間二〇～三〇分毎《ごと》」であっさり片付けている。南無三《なむさん》、とばかりホームの発車時刻表を見上げると、わずか六分後の9時19分発がある。そのつぎは53分発だから運がいい。

二両の旧式な国電がやってきて、すぐ折返す。きょうは祭日なので、客は一〇人といない。

尻手を出ると東海道本線をまたぐ。あとでこの下を通るけれど、線路が交差しているだけで駅はないから片道切符の規則には抵触しない。きょうはこういう立体交差が五カ所もある。

商店と住宅の建てこんだところから工場地帯に入ると、高速道路の下の浜川崎に着く。

浜川崎は、石巻《いしのまき》と同様に駅が二つある。鶴見線に乗換えるには、いったん南武線駅の改札口を出て一般道路を渡る。だから改札口を出る客にいちいち途中下車印は捺さない。しかし私は捺してくれと言った。駅員は私の切符をちょっと眺めてから、つまらなそうに印を捺した。ここは二つに分れた変った駅なので、鉄道マニアがよく来るのだろう。また変なのが来た、といった程度の扱いである。面白がられるのは迷惑だけれど、全然反応のないのも物足りない。

浜川崎から鶴見までは五・七キロ、途中に無人駅が六つある。鶴見線は埋立地に建てられた大工場群への引込線のようなもので、祭日のきょうは客がまったくない。工場も静まりかえっている。何が起ろうと、あすの始業時刻までは誰も気づかないだろう。

鶴見駅のすぐ西側に接した小高い丘に総持寺《そうじじ》がある。これが多摩丘陵の末端で、多摩川を挟んで武蔵野台地と対峙《たいじ》している。京浜東北線の電車は鶴見から蒲田《かまた》の先までは、多摩川の河口洲《かこうす》を走る。川崎側は敷地を広くとった大工場が多いが、蒲田側は零細な下請工場がひしめいている。

武蔵野台地の南端に接すると大森《おおもり》であるが、駅の直前の右手に小さな公園があり、蒸気機関車が一台置いてある。蒸機のいわゆる「静態保存」は全国いたるところにあり、錆止《さびど》めのペンキを塗られてじっとしている姿は、剝製《はくせい》を見るようで哀れだが、この大森入新井《いりあらい》公園のはちょっとちがう。一日数回、時間を決めて汽笛を鳴らし、約一〇分間動輪を回している。

品川の手前で武蔵野台地の末端を切通しで抜ける。両側は墓地で沢庵和尚《たくあんおしょう》の墓もある。

品川で山手線の外回りに乗換える。進行方向が逆になり、しばらく東海道本線と平行して走るので、もう一度おなじ切通しを通る。このあたりからの山手線は前回乗った区間と同様、台地とそれを刻む谷とでできた凸凹地帯を行くから、高架か切通しのどちらかで変化に富んでいる。そういう地形とも関係するのだろうが、この沿線の建物は千変万化だ。恵比寿《えびす》の駅名の起源となった古いビール工場に接して高級住宅地があり、商店街と高層マンションが同居し、服飾学院もあればトルコ風呂《ぶろ》もあり、明治神宮の森に向って共産党本部が赤旗を立てている。とにかく何でもある。駅と行政区劃《かく》の関係もごちゃごちゃしていて、品川駅は品川区になくて港区にあり、目黒駅は品川区にある。

かつて山手線は「万里長城」と言われたことがあった。郊外から都心へ向おうとする私鉄を、すべて山手線が阻止したからである。私鉄の客は山手線の駅で降ろされ、ぐるっと東京を半周して都心へ向わねばならなかった。いまは地下鉄がこの障壁をくぐり抜け、私鉄との相互乗り入れもおこなわれるようになった。大きな進歩である。

そういうわけで、ほとんど各駅ごとに都心へ向う地下鉄と郊外への私鉄とがあり、どの駅でも客の乗り降りが多い。交通機関は一般にだんだん空《す》いてくるか、だんだん混んでくるかのどちらかなのだが、山手線の場合は出入りが激しいから、押出されそうになったり、押しこまれそうになったりして疲れる線である。

立地条件がよく、運賃の割高な短区間の客が多いから山手線は儲《もう》かる線区で、昭和五二年度の収支係数は六二、新幹線の六〇に次ぐ第二位の黒字線となっている。

山手線を代々木で下車し、こんどは中央本線の電車で神田まで行く。

中央本線は快速と各駅停車とに線路が分れ運転系統も別になっている。快速の停らない代々木から神田や東京へ行くには、四谷《よつや》か御茶ノ水で乗換えなければならないので不便だが、複々線だから朝夕を除けば山手線より空いている。

新宿御苑《ぎょえん》、明治神宮外苑、東宮御所など樹木の多いかつての聖域をかすめ、赤坂離宮の入口の下をトンネルで抜けると四谷で、ここからは外堀の内側に沿って行く。飯《いい》田橋《だばし》を過ぎると右に行止りの貨物駅が見える。これが明治二八年開業の飯田町駅で、中央本線の前身甲武《こうぶ》鉄道の起点だった駅である。

御茶ノ水で快速に乗換え、つぎの神田で京浜東北線の電車に乗換え、つぎの秋葉原で総武本線の下り電車に乗換える。代々木から乗ってきた電車にそのまま乗っていれば総武本線に直通するのだが、最長片道切符のルートがそうなっているのだから、やむをえない。神田を経由することで一・一キロ長くなるのである。

秋葉原というと、いまは家庭電気製品特売所の代名詞になっているが、戦前は都市交通の未来図のような駅として、子供向けの乗物図鑑などに色刷りの絵が載っていた。当時東京に一本しかなかった地下鉄が最下段、その上に市電、二階が京浜東北線、三階が総武本線となっており、四層にもなったところは日本中にここしかなかった。秋葉原駅の上空にはかならず飛行機が描いてあり、立体感を強調してあった。そういう絵に刺戟《しげき》されて秋葉原駅へ出かけ、総武本線の電車で御茶ノ水まで乗ると、高所のスリルを覚えたものだった。

六分で錦糸町に着き、東京地下駅行の総武本線に乗換える。錦糸町—東京間四・八キロの新線が開通したのは昭和四七年であるが、これによって総武本線は錦糸町で二つに分れ、特急と快速は東京への新線を走ることになった。

錦糸町を出ると両国駅の手前から地下に入る。かつては房総方面への列車のすべてが発着した両国であるが、いまはほとんどの列車を新線に奪われ、寥々《りょうりょう》としている。快速電車は両国駅を無視するように地下にもぐり、隅田川の下を通る。ここから東京までは国鉄史上最高の工費のかかった区間だという。なにしろ地下二階まであるビルが簇生《そうせい》し、その下を地下鉄が三層も立体交差しているのである。そういう地区へさらに一本加わろうというのだから大変である。東京の二つ手前の馬喰町《ばくろちょう》は国鉄最低の駅で、海面下三〇・六メートルにあるという。

この総武新線ほど深くはないにしても、東京の都心部や大阪の地下鉄は、だいたい海面より低いところを走っている。みんなそういう海面下を、平気で毎日通っているのだから、考えてみれば妙な生活ではある。

東京からは11時40分発の新幹線で小田原まで行く。

新幹線は在来線の線路増設であり独立した別線ではない、という建前になっている。だから最長片道切符のルートに新幹線を組入れることはできない。しかし部分的に例外があって、在来線と接続しない地点にある駅、つまり新横浜、岐阜羽島《はしま》、新神戸、新岩国の前後の区間に限り別線として扱うことになっている。したがって、これから私が乗る東京—新横浜—小田原は別線となり、最長片道切符のルートに組入れてよいのである。

新幹線は、東海道本線、南武線、横浜線、相模《さがみ》線、御殿場線を高架でまたぎながら杼《ひ》がタテ糸を横切るように快走し、約四〇分で小田原に着いた。

小田原発12時27分の沼津行に乗る。一五両もの長い編成だが座席の四分の三はふさがっていた。月並みな東海道本線ではあるけれど、小田原—熱海間での相模湾の眺めは国鉄の車窓のなかでは屈指のものだろう。とくに海側に敷かれた下り線の窓から断《だん》崖《がい》の見下ろせる根府川《ねぶかわ》の直前がよい。この区間の山肌は一面のミカン畑で、ちょうど実が色づいて、これもきれいであった。

丹那《たんな》トンネルを抜け、13時19分、沼津に着いた。ホームの木製の屋根、タイル貼《ば》りの細い地下道、いずれも昔のままである。この駅に降りて地下道を歩くのは何十年ぶりだろう。

これから乗る御殿場線と沼津の関係は、鉄道栄枯盛衰史には欠かせない。明治二二年から丹那トンネルの開通した昭和九年までの四五年間、東海道本線は現在の御殿場線を経由していた。しかし富士の裾野《すその》の御殿場駅は海抜四五七メートルの高い位置にあり、前後に一〇〇〇分の二五の急勾配《きゅうこうばい》がそれぞれ二〇キロもつづいていた。鉄道、とくに蒸気機関車は勾配に弱い。特急列車の場合で言うと、機関車を前部に二両、さらに後押し一両の計三両で急勾配をあえぎながら登ったというから、いまのSLファンが聞いたらどうなるかと思うような情景である。

客車列車はそれでもまだよい。貨物列車となると、機関車を二両に増強しても、なおかつ貨車を半分に減らさなければならず、輸送力にとって大きな障害であった。にもかかわらず、急勾配のこの線を最重要幹線として半世紀近くも抱えこんでいたのは、丹那トンネルがあまりに難工事だったからであった。

丹那トンネルの計画は明治の末からすすめられ、大正七年に着工したが湧水《ゆうすい》や落盤で工事は難航し、一時は工事中止論さえ現われるほどであった。しかし、昭和九年三月、ついに開通した。死者は六七人にものぼり、その慰霊碑が熱海口の坑門の上にある。

丹那トンネルが開通すると、東海道本線は熱海経由となり、従来の国府津―沼津間は御殿場線の名を与えられてローカル線に格下げされた。複線であった線路はとりはずされ、単線となった。

いっぽう、丹那トンネルの開通と同時に電化区間は沼津まで延長され、超特急「つばめ」をはじめ全列車が機関車つけ替えのため、沼津で四分以上停車するようになった。駅弁は沼津で買うものと決り、沼津まではヌマズ食わずで我慢しよう、という洒落《しやれ》も使われた。

昭和二四年に電化区間が静岡まで延長され、沼津駅の凋落《ちょうらく》が始まった。昭和三九年に開通した新幹線は地盤の軟弱な沼津を避けた。

13時39分発の御殿場線の電車は四両編成で6番線に停っていた。しかし、地下道を通ってホームに上った私は車両を見てがっかりした。国電型のロングシートなのである。沼津の駅弁を食べながら富士山でも眺めようと考えていたのに、これでは気分が出ないではないか。

きょうは晴れてはいないが、高曇りなので富士が全景を見せている。一月下旬というのに雪はほとんどなく、近すぎるので最良の富士ではないが、やはり見なくては損な山である。

富士の裾野の茫漠《ぼうばく》とした斜面を四〇分ほど登ると御殿場で、ここから酒匂川《さかわがわ》の谷に沿って下りはじめる。酒匂川は箱根の外輪山の北から東へと流れ下る川である。線路は幾度も谷を渡りながら下って行く。ところどころに使われなくなったトンネルが残り、雑草の茂った線路跡がある。複線だった当時の遺跡である。狭い谷間では線路を二本並べて敷設《ふせつ》することができず、上下線を別々に敷いている。そんな苦心の跡もいまは雑草のなかに散見するだけとなっている。

急勾配を下り終ったところに山北《やまきた》駅がある。構内は広いが草ばかり茂っている。不用となった長い下り線のホームは崩れ落ち、巨大な肥溜《こえだ》めのように見えるのは蒸気機関車の転車台の跡である。

山北は蒸機を増結したり切離したりしていた駅である。当時は三〇〇人もの鉄道関係者がいたというが、いまは夢の跡となっている。丹那トンネル開通以前の時刻表を見ると、山北は急行停車駅であり、駅弁のマークもついている。いまはもちろん駅弁はない。

けれども、人間でもそうだが、落ちぶれて間もないうちは未練がましく哀れっぽくていけないが、歳月を経ると風格がでてくる。私は、鉄道の古都のような風趣をこの山北に感じた。一両のD52が廃線敷の上に置かれ、近所の子供たちが慣れ遊んでいた。

国府津着15時13分。丹那トンネル開通以前は、全列車が電機と蒸機のつけ替えをしていた由緒《ゆいしょ》ある駅である。大きな機関庫が残っており、半世紀前の蒸気機関車の煤《すす》の香がただようようなくすんだ駅だが、それでいて清潔感のあるいい駅である。松林越しに相模湾も見えている。

東海道本線の上り電車に二〇分ほど乗って茅ケ崎に行き、相模線に乗換える。

相模線は茅ケ崎から相模川に沿って北へ向い、八王子の手前で横浜線に合する三三・三キロの地味な線である。

16時02分発のディーゼルカーは、新しい住宅や団地とヨシの生えた湿地や田畑の入り混じった、とりとめのないところを走る。

茅ケ崎から約三〇分、相模川の対岸にある厚木《あつぎ》の街のネオンやビルが、夕べの靄《もや》を通してうっすらと見えてくる。小田急との接続駅厚木で客の大半は下車し、相模線の車内は閑散としてローカル線らしくなる。相模川と離れて台地の端のようなところを走っているらしいが、すでにあたりは暗く、よくわからない。まだ五時である。すっかり日が短くなった。あすからの行程が思いやられる。

終点の橋本には17時11分に着いた。ホームに降りると寒い。売店のガラスに貼られた燗酒《かんざけ》の文字が眼に入る。

橋本から八王子までは横浜線の電車でわずか一三分である。日の暮れた多摩丘陵の林のなかを電車は山手線のような響きを立てて走り、17時35分、八王子に着いた。

きょうは、いったん家に帰り、あすの朝六時半ごろにはこの八王子へ戻ってくるつもりである。

第16日（11月24日）

八王子—甲府—富士—掛川《かけがわ》—遠江二俣《とおとうみふたまた》—豊橋—飯田《いいだ》

「中央線の電車」というと通勤ラッシュを連想する。しかし「中央本線の列車」なら山が浮んでくる。

この二つの顔の接点は八王子から高尾《たかお》のあたりにある。鉄道史を見ても、新宿から八王子までは甲武鉄道が敷設《ふせつ》し、八王子から先は鉄道作業局である。

乗っていても、八王子を過ぎるとにわかに山の気配、嵐気《らんき》がしてくる。線路も登りになり、峠下の宿場町のような高尾に着く。事実このすぐ先には小仏《こぼとけ》峠がある。国電は高尾が終着で、酔っぱらいの乗越し客の多いことでは日本一の駅である。

高尾始発6時45分の各駅停車小淵沢《こぶちざわ》行は、爽《さわ》やかな山の気に包まれて発車した。すぐ山間に入り、小仏トンネルを抜けると相模湖《さがみこ》。ようやく東京の迷路から脱出したぞ、と嬉《うれ》しくなる。

相模湖から大月《おおつき》にかけては相模川の河成段丘の上を行くが、ひと口に河成段丘と言っても、このあたりのはなかなか複雑で幾段にもなっている。電車はその何段目かの上を走っているのだが、駅はあっても街は段差があるので見えない。対岸の段丘の端から細い滝が幾条も相模川の河原に落ちている。

大月から上り勾配《こうばい》となり、貨物列車用のスイッチ・バックのある初狩《はつかり》と笹子《ささご》を過ぎて笹子トンネルに入る。全長四六五六メートルの笹子トンネルは、昭和六年に清水トンネルが開通するまでは日本一長いトンネルであった。中央本線に乗ると、このトンネルを通るのが楽しみで通過時間を計ったりしたものだが、長いトンネルに慣れた現在では、ずいぶん短く感じる。通るたびにだんだん短くなる。

笹子トンネルを抜けると甲府盆地を一望できる高い位置に出る。甲府の街も見えているが、まっすぐ向っては急坂をころげ落ちるので、中央本線は盆地の東北部を迂回《うかい》しながら徐々に下って行く。あたりの山肌は一面に棚でおおわれている。勝沼《かつぬま》のブドウ畑である。

斜面を下りきったところが青梅《おうめ》街道の出口の塩山《えんざん》で、駅のすぐ右手に見える小高い山から岩塩がとれたという。塩山からは甲府への通勤通学客がどっと乗る。

甲府からは身延《みのぶ》線で富士川沿いに東海道本線の富士へ出る。こんどの発車は8時26分の急行「富士川2号」である。

身延線は富士―甲府間八八・四キロ、戦時中、国鉄に買収されるまでは富士身延鉄道であった。だから駅間距離が短く、二・三キロに一駅の割りとなっている。甲府駅の発着ホームは私鉄時代そのままで、1番線の片隅にある。

私はこの線の鈍行電車に一度だけ乗ったことがあるが、あまりちょこちょこ停るので少々うんざりした。きょうは急行なので有難い。それでも一〇分も走ると停車する。国鉄のつくった線なら各駅停車なみの間隔だが、その間に小さな駅を三つぐらい、いつのまにか通過している。

陽はさしていないが雲が高いので、右窓に南アルプスの前衛の山々が見え、左窓には富士山が頂を見せている。

三〇分ほど走ると甲府盆地が尽き、笛吹川と釜無川《かまなしがわ》との合流地点のあたりで身延線も富士川に合流する。

9時20分着の下部《しもべ》で客がたくさん乗ってきた。ここは信玄の隠し湯下部温泉の入口である。泉温は低いが外傷に効くといわれ、私も泊ったことがある。ひどくぬるいので浴槽から出るとプールから上がったみたいに震えてしまうが、一時間もつかっていると体の芯《しん》まで温まる不思議な温泉であった。

居眠りをしているうちに身延を過ぎた。電車は広い河原を見下ろす崖《がけ》のふちを走っている。河原にはダンプカーが乗入れて砂利をとっている。

富士川が山間から平野部へ流れ出ると、身延線は川筋を離れ、北へ大きく迂回しながら富士宮《ふじのみや》へと下って行く。このあたりから見る富士山は形がよく、車窓の富士でいちばんよい。ちょっと電車を停めてほしいような展望所である。

富士着10時32分。この急行「富士川2号」は東海道本線に乗入れて静岡まで行く。

静岡発11時25分の電車で掛川へ向う。約三〇分で大井川を渡ると金谷《かなや》で、ここから大井川鉄道が出ている。この線には金土日月の週四回、一日一往復のSL列車が運転されていて、金谷発は11時34分である。きょうは金曜であるが、惜しくも二〇分前に発車してしまっている。私は大井川の鉄橋を渡るとき川上を見はるかしたが、のろい蒸気機関車でも二〇分も走れば煙の影さえ残していなかった。

掛川着12時10分、ここで二俣線に乗換える。

二俣線は東海道本線の浜名湖鉄橋が艦砲射撃で破壊された場合に備えて敷設された代替線で、太平洋戦争の始まる一年前に全通した。掛川から三方《みかた》ヶ原《はら》台地と浜名湖の北側を迂回して新所原《しんじょはら》で東海道本線に合するまでの六七・九キロ、本線より一四・八キロ長い。したがって最長片道切符のルートとなるわけだが、すっかり日が短くなったいまの季節では、明るいうちに全線を走り終える列車は四本しかない。きょうの日程を決める上で主導権を握ったのはこの二俣線であった。

掛川駅の細い地下道を通って煤《すす》けた短いホームに上ると、12時20分発の二両のディーゼルカーが、すでにぶるんぶるんと体を震わせていた。

駅のすぐ南側は新幹線の高架橋で、東京発11時00分の「ひかり7号」が一気に走り抜けて行った。時速二〇〇キロは、乗っているとそれほどでもないが、近くで眺めるとさすがに速い。すこし思い上がっているぞ、と言いたくなるほど速い。私もよく乗るが、地上で見ていると、あんな危険なものによく平気で乗っていられるな、といつも思う。「ひかり」は掛川から豊橋までを約一八分で走破してしまうが、私がこれから乗る二俣線の列車は二時間二五分かかって走る。

ディーゼルカーは小さな無人駅に停りながら茶畑のなかを行く。空は晴れあがって、閑散とした車内は春のようにけだるい。農家の軒には干柿《ほしがき》が朱色のスダレのように吊《つり》下《さが》っている。瓦《かわら》屋根と渋い板壁と皮を剝《む》かれた柿の実の対照のなかに派手なトタン屋根の入りこむ余地はないらしく、新しい家でも瓦で屋根を葺《ふ》いている。

北は秋葉山へつづく緑を背負い、南は茶畑、なんと温暖の地だろうと思う。これまで通ってきた北国はもう黒く厚い冬の雲におおわれているはずだから、不公平なことだ。

二〇分あまりで、瓦屋根ばかりの黒々と落着いた町が右手に現われ、列車はその町はずれの遠江森《とおとうみもり》に停車する。森の石松の町である。

そのつぎが遠江一宮《とおとうみいちのみや》で、「七五三まいりは遠江国一宮様へ」という時期遅れの貼《は》り紙が風でひらひらしている。このあたりの駅名標は国名の訓《よ》みが長いから大変だ。外国人など乗らぬ線だろうけれど、ローマ字を読み終らないうちに列車の扉が閉るだろう。

森から二〇分で二俣線の中心遠江二俣に着く。構えの大きい駅でホームが二面半、5番線まであるが、跨線橋《こせんきょう》も地下道もなく、降りた客は線路の上を渡って行く。気候はいいし、平和そうな町だ。駅の貯木場の丸太がなかなか太い。ここは天竜川に沿う木材の集散地である。

天竜川を渡る。新幹線や東海道本線で渡る天竜川は河口に近く、広々あっけらかんとしてとりとめないが、ここのは山峡から平野に出る境目にあるから、両岸は崖、しかも大きな川らしい広がりをもつ、という贅沢《ぜいたく》な景観になっている。天竜川に限らず、木曽川の犬山付近、信濃川《しなのがわ》の小千谷《おぢや》付近など、山から野へ出るあたりの川の眺めが私は好きだ。

日向《ひなた》ぼっこをしているような二俣線に少々飽満感を覚えるころ、浜名湖が現われる。線路が湖岸に沿うのは、引佐《いなさ》細江《ほそえ》、猪鼻《いのはな》湖という二つの入江で、全景が見えるのは佐《さ》久米《くめ》のあたりだけだが、浜名湖の良さはこれらの入江にある。波のない水際《みぎわ》に生垣に囲まれた家があり、小舟がつないである。湖面にはカキが養殖され、湖岸の山はミカン畑である。

汽車の窓から外を眺めていて、ああいいな、と思うところは、だいたい人の住みにくいところが多い。旅行者とはそういう勝手なものである。私など流氷を見て喜ぶのだから罪深い。けれども、浜名湖北岸の入江は珍しく住みたくなるようなところである。味覚のほうでも、カキ、ノリ、アユ、ウナギ、クルマエビをはじめ天然、養殖さまざまに海の幸が豊富だという。もっとも、たちまち退屈して豊橋あたりの夜の街へ出かけずにはいられないだろうが。

二俣線の終点は新所原であるが、この列車は東海道本線に乗入れて、二駅目の豊橋まで行く。豊橋着14時45分。

豊橋から飯田線の客となる。そのあといろいろ乗継いで、あさっての午前一〇時に会津若松《あいづ》に達する予定になっている。目的地の枕崎《まくらざき》に背を向けて二日間乗りつづけるのだから、最長片道切符ならではだ。しかし阿呆《あほ》らしさもここまでくると、かえって厳粛な趣を呈してくるかに私は思うのだが。

飯田線は豊橋から中央本線の辰野《たつの》まで一九六・〇キロの長い線区で、全線が電化されている。こんな線が、と言っては失礼にあたるが、全線電化となっているのは、もと私鉄だったからで、しかも一社ではなく四社もの私鉄がつながっていた。豊橋から大海《おおみ》までが豊川鉄道、三河川合《みかわかわい》までが鳳来寺《ほうらいじ》鉄道、天竜峡までが三信《さんしん》鉄道、そして辰野までが伊那電気鉄道であった。それらを戦時輸送体制の一環として昭和一八年に一挙に買収し、国鉄飯田線としたのであった。

もと私鉄であるから駅の数が多い。豊橋と辰野を除いても九二駅あり、駅間距離は平均二・一キロという短かさである。このすべての駅に停車しながら全線を走破する電車が下り四本、上りは五本あって、所要時間は約七時間となっている。駅間数の九三で割ると平均四分半ごとに駅に停る計算になるから、郊外電車に七時間乗りつづけるようなものである。いわゆる「汽車」なら七時間でも大したことはないが、郊外電車同様の状態で、となるとわけがちがう。だから飯田線の全線を各駅停車で乗り通して、欠伸《あくび》ひとつしないようだったら、鉄道病院行の資格があると言ってよいだろう。

今回の計画をたてるにあたって私は、飯田線は各駅停車で乗り通そうと考えていた。今夜は豊橋で泊り、あす朝5時51分発の一番電車に乗りたかった。けれども、飯田線でかような贅沢をしてしまうと、そのシワ寄せがあとの日程をひどく圧迫する。だから、今日中に飯田まで行ってしまう。乗るのは急行電車、しかも天竜峡の手前で日が暮れる。

豊橋発15時09分の急行「伊那5号」辰野行は四両編成で4番線から発車した。

飯田線の序曲は質朴だ。すれちがう鈍行電車の型式も瓦屋根の古い駅舎も農家も、東海道本線とちがって田舎を感じさせる。本線の車窓からだと、東海道メガロポリスか何か知らないが、東京から大阪までの沿線は都市化されたかのように見えるけれど、ちょっと横に入ればそうでもないのである。

四〇分ほどすると豊川の谷が狭くなる。線路に沿って温泉旅館の並ぶ湯谷《ゆや》を過ぎると、右窓下の河原が突然滑らかな岩盤に変る。砂利のない一枚板のような岩床の上を澄明《ちょうめい》な水が川幅いっぱいに広がっていて面白い。板敷川とも鳳来峡とも呼ばれる名勝で、これが約二キロつづく。左手の深い山は仏法僧《ぶっぽうそう》の鳴く鳳来寺山である。

中部天竜《ちゅうぶてんりゅう》を発車すると、すぐ左が佐久間発電所で、毎秒三〇〇トンもの用水が鉄橋の下で煮えくりかえるように泡立っている。車窓から見下ろすと眼がくらくらする。

飯田線の線路は、ここからしばらく天竜川を離れる。佐久間ダム建設のためにつけ替えた新線で、一八キロもある。旧線はダム湖に水没しているのだが、ダム建設は関連工事も大変だ。

新線の長いトンネルを抜けて大嵐《おおぞれ》を過ぎると、ふたたび天竜川が左に現われる。すでに谷が深く、線路は高い崖のふちにある。蛇行する流れが対岸を攻めているところはいいが、返す刀になってこちら側を削るところは断崖《だんがい》で、真下に流れを見ながら速度を落とした電車は恐る恐る通過する。

飯田線というと「土砂崩れのため不通」が対句のようになっていたのは、こういう際どい個所が多いからである。いまはダム建設による川の流れの鈍化や線路の迂回、さらに護岸工事の強化などで、大雨が降ってもかつてのようにすぐ不通にはならないが、線路際のところどころに保線係の仮泊する小屋がある。すでにあたりは暗く、灯のともった小屋のなかにぽつんと一人坐《すわ》っている鉄道員の姿や丸められた布団《ふとん》、鍋《なべ》などが見える。

きょうはこのあたりから先のダイヤが乱れているらしく、上り電車がみんな遅れてくる。交換待ちのため、この急行も遅れはじめた。天竜峡で一五分、通過するはずの駄科《だしな》でも一五分停車した。

「こんどから中央高速のバスにしよう」という話し声も聞えてくる。名古屋からの客であろう。恵那山《えなさん》トンネルが開通して、名古屋から飯田までバスなら二時間半で行ける。飯田線は豊橋―飯田間だけで三時間かかる。どうもまずいことになっている。ちょっとホームに降りてみると、山の気が冷い。

約三〇分遅れ、18時50分に飯田に着いた。

改札口を出ようとすると、私の切符を見て「ちょっと待ってください」と言う。下車した客が全部通り終るまで待たされ、それから駅舎まで連れて行かれる。これでは不正乗車で捕まったとしか見えない。改札口の付近にはつぎの電車を待つ客が集まっていて、こっちを見ている。

「途中下車印がなかったので、すみませんお待たせして」

と私を待たせた若い改札係が言う。それはそれでよいのだが、近寄ってきたもう一人の駅員が、

「券面記載事項が途中下車印で見えなくなっています。再発行しなければいけないのですが」

と言う。

ここは長野県だな、と私は思った。この県は教育県の代表のように言われる。学校の勉強をちゃんとやる子が多いのだろう。

まあいいから、と私は切符を取返し、駅舎を出た。昼間に二俣線で日向ぼっこをしたことがうそのように、飯田駅前は寒かった。

第17日（11月25日）

飯田《いいだ》―辰野《たつの》―小淵沢《こぶちざわ》―小諸《こもろ》―高崎―小出《こいで》

飯田駅の2番線ホームには5時48分発の新宿行急行「こまがね2号」を待つ客が一〇〇人ぐらい立っている。きちんとネクタイをしめた人が多い。寒いので、しきりに体を揺すりながら互いに挨拶《あいさつ》を交している。あたりはまだ真っ暗である。急行の運転時間帯としては、ずいぶん朝早いが、地方の中小都市から中央へ向う早朝の急行は各地で運転されている。陳情や本社との打合わせなどで出かける人のためであろう。この「こまがね2号」にもそれらしい年配の客が多い。

六時一五分、伊那谷《いなだに》の向うの山稜《さんりょう》が明るくなった。広い谷を靄《もや》が埋めている。左窓を見ると、黒い空の中に雪の岩峰が朝日を受けて浮き出ている。中央アルプスの最高峰駒ヶ岳の頂である。そこだけがまぶしく、あとはまだ海のように青く暗い。

「伊那路弁当」というのを売りにきた。反射的に買う。まだ食欲はないのだが、つい

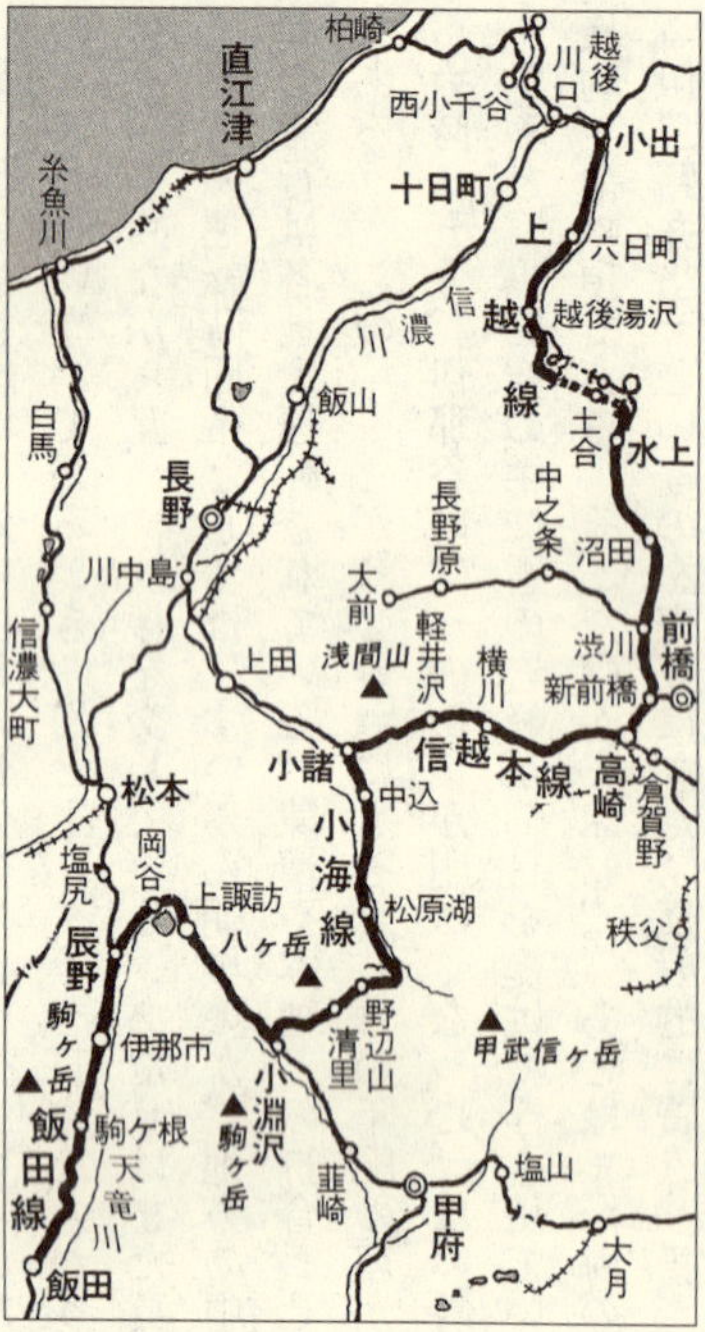

名前につられて呼びとめた。

駒ヶ岳の頂の明るい部分がぐんぐん下へ広がってくる。しかし、谷底平野を行く飯田線に日が当るまでは三〇分もかかった。

7時08分発の伊那市で座席が全部ふさがった。やはり年配者が多い。

飯田線の終点辰野着7時35分。この列車は松本からの急行「アルプス4号」に併結されて中央本線に乗入れるから、小淵沢まで行く私には好都合だ。けれども、松本や塩尻《しおじり》からの客にとっては実に迷惑なコースになっている。というのは、地図を見るとわかるように、塩尻から岡谷《おかや》までの中央本線は辰野を通るためにひどく遠回りをしているからだ。塩尻峠にトンネルを掘って直進すれば約一一キロですむところを辰野経由のために一六キロもの迂回《うかい》になっている。

中央本線の岡谷から名古屋へかけてのルート決定に当っては、木曽谷経由か伊那谷経由かで地元が激しく争った。けっきょく木曽谷側が勝って現在の線路が敷かれたが、敗《ま》けた伊那谷の側に伊藤大八《だいはち》という政友会の有力代議士がいて、これが腹の虫がおさまらない。ずいぶんと強引な議会工作をやって、とうとう中央本線を伊那谷の途中の辰野まで引張り込んだ。この褌《ふんどし》みたいに垂れ下がった迂回区間を「大八曲り」と呼ぶそうだが、おかげで今日でも新宿から松本へ向う登山客など、二〇分以上も遠回りをさせられている。

右窓前方に霧ヶ峰のなだらかな稜線が現われ、諏訪湖《すわこ》の北岸を回って上諏訪に着く。靄が深い。諏訪湖から湧《わ》いて出るのだろうか。

爽《さわ》やかな富士見高原を越えて山梨県に入り、8時46分、小淵沢着。降りた客は私一人であった。

中央本線小淵沢駅。いい駅だと思う。海抜八八六メートル、空気がよくて深呼吸をせずにはいられない。眼前に甲斐《かい》駒ヶ岳が全容を現わしているのも嬉《うれ》しい。これから甲府や東京へ行く乗客たちは列車のなかにいる。しかし私は小淵沢駅のホームのしっとりした砂利を踏んでいる。どう見ても車内よりホームのほうがいい。そう思わせる駅だ。

小淵沢で降りたのは、言うまでもなく小海《こうみ》線に乗るためである。きょうは小諸から高崎、さらに上越線で小出まで行く予定にしている。

こんどの小海線の列車は9時34分発なので、すこし時間がある。駅前に出てみる。八ヶ岳への若い客が乗降するからであろう、都会風の喫茶店が多い。ちょっと幻滅だが、コーヒーを飲みたくなったのでその一軒に入った。

喫茶店に入っているうちに、新宿からの急行が到着して小海線のホームや車内が若い人たちで華やかになっている。チロリアンハットに赤いチョッキという猿回しを思い出させる恰好《かっこう》で、これが流行らしい。その人たちにまじってホームの売店を覗《のぞ》くと「万作べんとう」というのが眼についた。細長い袋に入った珍しい形なので思わず買う。けさから衝動買いばかりしている。

小海線は小淵沢から信越本線の小諸までの七八・九キロ。前半は八ヶ岳の裾《すそ》を巻いて登り、そのあとは千曲《ちくま》川の上流に沿って下る。海抜一〇〇〇メートル以上を走るのは国鉄私鉄含めて小海線だけで、高原列車として人気がある。しかし収支係数は六〇

○だから大赤字線ではある。

小淵沢発9時34分。二両のディーゼルカーはすぐ登りにかかり、本線を見下ろしながら右に大きくカーブする。左に遠く北アルプスの連峰がちらっと見え、ついで八ヶ岳が前面に現われる。まだ雪はない。

ディーゼルカーは急勾配《きゅうこうばい》をゆっくり登って行く。カラマツの林に入ると八ヶ岳は消え、林を抜けるとまた現われる。カラマツは葉が落ちて枯木のようだ。落葉の積った地肌が透けて見える。

車掌が観光案内をはじめる。いま一〇〇〇分の三三という急勾配である、右後方に南アルプスの最高峰北岳が見えている、まもなく短いトンネルを抜けるとほんの一瞬だが川俣峡谷が左下に見下ろせる、といった調子で、事実だけを簡潔に述べるから、うるさくないし、ためになる。

車内放送のあり方については国鉄内部でもいろいろ意見があるらしい。やればうるさいと言われるし、黙っていればサービスが悪いと叱《しか》られるからだ。たしかに、マイクに向って喋《しゃべ》るのが好きでたまらない、としか思えないうるさい車掌もいるし、いろいろだが、小海線のこの車掌のような簡潔な車内放送ならよいだろう。

白樺《しらかば》が見えはじめ、清里《きよさと》に着く。高原の駅らしい清潔なホームに「標高一二七四・

六九四米《メートル》」という標柱が立っている。ミリ単位までよく計測できるものだと思う。清里からつぎの野辺山《のべやま》にかけては、戦時中、食糧増産と身心の鍛練を兼ねて青年開拓団が開墾したところである。私のいた中学でも体格と成績のよい者が選抜され出かけて行った。帰ってくると全校生徒が講堂に集められ報告を聞かされた。それは報告というよりは演説で、拳《こぶし》を振り上げ、御民《みたみ》われ、断固として、聖戦完遂、といった用語が頻発するものであった。

いまはレタスなど西洋野菜の産地となり、牧場もある。木がないので八ヶ岳の連峰がよく見える。

「まもなく国道と交差する踏切がありますが、そこが一三七五メートル、国鉄の最高地点です。線路の左側に標識が立っております」

最高地点を通過すると、ディーゼルカーは吐息をするかのようにエンジンを停め、惰性で下りはじめる。

「まもなく野辺山に着きます。野辺山は国鉄のもっとも高い所にある駅でありまして、海抜一三四五メートル六七センチです。一三四五六七。二だけ抜けております」

これで車掌の小海線案内は終ったらしく、野辺山を出ると検札をはじめた。酒呑童《しゆてんどう》子《じ》を想《おも》わせる中年の車掌であった。

八ヶ岳は後方にさがり、遠く浅間山が見えはじめた。西風が強いらしく噴煙が東へ向って水平に流れている。

列車は信濃川上《しなのかわかみ》へ向って急勾配を下って行く。線路の響きが心地よく、気分のよいところだが、じつはこのあたりはヤスデの発生地で、小海線の保線係の忌《い》み嫌う区間となっている。レールの上に大群が折重なって匍《は》いまわっているのを轢《ひ》きつぶすと脂《あぶら》で車輪が空転する。勾配の急な区間だから登れないし、下り列車はブレーキをかけてもスリップして危険な状態になる。保線係を総動員して箒《ほうき》で払うが続々現われるので手のつけようがなく、自然に退散するのを待つほかないらしい。去年の春にもヤスデで小海線が二、三日不通になったことがあった。

高原から信濃川上流の狭い谷に入る。つぎつぎに発電所が現われ、駅に着くと貯木場がある。それを繰返しているうちに佐久《さく》盆地に入り、桑畑と果樹園のなかを三〇分ほど走って、12時11分、小諸に着いた。

小諸発12時22分の上野行特急「あさま8号」で高崎へ向う。自由席はほぼ満席であった。

特急電車は軽井沢への急勾配を苦もなく登って行く。左窓に浅間山の全姿が見えている。車掌が「浅間山の稜線が美しく見えております」と放送する。美しく、は余計だと思う。小海線の車窓案内が簡潔に感じられたのは、それがないからでもあった。

勾配を登りきると、浅間を背景にした信濃《しなの》追分《おいわけ》を通過する。信濃路の終りを告げるような駅名である。ひところ不動産業者がこのあたりを「西軽井沢」に改名しようとしたことがあった。ひやっとするような話であるが、住民の反対で実現しなかった。そう思って見るせいか、高原野菜の畑のなかの農家の屋根が誇り高く見えてくる。もっとも、追分はいわゆる文化人の別荘の多いところで、その人たちの反対が強かったらしい。

信濃追分のつぎは中軽井沢で、ここはもとの沓掛《くつかけ》であるが、昭和三一年に改名されてしまった。

軽井沢で前部にEF63二両を連結する。碓氷《うすい》峠専用の電気機関車で、軽井沢―横《よこ》川《かわ》間の一〇〇〇分の六七という急勾配を登ったり下りたりしている。登るときは列車の後押し、下るときは先頭で踏んばるのが役目だから、力が強いことはもちろん、車輪が空回りしてもいけない。EF63にはレールと車輪との摩擦係数を高める特殊な設計がなされているという。

現在、横川―軽井沢間の所要時間は登りが約一七分、下りが約二三分となっている。

下り坂のほうがゆっくり走るのは変なようだが、これもスリップの際の危険防止のためである。

電化やディーゼル化によって停車時間が短くなり、しかも特急は窓が開かないので駅弁は買いにくくなった。ところが横川駅はわが世の春である。ＥＦ６３の増結・切離しのために全列車が峠下の小駅に四分以上も停車するから駅弁が売れてしようがない。名物に仕立てられた「峠の釜《かま》めし」など一日に一万個以上も売れるときがあるという。

ちょうど昼食時でもあり、この「あさま8号」の客も一斉に買いに降りる。私も食指が動くのだが、小淵沢でつい買った「万作べんとう」を持っている。隣の客の釜めしをちらと見ながら、それを開く。釜めしは六〇〇円、こちらは三五〇円だから見劣りするが、もち米を使った五目御飯で、うまかった。

高崎着13時36分。隣駅の倉賀野《くらがの》まで来たのが一一月一二日だから、あれから一三日もたっている。

14時14分発の各駅停車長岡行に乗換える。上越線の電車である。土曜日なので、発車時刻になると通路まで高校生と通勤客でいっぱいになった。遠距離通学が多いようで、五〇分かかる沼田まで来ても半数しか下車しない。しかも、なぜか降りた高校生と同数くらいのおばさんが途中から乗ってくる。このおばさんたちは高校生以上に元気がいい。よく喋り、合金だらけの前歯を思いきり剝《む》き出して大声で笑う。先入観があるからだが、上州女は元気がいいと思う。

沼田から二つ目の上牧《かみもく》は谷川岳の展望所のような駅である。岩峰がすでに白い。水上《みなかみ》でほとんどの客が降りる。大きな温泉場ではあるが、この電車は温泉客の乗らない鈍行である。それでも四〇〇人ぐらいの客を降ろすのだから、水上というところはどうなっているのだろうか。

静かになった長岡行は、窓の下に旅館の風呂場《ふろば》を見下ろしたりしながら新清水《しんしみず》トンネルに入り、トンネルのなかの土合《どあい》に停車する。このトンネルは上越線の複線化に当って掘られた下り線専用で、上り線用の旧清水トンネルより深いところを通っている。したがって下り列車で土合に下車した客は、地上の改札口に達するまでに四八六段の階段を昇らなければならない。二八階建てぐらいのビルの屋上へ歩いて上るのと同じ計算になる。乗る客も発車間際《まぎわ》に改札口へやって来ては間に合わない。だから、時刻表の欄外に、

「土合駅の改札は下り列車に限り発車10分前に打ち切りとなります」

と書いてある。

こんな駅で降りる人がいるのかと、動き出した電車の窓から注意していると、階段をゆっくり上って行く母子《おやこ》連れの姿がちらっと見えた。

清水トンネルの出口にある土樽《つちたる》に停車する。信号場のような駅で人家はなく、乗降客はいない。静寂なホームの傍にトンネル工事の殉職碑が建っている。振返ると谷川岳だけが白い。水上側から見る谷川岳は一《いち》ノ倉沢《くらさわ》などの岩壁が嶮《けわ》しいが、裏から見ると平凡な山容である。しかし雪は裏側のほうがずっと多い。

電車は信濃川の支流の魚野川《うおのがわ》に沿って下って行く。岩原《いわつぱら》スキー場前、越後湯沢、石打《いしうち》、大沢《おおさわ》、塩沢《しおざわ》、六日町《むいかまち》と、停車する各駅が有名スキー場である。スキー客目当ての建物はこれからがシーズンだが、一般の農家は冬ごもりに入っている。

すでに魚野川の谷底平野は陽がかげって夕靄《ゆうもや》がたなびき、対岸の奥只見《おくただみ》の白い峰々だけが西日を受けて光っている。けさ伊那谷で見たのと同じ眺めであるが、朝日のあの刺すような強さはない。

小出着16時54分。ぱっとしないところだが、きょうはここで泊る。あすの只見線の一番列車に乗るには小出に泊るしかない。

小出は古くは銀山、戦後は奥只見のダム建設で賑《にぎ》わったが、いまはスキーと鮎《あゆ》釣りの町になっているらしい。私は駅舎のなかの案内所へ行った。紹介された旅館は魚野川の橋を渡り、細い商店街を五分ほど行ったところにあった。表からでは早々に店を閉めた酒屋としか見えなかった。酒瓶の積んである暗い土間に立って声をかけると、じいさんが出てきた。部屋に入ると、ばあさんが出てきた。食事の膳《ぜん》は娘さんが運んできた。いまはスキーや鮎釣りのシーズンではないので、客は私一人であった。茶の間でいっしょにテレビを見ていると、旅館どころか民宿の感じすらしなかった。風呂場とトイレだけが大きく清潔で、そこに入ったときだけ旅館にいる気がした。

第18日（11月26日）

小出《こいで》—会津若松—新津《にいつ》—新発田《しばた》—新潟—柏崎《かしわざき》—宮内《みやうち》—越後《えちご》川口—十日町《とおかまち》

午前五時二〇分。街灯が霧雨を照らしている。

まだ人も車も通らない魚野川の橋にかかると、風が冷い。しかし、川の向う岸には只見《ただみ》線の始発列車の尾灯が見えている。

小出発5時36分の会津若松行は、三両のディーゼルカーに三人の客を乗せて発車した。先頭車は私一人であった。

只見線は小出—会津若松間一三五・二キロ。豪雪地帯を行くローカル線である。とくに越後から会津へ抜ける六十里越《ろくじゆうりごえ》は雪が深く、平行する国道は車が通れなくなる。だから只見線が唯一《ゆいいつ》の交通機関となるが、こちらもしばしば運休する。

新潟県側の最後の駅大白川《おおしらかわ》を6時31分に発車すると、列車は防雪柵《ぼうせっさく》や防雪トンネルの連続する急勾配《きゅうこうばい》を登って行く。まだ雪はないが、ところどころに地肌の剝《む》き出た雪崩《なだれ》の跡があり、押し流された土砂と倒木が谷底に堆積《たいせき》している。今年の春の雪崩の跡であろう。

大白川で乗ってきた母子連れが包を開いて、おいしそうな焼きおにぎりを食べている。私はもちろん朝食をしていないが、只見線に駅弁はない。駅弁のある会津若松に着くのは10時05分である。

六十里越の長いトンネルを抜けると田子倉《たごくら》ダム湖の岸に出、もうひとつ長いトンネルを通って只見に着く。

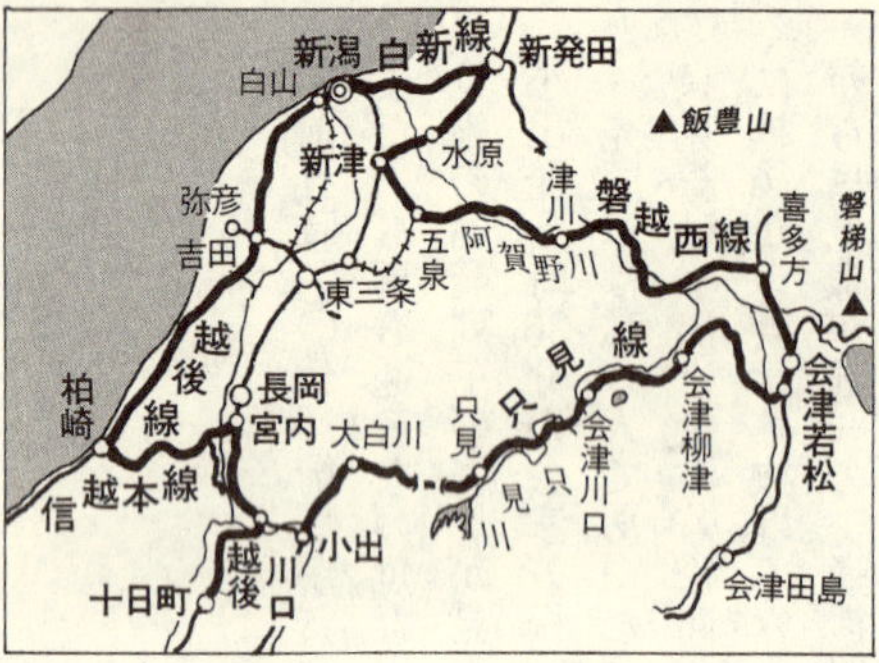

大白川—只見間二〇・八キロの開通によって只見線が全通したのは昭和四六年八月二九日であった。その開通日に私は乗りに来た。会津若松から入ってきたので今日とは逆のコースであるが、只見の駅を埋めつくした人と旗、そして、トンネルを抜けて田子倉ダムの水面が現われたときの歓声が忘れられない。

あのとき人で埋まっていたホームに、きょうはわずかな人が立っている。只見から只見川沿いとなる。わずかな耕地に複雑な形の藁葺《わらぶき》屋根がぽつりぽつりとある。どれも相当に古く傷《いた》んでいて、貧しいところだと思わせる。

只見川はダムが連続しているので、川というよりは青緑色に淀《よど》んだダム湖の数珠《じゅず》つなぎになっている。水の色が不気味な濃さを増してくると堰堤《えんてい》があり、しばらく河原を見せるとまた淀みはじめる。溜《た》めては落し溜めては落して、位置のエネルギーを最大限に活用している。山肌の樹々《きぎ》の葉は落ち、河は青緑に淀んでいるので、柿《かき》の実だけが異色である。柿の実はいったい何色なのだろうと思う。朱に近いが朱ではない。考えてもしようがない、あれは柿色なのだ。だからきれいなのだ。

虚空蔵《こくうぞう》と桐下駄《きりげた》で知られる柳津《やないづ》を過ぎると只見川と別れ、会津盆地の西側に出る。列車は盆地の南を迂回《うかい》し、左窓に鶴《つる》ヶ城址《じょうし》の復元天守閣を望みながら、定刻10時05分、終点会津若松に着いた。

会津若松発10時46分。磐越西線《ばんえつさいせん》の急行「あがの2号」新潟行である。会津若松ではとんどの客が降りてしまい、七両編成の車内は寥々《りょうりょう》としている。

右窓に磐梯山《ばんだいさん》がある。猪苗代《いなわしろ》や裏磐梯から見ると爆発で山頂の吹き飛んださまがよくわかり、それが磐梯山らしいのだが、会津盆地からではただの三角形で、やや平凡な山容になっている。

けれども磐梯山を見ると、どうしても小原庄助を連想する。多少身につまされるところがあるからだろう。旅行中は毎日早起きをしているし、もともと朝酒など嗜《たしな》まないけれど、どうも「身上《しんしょう》つぶした」というのが悪い予感を与える。私の身上は家と退職金ぐらいのものだが、こう汽車にばかり乗っていては先が思いやられる。この旅行が終ったら精々頑張らねばなるまいと思う。

会津盆地の北端の町喜多方《きたかた》に達すると磐越西線は進路を西に変え、新潟を目指す。右窓前方に飯豊山《いいでさん》が白く見えている。その長く引いた山裾《やますそ》をトンネルで抜けると盆地と別れ、阿賀野川の谷に沿って行く。

このあたりが今回の旅行の中間地点である。最長片道切符の全長は一三三一九・四キロであるから、その半分の六六五九・七キロ地点は喜多方の西方一四・二キロという計算になっている。11時19分にそこを通過した。

急行「あがの2号」はわずかの客を乗せ、山間を蛇行する阿賀野川に沿って、ひたすらに、そして単調に走る。この川もダムが多い。河原の清流が淀むと堰堤があり、それが繰返されるのは只見川と似ている。しかし川が大きくなり、流れもゆるやかなので、ダム湖の眺めは只見川より大味になっている。薄日がさしてきた。急行に乗っているのに長閑《のどか》で眠い。

阿賀野川と一時間二〇分ほどつき合い、ようやく越後平野に出ると、左に油田の櫓《やぐら》が見え、12時52分、新津に着いた。信越本線、羽越本線との合流点である。

新津からは羽越本線で新発田まで行き、白新線《はくしん》で新潟へ出ることになっている。

新発田行の鈍行は13時12分に新津を発車すると、すぐ阿賀野川の長い鉄橋を渡る。新幹線の富士川橋梁《きょうりょう》が出来るまでは日本最長だった鉄橋で、一二二九メートルある。橋上からの眺めに変ったところはないのだが、どこか閑散としているのは、河川敷にゴルフ練習場などなく、砂利採りのトラック一台ないからであろう。

阿賀野川を渡って一〇分ほど走ると水原《すいばら》に着く。車窓からは見えないが、この町のはずれに瓢湖《ひょうこ》という小さな湖があって、冬になると白鳥が飛来する。改札口の脇《わき》に「只今《ただいま》　羽来遊中」と書かれた案内板があって「180」の数字がかけられている。この数字は最盛期には800になるという。

新発田着13時46分。14時02分発の白新線経由新潟行に乗移る。新潟までは二七・三キロ、各駅に停車して四二分ほどの区間である。

ふたたび阿賀野川を渡ると、右に広い操車場が現われ、左から合流する信越本線、右に分岐する臨港線、さらに新幹線の基地への引込線が高架で加わって、複雑怪奇な配線となる。列車はそのなかに分け入り、線路をまたいだりくぐったりしながらややこしく走って、14時44分、新幹線開通に備えての改築工事でごった返す新潟駅に着いた。

新潟からは15時09分発の越後線で柏崎へ向う。日曜日なので買物帰りの子供連れが多い。褐色の水が川幅いっぱいに流れる信濃川を渡ると白山《はくさん》で、市街の中心部に近い駅だから、ここでも買物の包や袋をさげた客がたくさん乗り、七両連結のディーゼルカーは通路までいっぱいになった。

白山から約二〇分、列車は砂丘の内側を走る。南に面した砂地の上には新しい住宅が多く、駅ごとに客が降りて車内はたちまち空《す》いてくる。

15時34分発の内野《うちの》で砂丘の住宅地は終り、穀倉地帯に出る。越後線はにわかに田舎っぽくなる。

右窓に大きく現われてきたのは弥彦山《やひこさん》で、すでに太陽はその蔭《かげ》に入って夕焼けとなっている。弥彦山が後方に去ると大河津《おおこうづ》分水を渡る。信濃川の放水路である。広い河面に夕靄《ゆうもや》が渡り、家々に灯がともりはじめた。

柏崎着17時31分。17時44分発の信越本線の鈍行で宮内へ向う。宮内は長岡の一つ手前、上越線との接続駅である。しかし特急や急行はすべて宮内を通過し、長岡まで行って折返している。

二本の幹線が合流するので宮内の構内は広いが、乗降客はすくない。深夜のように淋《さび》しく広いホームに立っていると、上野行の特急「とき26号」が明《あ》か明かと通過して行く。自由席には立っている客もあった。

宮内発19時04分の高崎行電車に乗り、三つ目の越後川口で下車した。けさ出発した小出はこの先三つ目の駅で、距離にして一〇・六キロしかない。

越後川口は信濃川と魚野川との合流地点にある。上越線は魚野川に沿い、ここから分岐する飯山《いいやま》線は信濃川の本流にぴったり寄り添って長野盆地へ抜ける。

19時54分発の飯山線十日町行はディーゼルカー四両の編成で、一両が荷物車である。乗客は少なく、私の車両には他に一人いるだけであった。

十日町には20時31分に着いた。絹織物と深雪で知られる町だが、まだ雪はない。

駅に近い線路際《せんろぎわ》の「百足屋《むかでや》」という名の旅館に泊った。ここも客は私一人であった。

屋号の由来をおかみさんに訊《たず》ねると、リンゴを丸かじりしている女の子の頭を撫《な》でな

がら、

「みなにきかれるけど、わからんのです」

と言った。

第19日（11月27日）
十日町《とおかまち》—豊野《とよの》—直江津—糸魚川《いといがわ》—松本—名古屋—亀山《かめやま》—津

河口があれば町があり、二本の川が合流すれば集落ができる。川が大きければ町の規模も大きくなる。車窓から眺めていると、水運と町との関わりの深さをあらためて感じる。

千曲川《ちくまがわ》に沿う飯山《いいやま》は水運の便に恵まれ、北信州の物資集散の中心地として栄えていた。鉄道など必要なく、むしろ迷惑なものと人々は考えた。現在の信越本線のルート決定にあたっては飯山経由が最有力であったのに、「陸蒸気《おかじょうき》の煙で稲が枯れる」「馬方の仕事がなくなる」「汽車の騒音は人間の寿命を縮める」と飯山の人たちは反対した。信越本線は飯山を通らないことになった。

鉄道が開通したとたんに物資と人の流れが変った。飯山の人たちは後悔し、千曲川沿いの鉄道誘致運動を始めた。国防上の有利性などを挙げて議会に働きかけたが、す

でに信越本線があるので、千曲川沿いの二流ルートに関心は示されなかった。やむをえず、せめて私鉄でもと大正六年に飯山鉄道株式会社が設立され、同一〇年に信越本線の豊野から飯山までが開通した。

その後、飯山鉄道は徐々に延長され、昭和四年にこの十日町まで達したのであった。

十日町6時21分発長野行の飯山線の上り始発列車は、きのう越後川口から乗ってきた編成であった。きのうと同じ席に坐《すわ》ってみる。留め金が壊れて中ぶらりんになった灰皿に見覚えがあった。

列車はしばらく河成段丘の上を行く。田圃《たんぼ》には稲架け用の榛《はん》の木が点々と並び、母《おも》屋《や》の中央だけが前に出っ張った中門《ちゆうもん》造りの古いカヤ葺《ぶき》屋根もある。

狭い十日町の盆地が尽きると、あとは飯山線の起点豊野までの約二時間が川沿いとなる。

このあたりの川は、「信濃川」なのか「千曲川」なのかわからない。7時10分に着く森宮野《もりみやの》原《はら》という駅があって、そこが新潟・長野の県境である。そのあたりが呼称の分界らしいが、とにかく日本一の長流だから悠々と流れている。線路は左岸に敷かれているので、川はつねに左窓にある。大きく蛇行する流れがこちらの岸に向ってくるところは、線路《せんろ》際《ぎわ》が断崖《だんがい》になって窓に顔を近づけないと水面が見えない。流れが向う岸を削っているときは、こちらはわずかながら段丘があり、狭い耕地と集落、柿《かき》の木と民家がある。軒先には大根が干してある。

県境を過ぎるあたりから、古い農家の間取りが変ったようだ。凸字型の中門造りはなくなり、正方型が現われる。といっても、十分な比較ができるほど古い家が多く残っているわけではない。

それにしても飯山線沿線の人家の屋根の形は多種多様だ。雪が深いから軒が高いのは共通しているが、藁《わら》やカヤ葺きの家は傾斜の急な寄せ棟である。金属屋根は傾斜のゆるいのと急なのと二種あるが、だいたい切妻となっている。中途半端《はんぱ》な傾斜だと積もった雪の圧力が片寄るからであろう。そのほか藁葺きをトタンに改造したのなどいろいろあるが、こういう新旧さまざまな屋根を見ていると、家とは「屋根」なのだと改めて思う。

飯山に近づくと盆地が開け、リンゴ畑が現われてくる。列車は千曲川を遡《さかのぼ》っているのだが、川を下って平野に出たような錯覚を覚える。リンゴを砂利のようにバラ積みしたトラックが何台も走って行く。かつて水運にとって代った鉄道輸送は、いまやトラックに座を奪われている。

8時47分着の豊野で下車し、9時24分発の直江津行電車に乗換える。

豊野を出ると、すぐ妙高《みょうこう》・戸隠《とがくし》の山裾《やますそ》に分け入って勾配《こうばい》を登りはじめる。信越本線の長野から先は列車本数がすくなく、線路も単線となってローカル線のようだ。登るにつれて霧が深くなり、山肌のカラマツが乳白色に包まれる。登りきったところが黒姫《くろひめ》で、上り特急と交換のため一五分停車する。ここは俳人一茶の地で、駅名も柏原《かしわばら》であったが黒姫高原の観光地化に合わせて改称された。つぎの妙高高原も、もとの駅名は田口であった。霧ははれたが、黒姫山も妙高山も見えない。

妙高高原を出ると泥流の上に架けられた新しい鉄橋を渡る。今年の五月一八日、赤倉温泉の別荘用造成地から起った山崩れは、別荘や民家を押し流し、四キロも離れた信越本線をも道床ごと谷に落してしまった。そういう災害であるから復旧作業といっても新線建設同然で、ようやく九月七日に開通したのであった。茶褐色の泥で埋まった非情感の漂う災害地を電車は渡る。

関山《せきやま》、二本木《にほんぎ》とスイッチ・バックのある駅がつづく。鈍行電車はその一つ一つの側線に踏み入り、古い駅舎に敬意を表してからバックして本線に戻る。スイッチ・バックの駅は全国に約三〇カ所残っていて、鈍行旅行を楽しくしてくれる。

このあたりの傾斜地は耕地が狭く、豪雪地帯でもあり、家々のつくりは裕福そうでない。冬の到来を告げる厚い雲の下で、黒ずんだ農家が景色そのものになっている。どの家も軒に大根が吊《つる》され、細い流れで野沢菜を洗っているおばさんもいる。縁先にじいさんを坐らせバリカンで丸刈りしているばあさんの姿も車窓を過ぎていく。

直江津着11時17分。急いで跨線橋《こせんきょう》を渡り、11時21分発の特急「雷鳥16号」大阪行に乗移る。

北陸本線の直江津—糸魚川間はトンネルばかりだ。もとは海岸を走って日本海の眺めを堪能《たんのう》させてくれたのだが、鉄砲水や土砂崩れでしばしば不通になる区間でもあった。だから北陸本線の複線電化にあたって抜本的なトンネル新線が掘られた。

直江津を出てしばらく旧線を走り、二駅目の有間川《ありまがわ》で右に旧線跡の草むした道床を見送ると、長いトンネルの連続となり、特急電車は一二〇キロの最高速度でつっ走る。

山陽新幹線に乗っているようだ。通りがかった車掌から糸魚川までの特急券を買い、枕崎《まくらざき》行の切符をめぐって一問一答をしているうちに糸魚川が近づいて、日本海の岸に出た。海岸には白い粉を吹いた瓦《かわら》屋根が首をすくめるように低く並び、その向うは白波が果てしなくつづく陰気な海であった。

わずか二八分乗っただけで特急から降り、糸魚川の寒いホームで待っていると、一二両編成の長い急行列車が入ってきた。前の九両が青森行の「しらゆき」、後の三両が私の乗る大糸《おおいと》線経由松本行の「白馬《はくば》」で、糸魚川で分割される。

糸魚川発12時04分。この列車は大糸線の全線を走る唯一《ゆいいつ》の急行であるが、速度はひどく遅い。松本までの一〇五・四キロで二時間三一分もかかる。時刻表を見ると、なんて遅い急行かと思う。けれども、乗ってみると速度など問題ではない。よくぞこんな峻嶮《しゆんけん》な谷に線路を敷いたものだと思うばかりである。

大糸線が全通したのは昭和三三年で、それまでは糸魚川—小滝《こたき》間の北線と中土《なかつち》—松本間の南線とに分断されていた。小滝—中土間の一七・七キロがあまりに難工事だったためという。なにしろ本州を二分する大地溝帯《フォッサマグナ》の西側の断層とその東側に噴出した妙高火山群との間を行くのである。深く切れ込んだ谷を流れるのは姫川で、名前は優美だし河原でヒスイなども拾えるのだが、両岸は黒部峡谷を思わせるほど急峻だ。しかも三メートルを越すという豪雪地帯で、春は雪崩《なだれ》、雨期には土砂崩れがしばしば起る。

糸魚川から二〇分、急行「白馬」は大糸北線の終着駅であった小滝をゆっくりと通過し、エンジンをいっぱいにふかす。雲が低く、姫川の谷は小雨にけぶって視界はきかないが、すでに両岸は鋭く迫り、片側だけトンネルのような雪覆《ゆきおお》い、防雪堤《ぼうせつ》、防雪柵《さく》、落石覆い、落石柵、そしてトンネルの連続となる。列車はブルンブルン唸《うな》りながら匍《は》うように登って行く。まだ雪はないけれど、雪の季節に乗ってみたいと思う。登るにつれて雲が谷を埋めはじめる。谷底から湧《わ》き起るように雲が縦になっている。山水画そのままの景観である。

そういう谷を二五分ほど登り、大糸南線の終点であった中土を通過する。崖鼻《がけはな》の間のわずかな平地に開けた小集落であった。

中土のつぎの南小谷《みなみおたり》で谷が開け、ここから電化区間となる。晴れていれば白馬岳をはじめ飛騨《ひだ》山脈の北部の山々が見えるのだが、わずかな棚田しか車窓に入らない。派手なロッジや看板が現われると白馬で、登山姿の客がすこし乗ってくる。

白馬を出ると、すっかり細くおとなしくなった姫川と別れ、安曇野《あずみの》への分水嶺《ぶんすいれい》を越える。右窓に仁科三湖《にしなさんこ》が順々に現われ、列車は水辺近くを走る。青木湖、中綱湖《なかづなこ》、木崎湖《きざきこ》の順である。青木湖の南端の簗場《やなば》のホームに「標高八二〇米《メートル》」の標柱が立っている。

仁科三湖は「アルプスの鏡」と言われ、鹿島槍ヶ岳《かしまやりがたけ》などを水面に映すが、きょうは雲を映している。晩秋の曇り空の下、水草に囲まれた湖面は小波《さざなみ》もなく静まって、舟を漕《こ》ぐ人もない。松本清張の『影の地帯』に、木崎湖に沈められた木箱詰めの死体を探す場面のあったことを私は思い出した。

自動車の修理工場や小旗のひらめく中古車展示場が現われると町に入る、といった型がいまや全国一律に定着したようだ。13時52分、信濃大町着。安曇野北部のすべての中心地である。ここから松本までは旧信濃鉄道の路線で、昭和一二年に買収されるまでは大町から北だけが国鉄であった。大糸線の名はそこからきている。旧私鉄の区間なので駅間距離が短く、小さな駅がしきりに現われるが、平地に入って急行らしい速度を取り戻した「白馬」は、それらを無視して安曇野を快走する。鎮守や農家を囲む杉木立の気配が厳かだ。雲が高くなって燕岳《つばくろだけ》や三角形の常念岳《じょうねんだけ》が全容を見せてきた。

松本からは15時07分発の特急「しなの10号」で一気に名古屋へ抜ける。木曽谷を特急でつっ走ってしまうのは惜しいが、日がないのでやむをえない。

新装の駅ビルで眠気覚ましのコーヒーを飲んでからホームで待っていると、下ぶくれの丸っこい振子電車の「しなの」が入ってくる。振子電車というのは、カーブでも速度を落さず走れるように工夫された電車で、車体をアルミ化して重心を下げるとともに、カーブにかかると車体だけが振子のように傾いて遠心力を減殺《げんさい》するようになっている。

「しなの10号」は自由席でも空《す》いていた。私は左側の窓際に坐った。木曽谷の眺めはほとんど右窓に展開するのに左側に坐ったのは、つぎの塩尻で進行方向が逆になるからである。

塩尻は煤《すす》けて古めかしく、機関庫のあたりから蒸機が現われてきそうな風格のある駅だ。

立食いそばの食べたくなる駅がある。新庄、白河、直江津、米原《まいばら》、その他いくつもあるが、いずれも蒸機時代の機関車つけ替え駅である。塩尻もその一つで、八分も停車するうえに立食いそばのスタンドから湯気が出ていたから、つい食べる。

塩尻発15時26分。これから中仙道沿いとなり、木曽路一一宿のうち妻籠《つまご》、馬籠《まごめ》を除く九つの宿場を列車は通る。塩尻から約一〇分、まず贄川《にえかわ》宿を通過する。「御関所」の立札が左窓をかすめる。

線路に沿っているのは梓川《あずさがわ》の支流奈良井川《ならいがわ》で、谷が狭まってくると奈良井宿である。黒い瓦屋根の渋い家並みが線路の右につづく。ここで鳥居峠のトンネルに入り、抜けたところが藪原《やぶはら》宿で、谷の底に黒ずんだ集落を見下ろすと待避中の客車列車を追抜く。これは一時間も先に松本を出た鈍行である。

藪原から木曽川の谷となり、対岸の杉の美林に感心する間もなく四分で宮《みや》ノ越《こし》宿を通過する。ここは木曽義仲の出身地で、右下に菩提寺《ぼだいじ》の徳音寺がひっそりとある。カーブが多いが振子電車だからフワッと車体を傾けるだけで速度は落さない。どうも目まぐるしくていけない。

雲とも夕靄《ゆうもや》ともつかぬものが杉の山肌にかかり、落葉焚《おちばた》きの煙が立ち昇って谷がけぶってきた。

ようやく振子電車は速度をゆるめ、右下に細く長くつづく福島宿を見下ろしながら木曽福島に停車した。宿場めぐりらしい若い女性のグループが何組かホームに立っている。

木曽福島を出ると、御嶽《おんたけ》から流れ下った王滝川《おうたきがわ》が出合う。対岸の中腹を横に細く刻む一条の筋は撤去された森林鉄道の道床跡である。高い段丘の上に「桟《かけはし》 貯木場」とある。このあたりが木曽桟《かけはし》の難所であるが、国道には「桟ドライブ・イン」などが抜目なくつくられている。

貯木場の多い上松《あげまつ》宿を過ぎると、ほんのわずかの時間ながら右窓に「寝覚《ねざめ》の床《とこ》」が見渡せる。いまはダムに水をとられて水量が激減し、往年の迫力はなくなったと言われるが、昨夜の雨のせいか、白い岩の間で水が揉《も》み合い、なかなかの眺めであった。

早くも木曽谷は暮れはじめ、川面《かわも》から濃い夕靄が湯気のように立ち昇っている。対岸の樹林も色を失って黒味を帯びてきた。しかし上を見ると、雲の切れ目に青い空があって水墨画に青絵具で空を描いたような不思議な景観になっている。木曽川の谷はこのあたりがもっとも嶮《けわ》しく、細い支流が滝となって本流に落ちている。

須《す》原《はら》、野《の》尻《じり》の二つの宿場町を通過し、南木曽《なぎそ》に停車する。三留野《みどの》宿のあったところで、ここから中仙道はしばらく木曽川から離れて馬籠宿へと向う。

南木曽を過ぎると谷はやや開けてくるが、谷を埋める靄はますます濃さを増し、山肌の杉も谷あいの家々の屋根も、みな淡墨色《うすずみいろ》に溶けてきた。

「まもなく中津川です。お出口は左側です」

と車掌が空いた車内に向って放送する。

夕暮れとともに、慌《あわただ》しかった特急「しなの」の木曽谷下りは終った。中央本線は中津川で木曽川と別れ、まっすぐに名古屋へ向うのである。

ネオンで眼がちかちかするような名古屋市街の南側を半周し、振子電車は定刻17時42分、名古屋に到着した。

疲れたが、予定どおり津まで行くことにする。こんどの関西本線の下りは18時00分発の鈍行津行である。津に着くのは20時21分となっている。名古屋から津へ行くのにこの列車を利用する人は皆無であろう。名古屋駅の東口から頻発する近鉄に乗れば急行で一時間、しかも運賃も安い。津ばかりではない、桑名でも四日市でも、国鉄はまったく近鉄に歯がたたない。

大都市の中心駅を午後六時に発車する列車で、平日なのに座席が三分の一しか埋まらないというのは、まずない。こういう列車の醸《かも》し出す雰囲気は、ローカル線ともちがう。同乗の客にはわるいけれど、人生の落伍者《らくごしゃ》になったような、うらぶれた気分になる。

しかし、当の923列車は七両の客車を連ねて名古屋西郊の低湿地帯を超然と走る。

四つ目に弥富《やとみ》という駅がある。木曽川の堤防のすぐ東側で、海面より〇・七五メートル低い位置にある。このあたりは地盤沈下がひどく、排水機を各所に設置しているという。一〇人ほどの客が、この海面下の駅に降りた。

四日市コンビナートの夜景を左に見て、河原田《かわらだ》を過ぎると、左へ新しい線路が分岐する。昭和四八年に開通した伊勢線で、このほうが津方面に行くには従来の亀山《かめやま》回りより九・〇キロ短い。しかし、もちろん私は亀山を回る。

亀山着19時30分。わずかに残った客がすべて降りた。ここで二五分も停車するのである。

亀山は大きな駅である。戦前の日本人は一度は伊勢神宮に参拝することになっていて、その大半はこの亀山を通った。時代は変り、しかもバイパスの伊勢線が出来て、すっかり落ちぶれたけれど、駅はそのままである。人の寄りつかなくなった旧家のようにがらんとしている。跨線橋の階段もホームの幅も広い。

その広いホームに小荷物がたくさん積んである。見るものとてないのでそれを眺める。三重県下から各地へ送られる小口扱で、ミカンが多い。茶器類もいくつかある。一つだけ大きい木箱があり、「取扱注意」の赤紙が貼《は》ってあるので、前へ回って中を覗《のぞ》くと、紀州産らしい白い犬が一匹入っていて、おとなしそうな眼で私を見た。行先は「島根県安来《やすぎ》市」となっていた。

客のいない薄暗い客車に戻ってしばらく走り、20時21分、津に着いた。途中下車印は㋡であった。

第20日（11月28日）

津―多気《たき》―新宮―和歌山―高田―奈良―天王寺―大阪―京橋

ひさしぶりに表日本の明るい空を見る。快晴である。

ドアと床の隙間《すきま》に新聞が差しこまれている。大きな白抜き見出しなので、地震で東京が潰《つぶ》れたか、と思って見ると「大平総裁決定」とあった。

津発8時20分。松阪で通勤客が降り、多気着8時59分。多気は参宮線との分岐駅である。ここで鳥羽発紀伊勝浦行の急行「はまゆう1号」に乗換える。

9時10分に多気を発車すると、左へ参宮線が分れて行く。幅の広い複線用の道床であるが、線路は片側一本しかない。戦争末期、鉄材供出のため単線にされ、そのままになっているのである。それにしても、戦前は参宮線を複線にするだけの客があったのだ。

多気で買った牛肉弁当を開く。八〇〇円で、「松阪牛使用」とある。薄いのが二切

れしか入っていないが、さすがにやわらかくてうまい。それを食べていると、さっそくですが、と車掌が検札に来る。切符を渡すと「へえー」と言ったきり眺めている。箸《はし》をおいて切符の戻るのを待つが、裏を返して丹念に見ている。待ちきれないから、また弁当を食べはじめる。

列車は宮川の狭い平野を行く。茶畑が多い。まわりの山は高くはないが杉が整然と植林されている。木曽谷を小規模にしたようなところである。家のつくりは格段にこちらのほうがよい。黒い瓦《かわら》をおいた明るい切妻屋根で、生垣に囲まれた庭にはミカンの木もある。そこに陽光がさしているから、雪国を回ってきた眼には別天地と映る。不公平だとも思う。

細い杉材の積まれた三瀬谷《みせだに》から支流の大内山川に沿って登り、荷阪《にざか》峠のトンネルを抜けると列車は一気に下りはじめる。前方に熊野《くまの》らしい入り組んだ湾と小さい島が点々と見えてきた。海が青い。おなじ海でも日本海とは別の海だ。

尾鷲《おわせ》着10時38分。ここからつぎの停車駅熊野市までの三四・三キロは紀勢本線のうち最後に開通した区間である。一〇〇〇メートル級の山が迫っているうえに沈降海岸なので、熊の拳固《げんこ》のようなところに線路を敷かなければならなかった。だからトンネルばかりで、地図を見ても鉄道をあらわす「旗竿《はたざお》」は入江の奥にちらちらするにすぎない。ちょっと見ただけでは、この区間には鉄道がないかのようにさえ見える。

尾鷲から二つ目に九鬼《くき》という小駅がある。深く切れ込んだ入江の奥にあるから湾口が見えない。湖のようで波も静かだが、九鬼水軍として畏怖《いふ》された海賊の根拠地だったところである。いまその末裔《まつえい》たちは静かな入江の奥に小ぢんまり固まって暮している。

九鬼から長いトンネルを抜けると三木里《みきさと》で、ここはわずかに外海が見えるが、つぎの賀田《かた》もそのつぎの二木島《にぎしま》も、ぐるりと断崖《だんがい》に囲まれて湾口は見えない。こういう隔離された小漁村のための駅がトンネルとトンネルの間に七つある。わずかながら耕地もあるから自給自足ができそうで、トンネルを封鎖し、海に向って大砲の二、三門も備えれば徴兵拒否など容易だろうと考える。

熊野市からは一転してなだらかな海岸線となり、松をのせた低い砂丘の内側を列車は走る。右窓の山裾《やますそ》には暖かそうな日を受けた家々がミカン畑を前にして並んでいる。

熊野川を渡って11時37分、新宮に着く。

つぎに乗るのは13時18分発の特急なので、しばらく新宮の街を散歩する。

まず駅に近い徐福《じょふく》の墓に行く。路傍に墓だけあるのだろうと想像していたが、木立のある小公園のようになっていた。入口では近在のおばさんたちがミカンや柿《かき》を広げて売っている。木に竿《さお》を通して女ものの半纏《はんてん》をずらりと吊《つる》した露天商もいる。その奥に自然石の墓石がひっそりと立っていて「秦徐福之墓」と刻まれていた。傍には墓石の何倍もある石碑が建ち、幕末の学者仁井田《にいだ》好古の長い碑文が刻まれ、さらにその脇《わき》に立札があって碑文の釈文が書かれている。読んでみると、徐福が日本へ渡ってきたのは秦始皇の圧制から逃れるためであって流布《るふ》されるところの俗説に耳を藉《か》すは暗愚のなすわざである、という意味のことが高い調子で書かれている。俗説とは、始皇帝の命を受けて不老長生の秘薬を探しに来たというのであり、私もそれに耳を藉していたから叱《しか》られているみたいである。

徐福は新宮の名士らしく、墓の近くには「徐福寿司《ずし》」「ビジネスホテル徐福」などがある。

新宮市内には浮島森《うきしまのもり》という天然記念物もある。ちょっと見ると雑木の密生した空地のようなものであるが、じつはこれが島で、しかも水の上に浮かんでいる。中に入って地団駄を踏んでみると回りの木が揺れるからおもしろい。もっとも、浮島森と聞くと広々とした自然を思わせるが、町中の建てこんだところにあるので、片側は森でも反対側はアパートの物干台であり、ラーメン屋の裏庭であって、大きな鉄鍋《てつなべ》にトン骨がぐつぐつ茹《ゆ》でられていた。

新宮発13時18分の特急「くろしお11号」天王寺行は振子電車である。今年の一〇月二日、新宮までの電化完成と同時に投入されたばかりの新車なので、車掌が「カーブの際は椅子《いす》の把手《とって》におつかまりください」と放送する。なるほど背もたれの肩に把手がついている。

のどかな熊野の海岸を一五分ほど走り、白砂の那智《なち》の浜辺を過ぎると紀伊勝浦で、温泉客がどやどやと乗ってくる。新宮で五、六人だったのが一気に三〇人くらいになった。やはり勝浦は賑《にぎ》わっているようだ。駅から旅館へ行くには船、本館から別館へは空中ケーブル、外海に面した露天風呂《ぶろ》へはトンネルで、という自然を股《また》にかけた大否《いな》かで団体旅行の日程や結婚式の日取りが決るほどだという。振子電車の登場で天王寺—紀伊勝浦間は三時間四五分前後に短縮されたから、ますます栄えることだろう。

しかし、勝浦、白浜では突然変異のようにざわめくけれど、紀勢本線の車窓はまったく別の世界を展開してくれる。

楠《くすのき》が密度濃く繁《しげ》った山中を行くと思うと、紺碧《こんぺき》の海岸に出る。そしてまた山に入る。いずれも色が深い。白浜までは単線区間なので振子電車は真価を発揮できず、熊野路をゆっくり走ってくれるのもありがたい。

左窓に大島が見えてくると、橋桁《はしげた》だけが残ったような橋杭岩《はしくいいわ》の奇勝が現われ、串本《くしもと》に着く。潮岬《しおのみさき》観光の入口であり、海岸に新しい建物などができて、ちょっと俗っぽくなったが、串本を過ぎると人家は稀《まれ》となり、海岸も荒々しくなる。深い入江はなくなって、わずかに突き出た岬と岬の間の狭い浜に家が固まっている。

西の方から厚い雲が広がり日がかげってきた。海の色が黒味を増し白波が立ってきた。そんな海辺で小さい男の子が一人でサーフィンに乗っている。仲間もなく、たった一人で荒波と遊んでいる。

白浜でほとんど席がふさがり、車内はすっかり騒がしくなった。白浜から複線区間となり、振子電車は人が変ったように速度を上げた。

有田川のミカン山はいまが最盛期で、遠くから見ると山肌に魚の腹子をまぶしたように見える。そんななかに「かとりせんこう」の看板が立っている。そういえばこの付近は除虫菊の産地であった。

ミカン畑に石油タンクが混在しはじめると紀州路は終り、16時27分、和歌山に着いた。

改札口で途中下車印を捺《お》し、窓口へ行く。

「奈良までの急行券。和歌山線経由で」

と私は言った。窓口氏は怪訝《けげん》そうに私を見てから、

「天王寺回りのほうが早く着きますよ」

と言う。親切な教示で、そのほうが17時16分発の急行「しらはま3号」で行くより五一分も早く着くし、急行券もいらない。しかし最長片道切符のルートは和歌山線で紀ノ川沿いに五条を通って高田、さらに桜井線で回り道をして奈良に達するようになっている。そういうまわりくどいルートなのだが、「しらはま3号」京都行はなぜかそのルートを走るようになっている。まるで私のために運転してくれているような急行である。

有難い列車であるが、時間がかかるので奈良や京都まで通して乗る人はいない。和歌山で乗った客は紀ノ川沿いの粉河《こかわ》、橋本でほとんど降り、五条に着くと私の乗っている5号車は四人になった。

雨が降り出していて、窓に水滴が斜めに流れる。外は暗くて見えないし、退屈で、こんな列車で意味のない遠回りをしているのが空《むな》しい気がする。鞄《かばん》のポケット・ウイスキーをのむと、空《す》き腹だったので回ってきた。人恋しくなって通りがかった中年の車掌を呼びとめた。

「車掌さん、どこかで会いましたね」

と私は言った。検札に来たときから見たことのある顔だと気にかかっていたのである。

「そうですか」

と、もちろん覚えがないといった顔をしている。

「いや、たしかに会ったことがある」

「どこでしたかな」

「奥羽本線のような気がする」

「私はずっと和歌山ですが」

「たしかに見覚えがある」

「申しわけありませんですなあ」

と言って車掌は行ってしまった。

雨に濡《ぬ》れた近鉄吉野線のレールが構内灯に照らされて寄り添い、吉野口をゆっくり通過する。ホームの小さな待合室のなかに五、六人の客が雨を避けて籠《かご》の鳥のように固まっている。

高田で進行方向を変え、桜井、天理に停車して19時20分、奈良着。向いのホームの19時21分発の湊町《みなとまち》行快速電車に乗移る。

促成栽培用の照明灯をともしたビニールハウスの間を走り、王寺からノン・ストップになって天王寺着19時54分、こんどは大阪環状線外回りの国電に乗る。きょうの日程はこの線の京橋までである。

京橋は大阪城のすぐそばなので、天王寺からは内回りのほうがずっと近く、六・五キロ、一二分であるが、私はもちろん外回りに乗り、大阪市街の南西北をぐるりと回って一五・二キロ、二六分かかって行く。まだ午後八時だが立つ人はすくなく、山手線より空いていた。

第21日（11月29日）

京橋―木津《きづ》―柘植《つげ》―山科《やましな》―近江塩津《おうみしおつ》―米原《まいばら》―岐阜―高山

大阪の土佐堀通りは淀川《よどがわ》の南岸沿いに東西を貫く主要道路である。淀屋橋、北浜、天満橋《てんまばし》あたりは両側に新しいビルが並んでいるが、さらに東に向って行くと、片町駅に近づくにつれ左右は木造やモルタル造りの古びた商店街に変る。

昨夜私が泊ったのは、そのあたりに建つビジネスホテルであった。

この五日間、東海から会津、信州、木曽谷、紀伊半島と目まぐるしく回って印象が混乱している。そこへきて、大阪という雑然とした都市の、中心とも場末ともつかない所にある、建物は立派だが部屋に入るとカビ臭い中途半端《はんぱ》なビジネスホテルに泊ったのだから、ますますすっきりしない。汽車に乗っているあいだはいいのだが、宿に入ると、いったい自分は毎日何をしておるのか、という自嘲《じちょう》が頭をもたげてくる。だから、一刻も早くこのホテルを出て、どこへなりと行きたかった。どこへ泊って

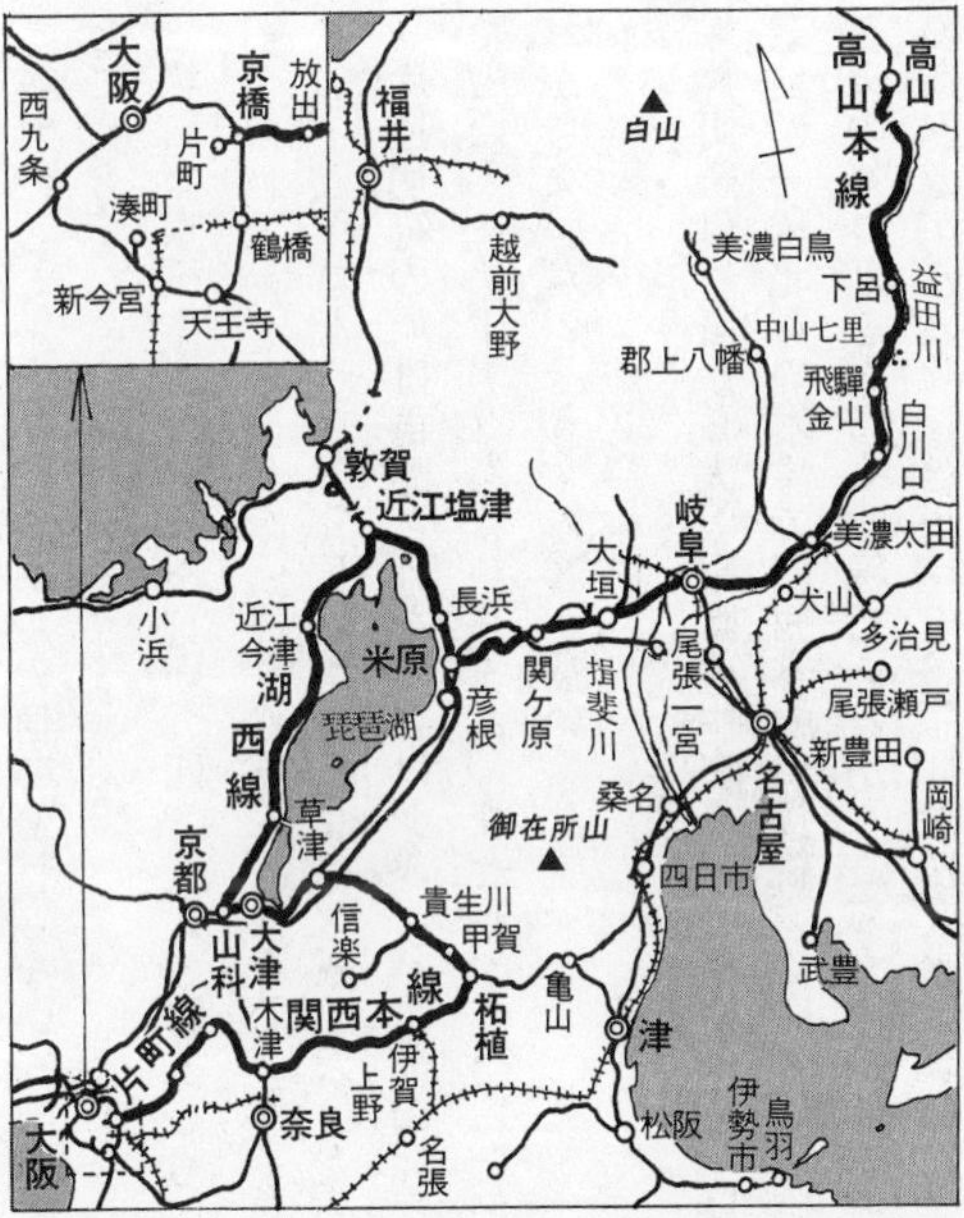

も朝が待遠しいのだが、きのうの夜はとくにそれが強かった。最長片道切符の旅でなければホテルを飛び出して、九州行の夜行にでも乗りかねないほどだった。

それだけに、夜明けを待ってホテルを出、片町駅へ向って人気のない土佐堀通りを歩きはじめたときの気分の良さは格別であった。さあ行くぞ飛驒《ひだ》の高山まで、とふるい立った。

「まからん屋」という衣料品屋が通りの向うにある。大阪だな、と嬉《うれ》しい。突き当りに片町駅が見えてきた。土佐堀通りはこの終着駅に敬意を表するかのように右へ迂回《うかい》している。駅舎は戦後まもなく建てられたらしい古いモルタルの何の変哲もない二階建てだが、よく頑張っているな、とこれも嬉しい。

窓口で京橋までの切符を買い、四、五人の客とともに五両連結の国電に乗る。6時41分発四条畷《しじょうなわて》行である。発車すると、すぐ大阪環状線の高架下の京橋に着く。わずか〇・五キロだから一分しかかからない。五、六〇人の客を乗せて京橋を発車し、最長片道切符の旅は再開された。客はジャンパー姿の仲買人タイプが多く、座席に坐《すわ》ったとたんにアーアとあくびをする。なぜ乗って坐ると同時にあくびが出るのか私にはわからないが、そうする客が多い。

片町線は片町から大阪平野の中央を東へ横切って生駒《いこま》山脈の北側をぐるりと迂回し、奈良の一駅北隣の木津で関西本線に接続する四五・四キロの線である。大阪の中心部と東の郊外とを直結する線であるが、この沿線は住宅地として不人気らしく、宅地化の進み方が遅い。したがって、片町線の近代化もそれに歩調を合わせるように遅れていて、片町から四条畷までが複線電化、長尾《ながお》までが単線電化、そこから先は未電化で、通して乗る客は長尾で電車からディーゼルカーに乗換えなければならない。

片町線の輸送力は、このように三段階になっているのだが、なぜそうなっているかは乗ってみるとよくわかる。

京橋から二つ目に「放出」という駅がある。私などの世代はこの文字を見ると敗戦時の占領軍放出物資を思い出すが、これはハナテンと訓《よ》む。大阪の人なら誰でも知っている町工場の密集地である。

小さな工場や商店の密集する上を新しい高架で走り、四条畷で長尾行に乗換えて単線区間に入ると、沿線は畑と空地と建売り住宅群に変り、さらに長尾で二両連結のディーゼルカーに乗換えて車体を震わせながら走りはじめると、あたりは田舎の景観になる。すでに京都府で、「片町線電化複線早期実現」の看板が立っている。

木津着8時14分。古びたホームに降りると同時に、8時15分発亀山《かめやま》行の関西本線の鈍行がディーゼルカー四両で入ってくる。お互いに正確な定時運転である。それにしても、四人掛けの車両は一両だけで、あとは国電型のロングシートとは味気ない。

関西本線は大阪の湊町と名古屋を結ぶ一七五・一キロの線区である。大阪—名古屋間は東海道本線で一九〇・四キロ、近鉄で一八九・八キロだから関西本線が最短距離を走っている。そういう優位に立っているのに、だらしのないことに関西鉄道時代は官鉄の東海道本線との旅客獲得競争に負け、国鉄に買収されてからは新参の近鉄にまた負け、線名のみ立派な斜陽線になってしまった。両端の湊町—奈良間、名古屋—四日市間は近郊通勤鉄道として需要は多いが、奈良—四日市間は国鉄でも「地方交通線」つまりローカル線として扱うほどのさびれかたなのである。

ディーゼルカーは木津川に沿って紅葉の終りかけた笠置《かさぎ》の山峡を走り、古い鉄橋を渡る。石積みの高い橋脚の上に丸いアーチが三つ乗っている。こんな旧式な鉄橋は幹線ならとっくにつけ替えられているにちがいない。

伊賀上野で乗客のほとんどが降りる。右窓遠くに城址《じょうし》の茂みが見え、復元天守閣が頭を出している。その周りに黒い家並みが広がっているが、あのなかに忍者屋敷などが残っているのだろう。

9時30分、伊賀山中の静寂な分岐駅柘植に着く。「芭蕉翁《おう》誕生地」の碑が駅前に立っている。芭蕉は忍者であったという説があるが、山間の柘植駅に降り立ってみると、それを信じたい気持になってくる。空が暗く曇ってきた。

反対側から長い編成の急行が登ってくる。前五両は奈良行の「かすが1号」、うしろ三両が草津線経由京都行の「平安」である。奈良行はガラガラ、私がこれから乗る京都行のほうが客が多いが、それでも四分の一ぐらいの乗車率であった。

柘植発9時40分。いま乗ってきた関西本線の線路が左へカーブしながら急な下り勾《こう》配《ばい》となって、すうっと叢《くさむら》のなかに消える。右の松林の奥に蒸気機関車が一両保存されているのがちらりと見える。線路際《せんろぎわ》の見やすい場所に置けばよいのに隠れ潜んでいるみたいだ。

甲賀《こうか》を通過する。伊賀流から甲賀流に移ったわけだが、ゴルフ場の広告などが立っていて気分をこわす。民家のつくりは伊賀よりも裕福そうに見える。

信楽線《しがらき》が左から合流して貴生川《きぶかわ》に着く。駅の右に接して近江鉄道のホームがあり、小型の二両連結が停っている。車体の脇腹《わきばら》に大きな広告がペンキで塗られていて哀れだ。「草津線廃止反対」の立看板もある。

車掌が検札に来た。小柄で頰がこけ、苦味ばしった一見忍者風の車掌なので、おやと思う。私の切符を手にとると裏返して経由地を指で丹念にたどり、「柘植　山科」の文字で納得したのか小さく肯《うなず》くと無雑作に検札のパンチを入れた。見ると私の大事な切符の右肩に一ミリぐらいの穴があいている。これまでどの車掌も穴などあけなかったし、感心したり呆《あき》れたりしながら切符を私に返したのだが、この車掌は穴をあけたうえに口もきかない。

名神高速道路と新幹線の下をくぐり、草津で東海道本線に合流する。雲が切れ、薄日がさしてきた。琵琶湖の方向に見事な虹《にじ》がかかっている。10時43分、京都着。

京都からは10時52分発の特急「白鳥」に乗る。青森まで行く長距離の列車であるが、私はつぎの停車駅敦賀《つるが》で下車することになっている。ところが、その敦賀まででも乗り過ぎなのである。

私の切符のルートは柘植―山科―近江塩津―米原となっている。山科は京都の一つ手前の駅であり近江塩津は敦賀の二つ手前の駅である。京都へも敦賀へも行く必要はなく、湖西《こせい》線の山科―近江塩津間だけ乗ればよいのだが、そのためには山科発13時06分の鈍行まで待たなければならない。どうしてそんなに不便かと言うと、さらに近江今津《いまづ》でディーゼルカーに乗換えなければならない。どうしてそんなに不便かと言うと、近江塩津の手前に直流から交流に切替る区間があるのに、この線の鈍行には交直両用電車が投入されていないからである。切替え区間だけディーゼルカーで接続させているのだが、これが一日五本しかない。それに反して特急や急行は交直両用電車で、関西と北陸を結ぶ幹線だから頻繁に走っている。もちろん山科にも近江塩津にも停車しない。

国鉄の特急は近年とみに格が下がり、房総半島のような近郊区間をも走る始末で、運転距離や停車駅は戦前の準急並み、というのが増えてきた。荷物も持たないサンダル履きの客が、気軽にひょいと乗ってくるから、戦前の「つばめ」や「富士」の時代を知るオールドファンを嘆かせている。

もっとも、戦前の時刻表を見ると、「特急」ではなく「特別急行」となっているし、東京駅などのアナウンスでも、

「まもなく7番線に特別急行富士号が到着いたします。この列車には○○大臣誰それ閣下がご乗車になっておられます」

というふうにやっていた。こんな余計なことを放送するから東京駅頭で刺されたりしたのかもしれないが、とにかく厳かなものであった。

数の上から言っても昔の大学といまの大学ほどのちがいがあり、「特別急行」の風格をとどめるのは食堂車つきの寝台専用特急「さくら」「はやぶさ」「みずほ」「富士」「出雲《いずも》」「あさかぜ」ぐらいしかないが、そんななかにあって、この「白鳥」は昼間特急としては凡百に抽《ぬき》ん出ている。車両は他の特急とおなじだが、運転距離が長く停車駅もすくない。もちろん食堂車も連結しているし、名前もよい。

そういう「白鳥」にちょっと一駅だけ乗るのは気がひけるけれど、つぎの「雷鳥13号」まで待つこともないからこれに乗って食堂車へ行く。

右窓に琵琶湖が見えている。線路は比叡山や比良山《ひらさん》の裾《すそ》のやや高い位置に敷かれているので眺めがよい。

関西と北陸を直結する短絡線として山科—近江塩津間七四・一キロの湖西線が開通したのは昭和四九年である。湖西線とはよい名をつけたものだと思う。その名の通りに湖岸を走り、字面《じづら》もいい。

前方に虹がかかり、太鼓橋のようなアーチになっている。「白鳥」はその下をくぐりたいというかのように虹の橋の下に向って進む。しかし虹はけっして下をくぐらせず、先へ先へと逃げて行く。

虹が消えた。雲が厚くなり、湖面が煙ってきた。琵琶湖の北岸は山が急角度で湖に落ちていて山深い湖のような幽邃《ゆうすい》なところがあるが、そのあたりの山が雪で白い。車窓がにわかに陰鬱《いんうつ》となり、琵琶湖の北を閉ざす余呉《よご》の山をトンネルで抜けると、一面の雪景色となった。

右から北陸本線が接近し、合流すると同時に近江塩津を通過する。ホームにも雪が積っている。湖西線と北陸本線との接続駅であるが、停車する列車はほとんどない。ホームに人影はなく、積ったばかりの雪の上には足跡もない。

みぞれが降りしきる敦賀に11時59分に着き、12時35分発の特急「加越6号」で引返す。再び近江塩津の雪のホームをかすめ、湖西線と別れて余呉湖《よごのうみ》を右に見る。小さな湖だが、南を賤ヶ岳《しずたけ》に遮られているので、いつ通っても裏庭のようにひっそりしている。このあたりの稲架《はさ》は枝を払っただけの榛《はん》の木で、それが無雑作に立ち並んで素朴だ。

雪が消え、長浜《ながはま》に停車する。渋い屋並みの町だが、長浜は鉄道史上の重要な町で、早くも明治一五年に鉄道が敷かれ、東海道本線が全通する以前はここから大津まで連絡船が航行していた。当時の駅舎はいまも残っていて、線路の湖岸寄りに凝灰岩を積んだ二階建てを見ることができる。新橋駅が取壊されたので、この旧長浜駅がいちばん古い駅舎となり、「鉄道記念物」の標柱が立っている。

米原着13時11分。降りた客のほとんどは新幹線の乗場へ行く。私は東海道本線のホームに下りる。

米原は東海道本線では異色の駅だ。表日本の大幹線の駅なのに北陸の情趣が漂っている。北陸本線の起点で地勢的にも北陸に近く、冬になると東海地方は晴でも米原は雪、という日が多い。

そういう駅だから立食いそばがよく似合う。きょうはみぞれが降っていてとりわけ寒く、湯気が勢いよく立っている。隣の売店では燗酒《かんざけ》を売っている。寒くて体が震えているからどちらかは必要だが、そばのほうは人だかりしている。

人はなぜ立食いそばをあれほど急いで食べるのかと思う。発車時間までたっぷり時間があるときでも早食い競争のように呑《の》みこんでしまう。燗酒をのみながら腕時計で計ってみると、成年男子は一分ないし一分三〇秒、二分以上かかるのはお母さんと子供だけである。若い女性はなぜか立食いそばを好まないから計測できないが、いずれにせよこんな短時間の食事は世界にもあまり例はないだろう。

観察しているうちに私も食べたくなった。嚙《か》むより呑みこんだほうがうまいから、どうしても早くなる。

「一日何杯ぐらい売れるの？」

と私はきいた。

「多い日で四〇〇杯、すくない日で一〇〇杯。きょうは新幹線が午前中運休だったので、まだ六〇杯ぐらいですわ」

営業時間は一〇時から五時半までとのことであった。

米原発13時30分の豊橋行に乗る。

関ケ原に近づくと、また雪景色になった。上りの新幹線がこちらと同じぐらいの速度で走っているのが見える。雪のために七〇キロの徐行運転をしているのであろう。

けれども、雪は景色を一挙に変える力を持っている。豪雪は景色のすべてを包み込んで凄絶《せいぜつ》にするし、いまぐらいの適度な積雪は情緒を与える。雪がなければ見るに堪えないモーテルでも味気ないガスタンクでも風情《ふぜい》がでてくる。雪には看護婦の白衣のように七難かくす効用があるようだ。

下り勾配《こうばい》になって濃尾《のうび》平野にさしかかると雪は消え、晴れてきた。天気がよくなったのではなく、はじめから晴れなのだ。地面には湿り気もない。しかし、これから乗る予定の高山本線の方角の山々は黒い雲をべったりとかぶっている。

岐阜発14時38分の急行「のりくら5号」で高山へ向う。季節はずれの水曜日だから下呂《げろ》温泉や高山への観光客らしい姿はなく、八両連結の車内は二〇パーセント程度の乗車率であった。

高山本線には車窓の見どころが多い。共通しているのは飛騨の深い山であり谷であるが、そのところどころに見逃せない「点」が点々とある。

まず岐阜を出ると突兀《とっこつ》と聳《そび》える金華山の上の稲葉城が左に仰がれる。東海道本線からもよく見えるが斎藤道三《さいとうどうさん》の根城である。各務原《かかみがはら》の台地を走って鵜沼《うぬま》に近づくと木曽川を挟んで丘の上に犬山城がある。一五三七年の築城で現存する最古の天守閣である。

ここからしばらく日本ラインと呼ばれる木曽川の峡流に沿う。きょうは川下りの観光船と出会わないが、シーズンならば岩と瀬の間を下る細長い舟が幾艘《そう》も見られる。

木曽川の支流の飛騨《ひだ》川を遡《さかのぼ》りはじめると、下麻生《しもあそう》の駅近くで屋根に「うだつ」をつけた大きな商家が何軒かある。これは屋根の端に突き出るように低い塀をとりつけ、その上に瓦《かわら》を葺《ふ》いたもので、防火用だと言われる。余計なものがくっついているから屋根の美しさを損じているが、「うだつが上がらない」ということばはここからきている。

下麻生のつぎの上麻生を過ぎると飛騨川の谷がにわかに狭く深くなる。河床の岩は流れの部分だけさらに深く浸蝕《しんしょく》されて、うす暗い底に水が青黒く淀《よど》み、ときには逆巻く。このあたりが「飛水峡」であるが「人喰峡」とでも名づけたほうが似合いそうな峡谷で、鉄橋の上から見下ろす個所では慄然《りつぜん》とする。国鉄の車窓からこれほど迫力のある谷を眺められるところは、阿蘇の高森《たかもり》線と会津線しか思い当らない。

16時13分発の飛騨金山《かなやま》から「中山七里」の峡谷となる。有名な景勝地だがダムのために水量が減り、飛水峡には及ばない。

けれども、このあたりの石積みの美しさはどうだろう。斜面に耕地をつくり家を建てるために石を積んであるのだが、漬物石ぐらいの丸石が丹念に高く積まれたさまは芸術品だ。それにくらべると家のほうは簡素で、軒に柿《かき》が吊《つる》してある。

谷間に灯がともりはじめ、温泉旅館の林立する下呂に着く。きょうは閑散としていて、旅館の窓明りもすくない。そのなかに一軒だけ全室に明りの入ったビルがある。旅館ではなく県立の温泉病院であった。

「のりくら5号」は下呂から普通列車となり、通勤通学列車に変った。

上呂《じょうろ》で女子高生が乗り、飛騨小坂《おさか》では通勤客がかなり乗った。通路の向い側に三〇歳ぐらいの、ちょっときつい顔つきの女性が坐《すわ》った。保健所の看護婦ってところかなと思っていると、手提げからノートの束を取り出し、一冊開いて二、三ページ読むと赤字で何か記入し、つぎの一冊を開くという作業をはじめた。生徒の日記帳を見ては誤字をなおし感想を書きこんでいるのである。小学校の先生なのであろう。すでに窓外は暗くて見るものもないし、ひそかに観察していると、一冊にずいぶん時間をかけている。過疎《かそ》で生徒数がすくないのかもしれないが熱心な先生である。

雪が降りはじめた。と言うより雪国に入ったのであろう。駅灯に照らされて白い粉が舞っている。ホームも貯木場の上も真っ白だ。

太平洋側と日本海側との分水嶺《ぶんすいれい》宮峠のトンネルを抜け、18時05分、雪の高山に着いた。

駅から電話で予約し、滑る道を五分ほど歩いて商店街のなかの小さなビジネスホテルにたどりつく。

あいにくの雪ではあるけれど、十何年ぶりかの高山だから町を歩きたい。高山らしいものも食べたい。案内書をしらべて二、三の店に目星をつけ、念のためフロントで場所を訊《たず》ねると、

「いまは客がすくないから、そういう店は夜はやっていませんわ」

と言う。ガイドブックだけを頼りにすると、えてしてこういうことになる。格子戸《こうしど》越しに外の雪を眺めながら山菜雑炊で地酒を一杯、などと考えていたのだが、残念である。

「鍛冶橋の手前を左に入ったところに一番街というのがありまして、そこならやってます。もっとも土地の人間相手ですから珍しいものはありませんが」

とマスターは言う。土地の人間相手ですから珍しいものはない、とは意味深い。土地の人は「高山料理」など食べないのである。それはどの町だって東京だってそうだ。お上りさんの入る店に京都の人は見向きもしない。

「お食事でしたら、かみさんに何かつくらせましょうか。ありあわせのものですが」

とマスターは言ってくれる。家庭的なビジネスホテルである。しかし私は辞退して

雪の町へ出た。

古い家並みで知られる上三之町《かみさんのまち》を歩いてみる。女性雑誌などによく写真の出ている小路である。しかし、格子戸の古い商家が二軒に現代風のが一軒ぐらいの割りで、ずらりと昔風の店が並んでいるわけではない。しかも、観光客の視線と応対しているうちに見られる意識が芽生えたようで、ここが高山の有名な上三之町ですよ、といった構えも感じられる。

教えられた一番街へ行き、肩の雪を払い落して酒をのんだ。その店を出てもう一軒行った。あるいはさらにもう一軒行ったかもしれないが、よく覚えていない。雪の降る町でのむ酒はうまかった。

第22日（11月30日）

高山―富山―敦賀《つるが》

午前五時五〇分、寝巻の上にガウンをまとった若奥さんの瞼《まぶた》が、くっついたり離れたりしている。きのうのマスターの奥さんであろう。こちらも眠いから薄眼同士で挨《あい》拶《さつ》を交わす。

六時〇四分。雪はやんでいた。高山駅のホームはまだ暗い。富山行の七両編成が発車態勢に入ってエンジンを震わせているが、乗客は一車両に一人ぐらいしか乗っていない。柱のスイッチで発車ベルを鳴らした助役が、懐中時計を見つめている。一秒たがわず発車の合図をするのであろう。柱のスイッチに右手がかかりベルがやむと同時に、白い手袋の左手がさっと挙がった。定刻6時05分発車、助役の姿はうしろに消えた。

六時三〇分。飛騨《ひだ》古川《ふるかわ》を発車したあたりから明るくなってきた。窓外はまっ白で、二〇センチぐらい積っている。

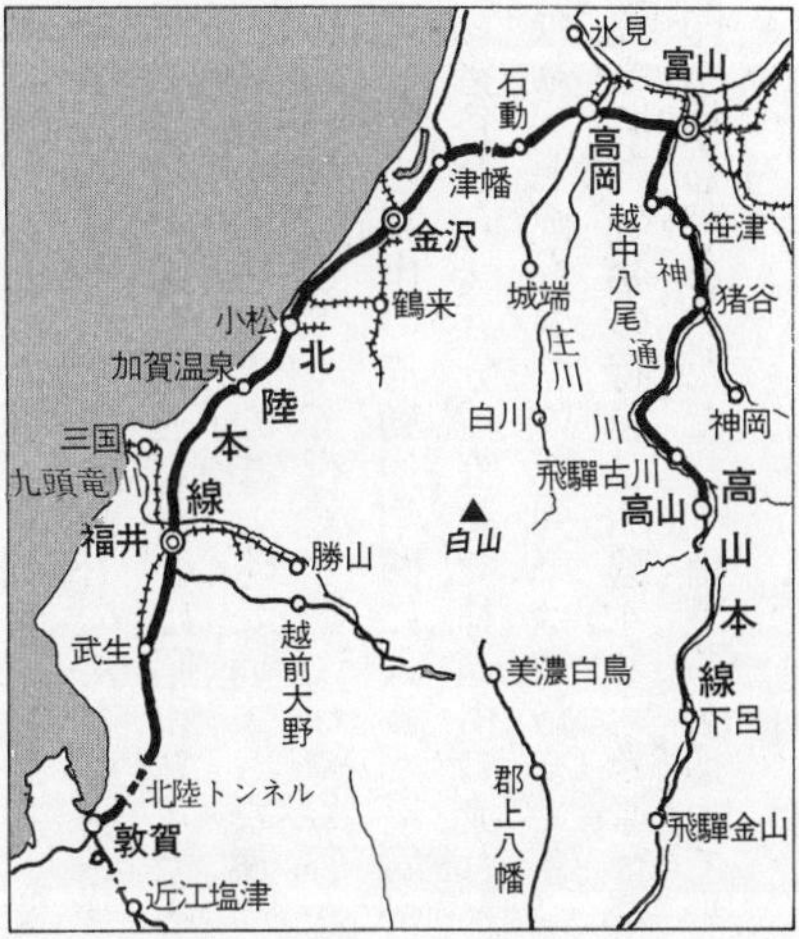

飛騨細江《ほそえ》から神通川《じんづうがわ》の峡谷となる。

先頭車の最前列に坐《すわ》って前方を見ていると、高山本線は徹底的に神通川の谷にしがみついて敷設《ふせつ》されているのがよくわかる。山間を行くときはどこでもそうであるが、鉄道でも街道でも川がなかったらとても前へは進めない。川がなかったら統一国家などつくれないだろうと思うほどだし、そのほうがよかったかもしれないが、とにかく川と道とのつながりの強さをあらためて実感させられる。

とくに高山本線の場合は、神通川の谷がV字型に深く切れ込んでいるので、さぞかし難工事だったろうと察せられる個所が多い。崖《がけ》を削り、なんとか汽車の幅だけの平面をつくるが、どうにもならなくなると対岸に渡る。それでも行詰まるとトンネルを掘る。わずかな平地があると、ほっとしたように崖っぷちから離れ、駅がある。しかしそれも束の間《つかま》で、すぐまた崖とのつき合いになる。よくぞこんなところに線路を敷いたものだと感服させられる。よほど鉄道が欲しかったのであろう。高山本線が全通したのは昭和九年であった。

脱線したらひとたまりもないような崖のふちを、細い吊橋《つりばし》やダムを見下ろしながら約四〇分ほど下って行くと、ようやく谷が開け、雪も消えて7時15分、猪谷《いのたに》に着いた。ここから富山の通勤通学圏に入る。座席が半分ぐらいふさがった。

猪谷から一五分、笹津《ささづ》で神通川の流れと離れ富山平野に出る。駅ごとに続々と客が乗り、七両もつないだ列車は通路までぎっしりとなって定刻8時11分、富山に着いた。

8時14分発の特急「加越4号」米原行が5番線に停っている。私は急いで途中下車印を捺《お》し、あわただしく地下道を通って乗込んだ。

最長片道切符のルートは、富山から北陸本線で敦賀まで行き、小浜《おばま》線に入ることになっている。けれども、残念ながら私は敦賀を素通りして米原に出、新幹線で三時までに東京に戻らなければならない。きょうは一一月三〇日、晦日《みそか》である。

特急「加越4号」は富山平野を西へ快走し、倶利伽羅《くりから》峠のトンネルを抜けて石川県に入り、たちまち金沢に着いた。高山本線の鈍行から乗移ると、複線区間を走る特急電車がひときわ速く感じられる。

左窓の前方に白い峰が見えてきた。白山であろう。金沢空港のある小松を過ぎると、右手の田んぼの向うに忽然《こつぜん》とビル街が現われる。蜃気楼《しんきろう》のような眺めだが、これは片山津《かたやまづ》温泉に紛れもない。有名な温泉場はみなこんな恰好《かっこう》になった。

その片山津をはじめ山中《やまなか》、山代《やましろ》などの温泉場への下車駅加賀温泉からかなりの客が乗り、車内が騒がしくなる。

小さな松の茂る丘陵地帯に入り、牛《うし》ノ谷《や》峠のトンネルを抜けると福井県で、トンネルを境に曇から雨に変った。

福井を過ぎると両側の山が迫り、平野が狭くなってくる。民家のつくりも貧しげになり、軒下に柿《かき》や大根を吊《つる》した家が多い。干柿や沢庵《たくあん》をつくることが裕福でない証左というわけではないだろうが、どことなく生活の哀感が漂ってくる。北陸本線はこのあたりから米原までのほうがかえって辺鄙《へんぴ》である。京都からも金沢からも遠い辺地なのであろう。

長い北陸トンネルを抜けて10時34分、敦賀に着いた。「小浜、西舞鶴方面乗換え」というアナウンスが聞える。心をそそられるが、下車するわけにはいかない。

敦賀からループ線となる。下りは直進するが上り線は勾配《こうばい》をゆるめるために山の中をトンネルでひと回りしてから米原へ向う。ループ線を半周したところで、ちょっとトンネルの外に出る。敦賀湾を望んで眺めがよい。眼下には、三日後に乗る予定の小浜線の単線が光っていた。

第23日（12月3日）

敦賀《つるが》—西舞鶴—宮津—豊岡—京都

東京から名古屋までは快晴で富士山も全景を見せていたのに、関ケ原に近づくとやはり曇ってきた。灰黒色の雪雲の南端が伊吹山を隠している。すでに冬型の気象だ。

きょうは、あの暗い雲の下の若狭《わかさ》を行くことになっている。

米原で新幹線を降り、10時45分発の急行「大社」に乗換える。この急行は名古屋始発の大社行であるが、ちょっと変わった経路を通る。つまり、米原から敦賀、小浜《おばま》、西舞鶴、さらに宮津線に入って天橋立《あまのはしだて》をかすめ奥丹後半島の基部を横切って、豊岡で山陰本線に入る。そんな経路のせいもあって、この列車は米原、敦賀、豊岡で進行方向を変える。三度も逆方向に走る列車は珍しい。グリーン車などそのたびに椅子《いす》を転回しなければならないから煩《わずら》わしいことだろう。どんな具合かと米原を発車したところで覗《のぞ》きに行ってみると、一〇人ばかりの客がみんなおとなしく後ろ向きに坐《すわ》ってい

た。

しかし、この急行「大社」の豊岡までの経路はわが最長片道切符の経路そのままだ。こういう列車があると乗らずにはいられない。

つい先日来、二度も見た旧長浜駅や余呉湖《よごのうみ》をまた眺め、三度通過した近江塩津《おうみしおつ》をまた通過して、11時22分、またまた敦賀に着いた。ここで福井からやってきた三両を増結し、急行「大社」は八両の長い編成になった。客はすくなく、乗車率で言うと一〇パーセント程度である。一二月はじめの閑散期とはいえ空《す》き過ぎている。

敦賀発11時30分。小浜線に進入する。ようやく来たなと思う。背中がゾクゾクする。時刻表を愛読しては独り旅に出、こんな時ににんまりするのは少し自閉的か。

小浜線は若狭湾に沿う線であるが、沈降海岸独特の複雑な海岸線をもった蟹《かに》のハサミのような半島がいくつも突き出しているので、線路はそれらの半島の付け根を上ったり下りたりする。海を間近に眺められるところはわずかしか走らず物足りないが、低い峠を越えるときに日本海を遠望することはできる。厚い雲の下の海が水平線まで白波を立てている。風が強く、ひと吹きするたびに樹々《きぎ》の葉が裏を見せて山肌の色が変り、それが風とともに移動して行く。

最初の停車駅美浜《みはま》を過ぎると、三方五湖《みかた》のうち久久子湖《くぐしこ》、菅湖《すがこ》、三方湖が寒々と現われては消え、三方に着く。ホームのはずれに「三方除雪雇用員休憩所」という小屋があり、積雪計測尺が立っている。

雲が地面まで下ってきて小雨になった。

わずかな田があり畑がある。人の姿はない。今年のことはすべて終ったというように稲の切株が並んでいる。

線路際《せんろぎわ》の細い流れで白菜を洗うおばあさんをかすめ、上中《かみなか》をゆっくり通過する。駅舎の軒下に「祝急行大社停車」と染め抜かれた赤い大段幕が張ってある。この下り急行「大社」は停車しないが、一〇月二日のダイヤ改正で上りの「大社」だけが上中に停車するようになったのである。

平地がやや広くなり、平行して走る国道の脇《わき》に、小浜市が近づいたことを知らせるかのように自動車の修理工場が現われた。

小浜は一度ゆっくり歩いてみたい町である。いまはただの漁業と観光の町であるが、古寺の多いところで、寺の所蔵品には国宝や重要文化財がたくさんあり、「海岸の奈良」と言われる。応仁の乱の際、京都から小浜へ難を逃れた人が多かったからだとの説があり、事実、小浜は京都の真北わずか六〇キロの位置にある。

小浜を出てしばらくすると海岸を一〇分ばかり走る。小浜線が海に沿うのはここだけである。対岸に島のように見えるのは大島半島で、半島にもかかわらず陸路が峻険《しゆんけん》なため橋が架けられている。新しい橋だ。舟でしか通えなかった陸の孤島の人にとってどれほど有難い橋かは、私などの想像を越えるものだろう。ごく今様の機能主義の橋であるが、じつに美しい形に見える。高層ビルなどどんな有名な建築家が設計したものでも美しいとは思いがたいのがあるけれど、橋は無雑作で武骨なものほど美しい。

そんなことを考えていると、小柄な車掌が検札に来る。私の切符を見たとたんに「ウワー」と言ったきり絶句し、しばらくして、

「生まれてはじめてですわ」

と言う。すでに途中下車印が七〇個ぐらい捺《お》されて、われながら相当な面相になっ

てはいるが、これほど大袈裟《おおげさ》に驚いた車掌はいなかった。こっちこそ、はじめてですわ、である。

まさかこの切符に美を感じたわけではないだろうが、感嘆するばかりで経由地も見ずに返してくれたから、この車掌、検札の職務をまったく果していない。

海と離れてつぎの半島の基部を越えると、黒い家並みの密集する東舞鶴、さらにもう一つ越えて新しい建物の目立つ西舞鶴に着く。駅のすぐ西側に接して舞鶴城址《じょうし》の石垣がある。小ぢんまりした平地の城である。

西舞鶴発13時12分。市街の南側を迂回《うかい》しながら登り、舞鶴湾を見下ろすと短いトンネルを抜け、由良川《ゆらがわ》の岸に出る。

由良川は丹波の山奥の水を集めて丹後の由良で海に出る中位の川であるが、河口に近づくと大河のように水量が豊かになる。海との水位の差がなくなって流れが止まり、両岸までたっぷりと滞溜《たいりゅう》している。河中にはアシの茂る洲《す》が蕭々《しょうしょう》と横たわって豊満なような淋《さび》しいような眺めだ。

対岸には黒い家々が一列に並んでいるが、あのあたりに三庄大夫《さんしょうだゆう》という豪族の屋敷跡がある。森鷗外の「山椒大夫《さんしょう》」の素材となった豪族である。

川とも海ともつかぬ由良川の河口を低く長い鉄橋でゆっくり渡ると、右窓に丹後の海が開け、松林と渚《なぎさ》を見下ろしながら列車はふたたび登りはじめる。直江津あたりで人買いに攫《さら》われた安寿姫《あんじゆひめ》と厨子王《ずしおう》がこの地で山椒大夫に売りとばされ、安寿は潮汲《しおく》み、厨子は薪取《たきぎと》りにと姉弟別れ別れに使役されたということに物語はなっているが、とすると姉はあの渚で冷い海水を汲んでいたわけで、潮汲浜と呼ばれている。釉《うわぐすり》で黒光りする黒い屋根、厚い冬雲の下で波頭を白く立てる灰色の海、初冬の宮津線の車窓はそういった物語と合致している。

やや高い位置から由良の海を見下ろし、短いトンネルを出ると右手に横一文字の天橋立を見渡す。もっとも、線路の位置が低いので向うの海は見えず、せっかくの橋立がただの海岸の松林としか見えない。

天橋立の手前の海は宮津湾で、湾の奥に宮津の町が地味な色合いで広がっている。駅の柵《さく》に「本場かに料理」「寒ぶり出世鍋《しゆつせなべ》」の幟《のぼり》が何本もはためいているが、乗降客はすくない。ひっそりとしていて、ここが「縞《しま》の財布が空になる」ほど賑《にぎ》わった町かと思う。いまは岸に繋《つな》がれた漁船と橋立への遊覧船しか見えないが、米や人買いを積んだ北前船《きたまえぶね》が続々と入津《にゆうしん》したころは、京都に近い若狭や丹後の港々は大いに栄えていたのであろう。宮津の町の西はずれには寺が多く、列車はそれらの墓地をかすめて走る。墓石の数が異常に多い。

旅館の立ち並ぶ天橋立駅で福井からの三両を切離す。駅は橋立の突端のすぐ対岸にあり観光コースの入口であるが、観光客らしい姿はまったくない。

天橋立から約一〇分、左窓に大江山へ連なる山稜《さんりょう》を眺めながら丹後山田を通過すると、左に加悦《かや》鉄道が分岐し、谷底平野の奥へと向っているのが見える。わずか五・七キロの短い私鉄で、終点の加悦は大江山の麓《ふもと》の丹後《たんご》縮緬《ちりめん》の産地である。

かつて加悦の里人たちは毎年多くの縮緬を都に納めねばならず、重い「調」に苦しんでいた。丹波の山々を越えて運ぶのも大変だった。一方、加悦のすぐ奥に聳《そび》える大江山には酒呑童子《しゅてんどうじ》たちがいて、都に出てはお姫様を攫ったりしていた。鬼たちと加悦の里人たちとは仲が良かったというから、あるいは縮緬を取返しに行ったのかもしれない。その大江山の鬼が源頼光に退治されてしまったから、里人たちはがっかりしたことだろう。加悦鉄道の沿線には鬼の石像や遺跡が多いという。

丹後山田から、日本海に太く短く突き出た奥丹後半島の基部にかかる。山間の平凡な眺めとなり、車内販売の「かにずし」で腹がくちくなったせいもあってか、居眠りをする。外を見ないのは惜しいけれど、空いた列車での居眠りは気持のよいものである。

急行停車駅の峰山《みねやま》にも網野《あみの》にも気づかず、四〇分ほど眠ると「大社」は砂丘に沿って走っている。すくなかった乗客はますます減って、この車両に乗っているのは三人連れのおっさんと一人旅のおばあさんと私の五人だけになっている。

このおばあさんは私が米原で乗ったときから私の斜めうしろに坐っていた。名古屋から乗ってきたのであろう。敦賀で進行方向が変って私は前向きに坐りなおしたから、それからはずっと私の斜め向いにいる。進行方向が変るとたいていの人は前向きに坐りなおすのだが、このおばあさんは進行方向に背を向けたままである。しかも、手製の弁当を食べたときのほかは身じろぎもせず、雑誌を読むでもなく、外も見なければ居眠りもしない。すでに四時間以上、きょとんと坐ったままだ。

名古屋から山陰へ行く場合、新幹線で京都か岡山まで行き、山陰本線か伯備《はくび》線に乗るのがふつうで、小浜線や宮津線を回って行く人はまずいない。事実、乗っていた客はみんな降りてしまった。通して乗る客は私だけと思っていたが、妙なおばあさんが一人いる。まさか最長片道切符の旅行をやっているのではないだろうが、どこまで行くのか気にかかる。

列車は静かな久美浜《くみはま》湾の岸に出る。海であるが湾口が天橋立を小型にしたような松林の砂嘴《さし》でふさがれているので、湖のように見える。いまは寒々としているが、気候のよいときなら別天地だ。湖岸には梨畑《なしばたけ》が多い。

丹後山地の末端をトンネルで抜け、水量の多い円山川《まるやまがわ》を渡ると山陰本線との接続駅豊岡で、定刻15時13分に着いた。

あのおばあさんは豊岡でも下車しない。依然として身動きもせずに坐っている。どんなに端然とした乗客でも、駅弁売りが行き来する駅に着くと多少はきょろきょろするものだが、おばあさんは相変らず恬然《てんぜん》と坐っている。降りながら私は、「どちらまで」と訊《たず》ねてみた。

「鳥取まで」

意外に若い声で、「と」にアクセントがあった。急行「大社」の鳥取着は17時ちょうどである。

豊岡からは山陰本線で京都へ直行する。接続よく15時24分発の急行「丹後12号」があるが、きょうは日曜日なので城崎《きのさき》からの温泉帰りの客で混んでいそうだ。

「丹後12号」が入ってきた。普通車は指定席も自由席も満員で、立っている人もいた。しかしグリーン車は一〇人ぐらいしか乗っていない。ずいぶん差がある。こういう場合、関東の列車、たとえば水上発14時09分の「ゆけむり8号」ならグリーン車も満席になるのだが。

京都まで三時間も立つのはかなわないからグリーン車に坐ると、すぐ車掌が「さっそくでございますが」とやってきた。さすがにグリーン車で、挨拶《あいさつ》と検札とを兼ねたような言葉遣いである。それにしても私の切符を見ての驚きようは、さっきの「大社」の車掌以上だ。裏の経由地を見て、

「とても私にはわかりません」

などと言う。きょうはとりわけ車掌が驚く。驚きやすい地方でもあるまいが、この線を経由できる切符かどうかを見定めない点も共通している。

車内に生臭い匂《にお》いがかすかに漂っている。山陰の冬の味松葉ガニに紛れもない。棚にそれらしきビニール袋が載っている。

豊岡の駅を出はずれると、田圃《たんぼ》のなかに「鞄《かばん》の豊岡」の看板がいくつも立っている。かつて豊岡の特産品は柳行李《やなぎごうり》であった。時代とともに鞄へ転向したのであろう。私の家の柳行李はどこへしまってあるのかと思う。

豊岡は霧雨の多いところで、快晴の日は年に一〇日ぐらいしかなく、「弁当を忘れても傘忘れるな」ということばがあるという。きょうは珍しく晴れているが、日はす

でに但馬《たじま》の山に落ちかかった。

列車は円山川を遡《さかのぼ》り、但馬と丹波の国境へと登って行く。山間の家々は黒光りする瓦《かわら》屋根ばかりで新しい建物はまったくない。このあたりは鹿《しか》や猪《いのしし》による農作物の被害の多いところで、狛犬《こまいぬ》の代りに狼《おおかみ》を社前に並べた養父《やぶ》神社というのがある。八鹿《ようか》を過ぎると右手の丘の上に養父神社の森が見えるはずなので注意していたが、見当らないまま古い駅舎の養父を通過した。

16時33分、丹波の中心都市福知山に着く。構内の広い機関区にはＤＤ51型というベンガラ色のディーゼル機関車が一〇両ぐらい置かれている。山陰本線はまだ客車列車の多い線区だからそれを牽引《けんいん》する機関車が多数必要なのであろう。運転室だけを車体の中央に突き出した機能本位の武骨で赤茶けたＤＤ51が、転車台の上や機関庫の奥から大きな二つ目玉を思い思いの方角に光らせているさまは、怪獣が三々五々集まったようで見応《みごた》えがある。ＳＬが消え、いまはブルートレインに鉄道ファンの関心が集まっているというが、そのうちＤＤ51の牽《ひ》く客車列車が人気を呼ぶのではないかと私は思う。そうなればこの福知山機関区など賑やかになるだろう。

福知山盆地に落葉《おちば》焚《た》きの煙と夕靄《ゆうもや》が混じり合ってたなびき、夕暮が迫ってきた。

綾部《あやべ》を過ぎると、山陰本線は丹波高地に入る。線路のすぐ左に沿っているのは、きょう宮津線で河口を渡った由良川の上流である。もう暗くてよく見えないが、ところどころ瀬や淵《ふち》になったところがあり、車内の光を手で遮ると白いしぶきが見える。

列車は丹波の山間を複雑な地形のままにまに右左にカーブする。谷の向うの民家の灯が車窓のうしろから前に戻ったりする。

定刻18時31分、京都着。

第24日（12月4日）

京都―西明石《にしあかし》―尼崎―谷川―加古川―姫路―東津山―鳥取―倉吉《くらよし》

京都発7時42分の広島行「こだま」で西明石へ向う。京都から新幹線に乗ったのは、京都―新大阪間の新幹線は在来線より〇・一キロ長いからである。

新大阪8時00分着、8時03分発。乗り降りともにビジネス客がほとんどで、私だけが閑人《ひまじん》のような気がしてくる。席を向い合せにした若い三人連れがアタッシェケースを膝《ひざ》の上に引いて、「きょうの集金予定はこうなってまんね」と話合っている。

トンネルの中ばかりを走って8時31分、西明石に着く。時刻表には発時刻の8時35分しか載っていないが、この「こだま」は西明石で「ひかり」に抜かれるため四分停車する。

この四分間は貴重で、西明石発8時37分の在来線の上り快速に乗らないと大阪発9時50分の福知山線に間に合わず、あとの日程がガタガタになる。時刻表の新幹線欄の

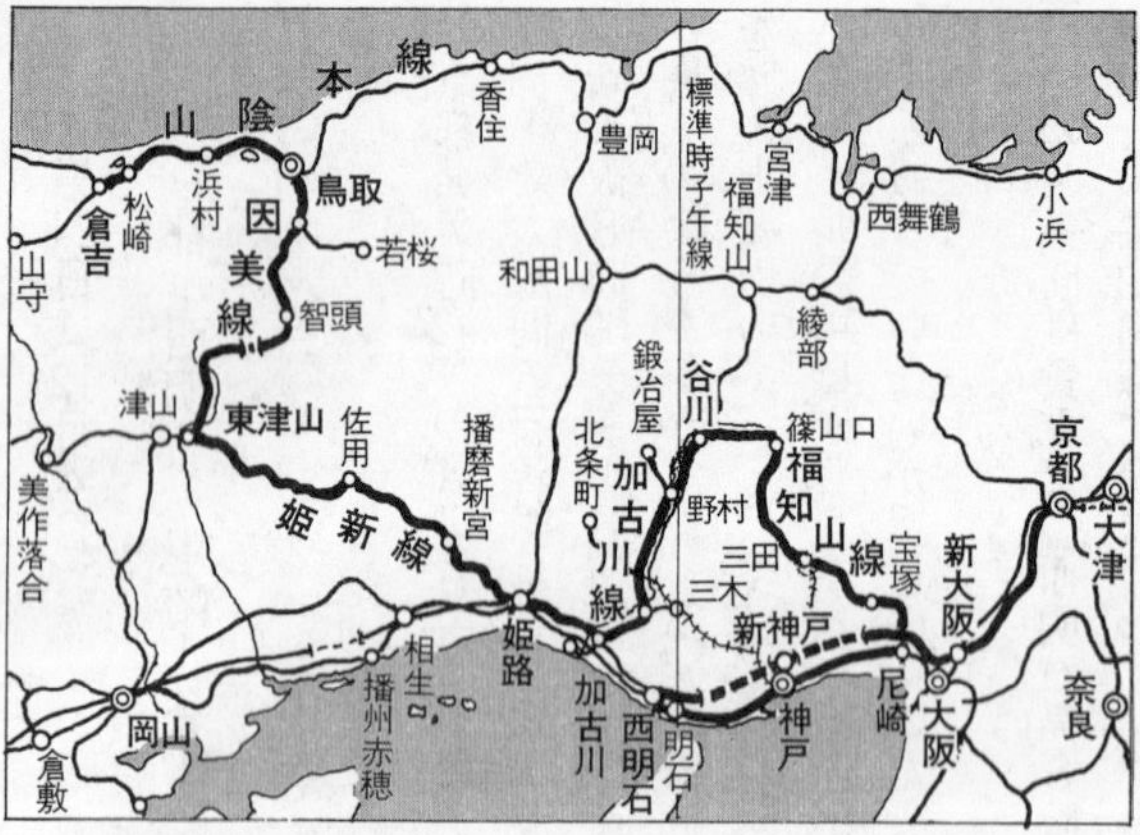

末尾には「在来線との乗りかえに必要な標準時分」が記載されていて、西明石は「10分」となっている。とくに身体《からだ》の不自由な人でないかぎりそんなにはかからないが、二分ではきつい。六分なら悠々だ。

西明石発8時37分の快速は神戸や大阪への通勤電車で、車両も湘南《しようなん》型の三ドアであった。すでに朝のラッシュのピークから三〇分ないし一時間過ぎているが、西明石からでは坐《すわ》れない。けれども電車は舞子《まいこ》や須磨《すま》の海岸に沿って走り、明石海峡を隔てて淡路島も見える。通勤客だから海を熱心に眺める人はいないけれど、東京の人間からすると、毎日こんな景色に接しられるのが羨《うらや》ましい。

私の切符のルートは西明石―尼崎―谷川と

なっている。しかし、快速電車は尼崎に停車しないし、つぎに乗る福知山線の急行も尼崎に停らないから、いったん大阪まで行く。尼崎―大阪間は七・七キロあるが、こういう場合は区間外に乗車しても乗越しにはならない。途中下車をしないかぎり、つまり大阪駅の改札口を出ないかぎり「別に旅客運賃を収受しないで、当該区間について乗車券面の区間外乗車の取扱いをすることができる」と「旅客営業取扱基準規程」の第一五一条にある。

もっとも、この考え方でいくと、東京から小田原までの乗車券で新幹線の「ひかり」に乗り、名古屋から引返してもよいことになってしまうが、そこはちゃんと押さえてあって、「基準規程」にはこの取扱いの適用できる区間を個々に指定している。いずれも尼崎―大阪間程度の短い区間である。

大阪発9時50分。福知山線を経由して浜田と大社まで行く急行「だいせん1号」である。

大阪平野の西北部を三〇分ほど走り、宝塚を過ぎると武庫川《むこがわ》の谷に入る。車窓が一変して山峡となる。水量はすくないが露出した岩肌と松との色がよく調和している。大阪からわずか三〇分余でこんな渓谷が見られるとは、関西の人が羨ましい。しかも、行くほどに谷の両岸はますます切立ってきた。列車は幾度も鉄橋を渡り、そのたびにトンネルに入る。

谷が開けて三田《さんだ》を過ぎると風景は鄙《ひな》びてくるが、家のつくりは入母屋《いりもや》の堂々としたものに変る。摂津《せっつ》から丹波に入ったのであろう。家々の軒に黒くなった干柿《ほしがき》が吊《つる》されている。吊したての干柿は美しいが黒びてくると、なんだか数珠《じゅず》つなぎにされた睾丸《こうがん》のように見える。

篠山口《ささやまぐち》に着く。「丹波篠山山家の猿が」のデカンショ節で知られる城下町の入口で、「デカンショ弁当」という駅弁がある、と時刻表の欄外に書いてある。こういうこじつけの特殊弁当は買ってみると変哲のない幕の内である場合が多いのだが、やはり気になる。あったら買おうとドアからホームを見渡したが駅弁売りは見当らず、停車時間も短かった。

列車はふたたび渓流に沿う。加古川の上流の篠山川で列車の進行方向に流れている。武庫川ほど谷は深くないが岩の形がいい。眼をそらせずに眺めていると、前の席のおじさんが、

「じつにきれいやなあ」

とひとり言のように話しかけてくる。同感なので肯《うなず》いていると、

「これだけ手入れすればなあ、そりゃあええわ」

と言う。話がおかしいと思ったら、きれいなのは対岸の山肌に植林された杉のことであった。なるほど下枝が剪定《せんてい》されて北山杉のような美林になっている。

谷川着11時24分。ここで加古川線に乗換える。接続はよく、つぎの列車は11時28分である。

加古川線は山陽本線の加古川から谷川までの四八・五キロ、播州《ばんしゆう》平野を南北に流れる加古川にひたすら沿う地味な線である。

谷川から加古川まで直通する列車は朝夕の二本しかないので、三〇分ほどで着く野《の》村《むら》で乗換える。

野村発12時11分の加古川行は三両連結で、私が乗った最後部の車両は七、八人のかつぎ屋のおばさんのほかに客はいなかった。みんな筒袖《つつそで》を着こみ灰色の襟巻《えりまき》をしている。きょうの仕事は終ったらしく、一カ所に集まって品物の種分けと交換をしている。商品は女物の半纏《はんてん》などで、「払う言うとるのやから、もろときゃええ」「きょうはよう売れた」という会話も聞える。

離れ猿のようにひとり黙々と弁当を食べているばあさんもいる。体つきの割りには顔は若い。風邪をひいているのであろう、ときどき咳《せ》き込みながら箸《はし》を口に運んでいる。

地味な加古川線の昼下りは、けだるく静かで、駅に停ると物音ひとつしなくなる。中国自動車道の下をくぐるあたりから雨が降り出した。13時09分、加古川着。加古川発13時17分の新快速電車で姫路に向う。複線電化で線路も太く、電車も新型だから加古川線とはまるで乗り心地がちがう。快適で味気ないが、いずれにせよ一五分で姫路に着く。

姫路駅の7番線に一〇両編成のディーゼルカーが入ってくる。前から三両が月田《つきだ》行で、これが急行「みまさか3号」、そのあとの五両の倉吉行と二両の鳥取行が「みささ3号」となっている。倉吉行の自由席が三分の一ぐらいふさがっているほかはガラ空きである。

13時48分に姫路を発車し、急行らしくないゆっくりした速度で単線の姫新《きしん》線を走り始めたが、六、七分も行くとあたりはすっかり田舎になる。山陽本線に乗っていると、行けども行けども何かしらの近代建築が眼に入ってくるが、やはりローカル線はちがう。

家々の屋根がじつに複雑だ。間取りも複雑なのだろうが、棟を三段にずらすなどして屋根が幾層にもなっている。新しい家でも金属板と瓦《かわら》とを組合せて古い型を踏襲している。雨がすくなく雪はほとんど降らない地方だし、屋根に金をかけてみてもしようがないように思うけれど、そんな単純な機能主義を超えたしきたりと意識があるのだろう。とにかく重厚で堂々としている。これこそ「家」で、私が住んでいるのは「住宅」だ。

屋根に感心しながら三〇分ほど走り、播磨《はりま》新宮《しんぐう》を過ぎると家の形が変り、単純な切妻屋根ばかりになった。

中国山地は地形学上の年齢でいうと老年期で、とくに山陽側は浸蝕《しんしょく》作用がほぼ終っているから嶮《けわ》しい山も谷もなく、車窓の眺めも平凡である。

ディーゼル急行は平凡な山間風景に似合った、のんびりした速度で八三・七キロを一時間四六分かかって走り、15時34分、東津山に着いた。

私の切符のルートは東津山から因美《いんび》線に入って鳥取へ抜けるようになっている。しかし、いま私が乗っている「みささ3号」は東津山から直接因美線に入らず、一駅先の津山を往復してから入る。しかも二度目は東津山に停車しないから降りるわけにはいかない。東津山―津山間の二・六キロも尼崎―大阪間と同様に「区間外乗車」の認められる区間である。

四分で津山に着く。ここで月田行の「みまさか3号」が切離されて先に発車し、わが「みささ3号」因美線経由倉吉行は二七分停車して16時05分に発車する。その間に岡山からの急行「砂丘4号」を併結するのだが、それにしても急行の二七分停車とはのんびりしている。

雨が強くなってきた。私の乗っている先頭車には客が一人しかいない。そのかわり発車を待つ運転士たちが四人、客席で雑談している。

「だいたい因美線に一〇両編成なんて長すぎますわな」

という声も聞える。

津山盆地を北上し、美作《みまさか》・因幡《いなば》の国境に近づくにつれ、雨はますます強く、絶対止《や》まないぞ、というような降り方になった。谷も山肌も雨と夕靄《ゆうもや》で霞《かす》み、国境の山々の淡彩の稜線《りょうせん》が高まりながら接近してくる。

急行「みささ3号」は雨の上り勾配《こうばい》をエンジンを全開させて登りつめ、物見峠《ものみ》のトンネルに入る。このトンネルを抜けると鳥取県である。

すでに日は八分通り暮れ落ち、谷間にぽつぽつ灯がともっている。わずかな明るみを頼りに窓に顔を近づけて窓外を見ていると、棟の上に鰹木《かつおぎ》を置いた大きな入母屋づくりの藁葺《わらぶき》屋根がいくつか見える。薪《まき》で風呂《ふろ》でも沸かしているのであろうか、夕靄よりやや青味がかった煙を上げる民家も見える。

17時00分、杉や檜《ひのき》の集散地智頭《ちず》に停車した。ちょっと窓を開けてみると、ホームの屋根を打つ雨の音にかき消されながらサイレンが聞えてきた。製材工場の終業の合図だろうか。

鳥取着17時35分。改築されて高架駅になっている。新幹線の駅のようで、夕靄の因美線からいきなりこんな眩《まばゆ》い駅に突っ込まれると、きょとんとしてしまう。

きょうはこの列車の終着倉吉で泊るつもりである。

わずかな客を乗せた「みささ3号」は雨夜の山陰本線を西へ走る。倉吉までの停車駅は浜村《はまむら》と松崎《まつざき》で、いずれも駅前に温泉がある。

倉吉着18時23分。駅前を見渡したが旅館もビジネスホテルもない。ここは有名な三《み》朝《ささ》温泉の入口であり、観光客はそっちへ行ってしまうだろうし、倉吉の町は駅から遠く離れているから商用の客は市内へ泊るにちがいない。しかし、特急をはじめ全列車が停車する倉吉だから駅前旅館の一軒ぐらいあってもいいではないか。あるいは見えないところに一、二軒あるのかもしれないが、この雨では探すのも厄介だ。

あすの朝は6時22分発に乗るから、三朝まで行ったのでは五時ごろに起きてタクシーが来たとか来ないとか、わずらわしいことになる。

私は時刻表の巻末の旅館で番号をしらべ、東郷温泉の旅館へ電話した。東郷温泉は松崎駅のすぐ前にある。さっき松崎に停車したとき、和風の小ぢんまりした旅館が駅のすぐ近くで眼に入り、旅館名も記憶に残っていた。

松崎は倉吉からわずか一駅、しかも倉吉発18時37分という好便がある。あす乗る予定の6時22分発の下り列車も松崎発6時14分だからこれも具合がよい。

松崎まで戻り、雨を突いて玄関に駆け込むと、帳場にいたおかみさんが、

「きょうはあいにく板前が忘年会で出ておりまして」

としきりに恐縮する。もう忘年会の季節かと思う。

一〇月一三日に広尾を出発していらい、私は十数軒の駅前旅館を泊り歩いた。そのほとんどはビジネスホテルであり、便器と同居した風呂にしか入れなかった。しかし、きょうは温泉につかれる。

いい気分で風呂から上ると、松葉ガニが膳《ぜん》の上に山盛りになっている。板前なんぞいないほうがよほどいいな、と思っていると、あとからあとから続々と運ばれてくる。運んでくるのは三度結婚して三度後家さんになったという六〇歳のおばあさんである。身上話を聞き、酒をのみ、カニをほじり、土鍋《どなべ》をつつく。なかなか忙しい。ずいぶ

ん時間をかけたが、カニのほかはとても全部は食べ切れなかった。

満腹して、のけぞって茶を飲んでいると、背広姿の番頭が富有柿《ふゆうがき》を山盛りにした鉢を持ってきて、

「板前が出ておりますので私がむきました。不調法ですが」と言う。

もうとても食べられないから、いい色だと感心するばかりだが、板前が忘年会で不在とはめぐり合わせのいいことである。

第25日（12月5日）

倉吉《くらよし》―伯耆大山《ほうきだいせん》―備中神代《びっちゅうこうじろ》―備後落合《びんごおちあい》―宍道《しんじ》―江津《ごうつ》

旅と旅行とはちがうという。

自己の心を友として異郷をさすらう「旅」は失われ、観光地や温泉場をセットにした「旅行」ばかりが横行するようになったと慨嘆される。

その通りだと思うが、そうすると私のやっているのは何だろう。

いつも一人だから「旅」のようではある。一人旅という言葉はあるが一人旅行とは言わない。団体旅行という言葉はあるが団体の旅などとは言わない。しかし、鉄道一点張りのこんなのを「旅」と称するわけにもいかないだろう。

まあ、強《し》いて分類しようとするから話が面倒になるのであって、好きなようにしていればいいのだろうが、いずれにせよ私のは一人旅型である。孤独にひたろうというような心情は毛頭ないけれど、なにぶんにも汽車に乗るばかりが目的だから「同行」

の士はすくない。

けれども、同行希望者の現われることが、たまにはある。どこでもいいからとにかく旅行したい、しかし一人旅はいやだ、という人。あるいは、自分も汽車に乗るのが好きだ、こんどぜひ一緒に行きましょう、とつい私に調子を合わせて引込みのつかなくなった人。

じつを言うと、同行者は私にとって概して迷惑な存在である。概して、というのは、昼間汽車に乗っているときは迷惑だが夜はその逆だからである。勝手なようだが、とにかく昼間は相手の退屈ぶりが察せられてこちらの胸はしめつけられるからやりきれない。ところが夜になって、のんだり食ったり町をぶらついたりするときは相手が欲しい。だから連れ立って出かけると、汽車に乗っている間は疎遠《そえん》になり夜になると仲良くなる、といった型になる。おおむねそうなのである。

ところで、きょうから二日間は同行者がいる。昨夜の寝台特急「出雲」で東京を発《た》ち、けさ6時12分着の倉吉で落合うことになっている。

この人は、いままでの同行者とはちょっと違っていて、私の鉄道旅行とはいかなるものかを見定めようというのが目的らしい。その点、こちらは気兼ねがないからいいけれど、目的がはっきりしていれば退屈しないというわけでもないだろう。どんなことになるかわからぬ。

六時に宿を出る。あたりはまだ暗く、雨はやんだが、風は強い。

松崎発6時14分。米子《よなご》経由境港《さかいみなと》行の客車列車で、古い車両が七両つながっている。車内はもちろんガラ空きである。

七分ほどで倉吉に着く。ホームにさしかかると窓を開け、彼の姿を探したが見当らない。いささか心配になったが、どこかに潜んでいるのだろうと通路をつたって行くと、はたして向うから宇宙人のような恰好《かっこう》の彼がやって来た。「星の王子」のようだなと私は思った。窓外はまだ真っ暗である。

星の王子は眠そうである。聞くと、眠れないので洗面所に立って本を読んでいたのだそうだ。たしかに寝台車のなかでは洗面所だけが明るい。それと何の関係もないけれど、私も寝不足である。昨夜は飽食したうえに久しぶりの温泉につかったから十分眠れると思ったのに、夜中に幾度も眼をさました。寝坊すると同行者が倉吉ではぐれてしまうのも心配であったが、軒を叩《たた》く雨の音もなかなかのものであった。眼をさますたびに風呂《ふろ》に入り、湯上りに柿《かき》をつまんだ。山盛りだった柿が宿を出るときにはきれいになくなった。

二人とも眠いが、夜は明けてきた。砂丘と松林と梨畑《なしばたけ》のなかを列車は走っている。ときどき海が見え、駅付近にわずかな集落がある。海は砂を含んで茶色く、白波が立っている。雲は重く厚いが海面の見通しはよい。

駅々で高校生が乗り、座席が賑《にぎ》やかにふさがっていく。米子へ通うのであろう。砂丘の色が黒味を帯びてくる。大山《だいせん》の火山灰のせいである。大山は雲をかぶって見えないが、裾《すそ》だけを見せている名山もいいものだ。

列車は大山の山裾の海岸を走る。このあたりは隠岐《おき》を脱出した後醍醐《ごだいご》天皇が名和長年《なわながとし》に迎えられたところで、名和《なわ》という駅もある。

右窓遠くに島根半島の東端の美保関《みほのせき》あたりが島影のように見えはじめ、通路まで高校生でいっぱいになって、7時42分、伯耆大山に着く。米子の一つ手前の駅で、これから乗る伯備《はくび》線の分岐点である。

伯備線は山陽と山陰を結ぶ線であるが、新幹線が岡山まで開通してからは陰陽連絡の主要ルートとなり、一日六往復もの特急が走るようになった。大阪から松江まで行くのに山陰本線経由では特急でも六時間かかるが、新幹線で岡山まで行って伯備線経由の特急に乗継げば四時間半で着く。

しかし、伯耆大山発7時49分の列車は鈍行で、六両連結のディーゼルカーはいずれも旧式の車両であった。背もたれがブヨブヨしていて、背中合せの乗客の動きがモゴモゴとこちらに伝わってくる。ローカル線でおなじみのキハ17型の車両である。王子さまが眉《まゆ》をしかめているのは、うしろに元気のいい高校生がいてドスンドスンとやるからである。私のうしろはかつぎ屋のおばさんだからおとなしい。覗《のぞ》いてみると、子供用のような小さな弁当箱を開いている。

雲が低くなって大山は裾も見えない。列車は日野町の谷に沿って登り勾配《こうばい》にかかり、8時25分、根雨《ねう》に着く。ここは三本の国道が合流する交通の要衝で、日野町の中心でもある。高校生をはじめ大半の客が降りる。

かつぎ屋のおばさんたちだけは根雨でも下車しない。どこまで行くのか気になったので、イカやミカンを段ボールに詰めたおばさんに訊《たず》ねてみると、「生山《しょうやま》まで」と言う。生山は根雨から三つ目、岡山県との境に近い日野川の谷奥である。日野川を右左に渡りながら、その生山を過ぎると、谷がにわかに狭まり露岩の切り立った渓谷となる。「石霞渓《せっかけい》」という石柱が線路際《せんろぎわ》に立っている。勾配はますます急になり、ディーゼルカーはエンジンを震わせながら段々畑を一段ずつ踏みしめるようにゆっくり登る。霧雨が窓外を包み、粉雪に変りそうな天候である。

県境の谷田峠《たんだだわ》のトンネルに列車はそろりと頭を突っ込む。しかし、トンネルを出るときは下り坂になっているから生き返ったように速度を増している。しかも、分水嶺《ぶんすいれい》を越えて岡山県に入ったとたんに雲が切れ、陽がさしてきた。陰陽の境がじつにはっきりしている。

あたりが白っぽくまぶしい。石灰岩の粉が線路際や平行して走っている道路の脇《わき》に撒《ま》き散らされているからだ。貨車やトラックからこぼれたのであろう。このあたりは石灰岩の山が多く、採掘場と石灰工場が車窓からも見える。

ところで王子さまは空腹の由《よし》に見受けられる。けさからまだ何も食べていないし、若いから無理もない。けれども駅弁を売っている駅は一つもない。

まもなく芸備線《げいびせん》との分岐駅備中神代に着く。私たちはここで乗換えるのだが、この駅にも駅弁がない。接続がわるくて一時間も待つから駅前に食堂でもあれば利用できるが、分岐駅とはいっても、たまたま地形の関係で二本の線が合流しているに過ぎず、町があるわけではない。それにまだ九時半で、店があっても開いていないかもしれない。

右から芸備線の線路がすっと寄り添い、備中神代に着いた。眼をこらして駅前を探すと「ホルモン焼き」の看板が見える。これは石灰岩でも掘ったあとで焼酎《しょうちゅう》をひっかける店だ。しかたがないので、つぎの新見《にいみ》まで乗越すことにした。そこなら駅弁があるし、つぎに乗る芸備線の列車は新見始発だからスケジュールに影響はない。

備中神代から新見まではわずか一駅だが、その間に布原《ぬのはら》という信号場がある。ここは蒸気機関車の撮影地として名高かったところである。

蒸気機関車の写真などどこで撮ろうと同じだと思う人がいるかもしれないが、そうではない。まず上り勾配であることが絶対の条件で、平坦地《へいたんち》や下り坂では肝心の煙をもくもくと吐いてくれない。それに上り坂なら機関車が一両でなく二両の重連、ときには三重連となって迫力が倍加される。しかし、上り勾配であっても撮影のための足場がわるくては駄目である。重連を写す場合、横からよりは前方のやや高い位置に陣取って、こっちへ向って近づいてくるところを望遠レンズで引っ張って寸詰まりに写すと傑作ができやすい。そのほか背景や運転時刻と太陽の向きなど諸条件を勘案すると、撮影地はひどく限定されてくる。

この布原の場合は、信号場を出た列車がカーブしながら鉄橋を渡りトンネルに入る直前が好位置で、トンネル入口のすぐ東側の急斜面にカメラをのせた三脚が林立した。撮影する列車は備中神代の一つ先の足立《あしだち》の石灰工場から無蓋《むがい》貨車を引いて登ってくるD51の三重連である。通過時刻は朝の九時何分かで、光線の強さも向きもよいらしい。しかもSL末期には三重連の見られるのはここだけとなってしまったから大変で、毎朝数百人ものファンが三脚をかついで現われ、新見の旅館が大いにはやったという。

布原信号場を過ぎて、問題の鉄橋からトンネルにさしかかる。窓を開けて前方を眺めると、SLが走らなくなってから四年も経《た》っているのに、トンネル入口の斜面は雪崩《なだれ》の跡のように踏み荒されて地肌が露出し、一見してここだなとわかる。

新見で乗越しの精算をし、備中神代までの切符と待望の駅弁を買って、10時18分発の三次《みよし》行鈍行に乗る。王子さまは売店で買った「備中新聞」というタブロイド判のローカル紙を見ながら、

「七人生まれて七人死んでますね」

と言う。見ると、新見市だけを対象にした週刊新聞で、赤ん坊の生まれた家と死亡者の名が住所年齢とともに列挙してある。行年は最低七三歳、最高九三歳であった。

備中神代を過ぎて広島県に入る。このあたりから地形が一段と複雑になり、列車は山ひだのまにまに西へ北へ、そして南へとカーブして、あてもなく彷徨《ほうこう》するような感じになる。線路は下り勾配なのに川は列車の進行方向と逆に流れているところもある。しかも、山陽山陰の境目を行くので天気も複雑で、小雨が降るかと思うと薄日がさし、またみぞれになったりする。

備後落合着11時49分。ここで木次《きすき》線に乗換える。分岐駅ではあるが静寂な山間の小駅で、「標高四五一米《メートル》」の標柱が立っている。

木次線はここから中国山脈を越えて出雲に入り、宍道で山陰本線に合流する八一・九キロの線である。広島と松江を結ぶには欠かせない線で直通急行の「ちどり」が一日三往復走っているが、中国山脈を横断する線区のなかでは木次線がいちばん高いところを越えるので急勾配が多く、スイッチ・バックもあって時間がかかる。広島から松江まで五時間近くも要するのでバスに客をとられているらしい。

これから私たちが乗るのは備後落合発11時55分の宍道行鈍行である。接続はよいが宍道着が14時42分だから表定速度は時速二九・四キロという鈍速だ。車両はキハ52のたった一両で、しかも客席の中央をカーテンで仕切って荷物用としてある。実質は半車で、座席数は三二、バスよりも収容力がすくない。乗客は私たちのほかに長靴の男性一人、モンペの女性二人の計五人であった。

杉の美林のなかを二五分ほど登り、三井野原《みいのはら》に着く。広島、島根のちょうど県境にある駅で標高七三〇メートル、駅の付近はスキー場でリフトが見える。まだ雪はないが小雨が降っている。

三井野原のつぎはスイッチ・バックのある出雲坂根《いずもさかね》である。運転士に頼んで前部のブラインドを開けてもらう。

「きょうは雨だから開けてもしようがないでしょう」

と、あまり機嫌がよくない。

左窓の谷が深い。対岸には見事な杉山がつづく。

急勾配を曲りくねりながら下って行くと、左下に出雲坂根駅が鉄道模型のように現われ、広島行急行「ちどり1号」が交換待ちで停車しているのが見える。杉の谷を雲が流れ、なんとも名状しがたい眺めである。これだからローカル線はいいのだと思う。

振返ると王子さまも座席の窓ガラスに額を押しつけるようにして左下を見下ろしてい

る。

折返し点に停車すると、運転士は窓を開け、首を出して後方を見ながら逆行運転に入る。八〇〇メートルばかり後ろ向きに勾配を下って出雲坂根のホームに停る。もとより駅だけで他に何もない出雲の山奥であるが、ホームの端に「延命水」という湧水《ゆうすい》があり、凸凹に歪《ゆが》んだアルミのコップがぶら下っている。とにかく二人で飲んでみる。しかし、アルミのコップには水の味を消す作用があるのか、それともノドが乾いていないためか、とくにどうということはなく、急いで飲んだので、雫《しずく》が襟元《えりもと》に流れこんで冷い。

つぎの八川《やかわ》では待合室にストーブが燃えている。火にあたっている客が二人いるが、列車が停っても手をかざしたままである。この列車には乗らないのかと思っていると、おもむろにストーブを離れて車掌に声をかけながら乗ってくる。

雲州《うんしゅう》ソロバンの産地出雲横田のホームは下校時の高校生で真っ黒に埋まっていた。半分しか使えないこの車両では乗切れまい、と心配するまでもなく、ここで一両増結される。増結車は通路まで高校生でいっぱいになるが、ガラ空きのこちらの車両に移ってくる生徒は一人もいない。

しばらく居眠りをして気がつくと木次に停っていて、高校生の姿はすでにない。なまこ壁の家が多く、いつのまにか出雲らしくなっていた。

定刻14時42分、終着宍道に着く。宍道湖は見えないが、背後に山を負った落ち着いた駅で、小雨が降りつづいている。

ベンガラ色の車体に二つ目玉のＤＤ51に牽《ひ》かれた六両編成の客車列車が入ってくる。宍道発15時39分の浜田行鈍行である。けさ6時14分に福知山を発車したのだから、鈍行としてはなかなかの長距離運転で、山陰本線にはこのような「汽車」の面影を残す列車が多い。

ピョーと独得の警笛を鳴らし、ガクンガクンと揺れながら旧式の客車列車は出雲平野の南縁に沿って走る。右後方にわずかに宍道湖の水面が見え、対岸には島根半島の山々が視野いっぱいに広がっている。平野には整然と刈りこまれた築地松《ついじまつ》の防風林が衝立《ついたて》のように点在し、白壁の立派な構えの農家が多い。

薄茶色の砂を含んで水量豊かに流れる斐伊川《ひいかわ》を渡り、出雲市に着く。耕地も農家も川も、そして駅までも清潔で広々としており、やはり出雲はただの田舎ではないなと思わせる。

出雲市で二二分停車する。天候は陰気でも、しっとり落着いているので停車時間が長くは感じられない。上りの特急「おき4号」が入線してすぐ発車して行くのが慌《あわただ》しくさえ思われる。

発車時刻が近づくと座席の三分の一が男子の高校生で埋まる。しかし珍しく静かな高校生である。

白いヘルメットをかぶった女子高生の自転車の列が線路際の村道を走っている。電柱には黒いトンビが点々ととまっている。白壁に黒い瓦《かわら》の農家、出雲路は白と黒の対照のなかに暮れかかってきた。

田園が尽きて日本海岸に出る。出雲平野の西岸が弧を描いて島根半島の西端の日御《ひのみ》碕《さき》へとつづいている。朝《あした》に美保関を望み、夕べに日御碕を見る。朝日も夕日もあたらず、景色の主役は灰黒色の厚い冬雲と青黒く横たわる島根半島だが、それなりの起承転結があるではないか。

田儀《たぎ》という海岸の小駅を過ぎる。このあたりが出雲と石見《いわみ》の国境である。石見に入ると屋根瓦の色が黒から光沢のある赤茶色に変る。一斉にというほどではないが、黒が二、赤茶が八ぐらいとなる。赤茶色が石州瓦《せきしゆうがわら》である。

にわかに海岸が嶮《けわ》しくなる。列車は岩礁《がんしよう》に砕ける波を見下ろすかと思うと短いトンネルに入り、それを幾度もくりかえす。そんなところでも、わずかな平地を見つけては小さな田が雛壇《ひなだん》のようにつくられ、石州瓦の民家がある。

最長片道切符の旅もだいぶ西に偏してきたから日没が遅い。すでに五時を回ったが、まだ外が眺められる。

「東京は五時だともう真っ暗です」

と王子さまが言う。

大田市《おおだし》着17時13分。ここで三三分停車する。通して乗車する客はなく、三〇分も前から乗りこむ客はいないから、車内は回送列車のようになった。

長い停車のあいだに日は暮れるし、まもなく急行「石見1号」が米子からやってきてこの鈍行列車を追抜く。大田市発17時21分で、きょうの宿泊地江津には四〇分早く着く。「私たちは急行に乗換えることにした。

江津着18時10分。駅前を見渡すと新しくて小ぢんまりしたビジネスホテルがあった。フロントで訊ね、駅に近い炉ばた焼きと寿司屋《すしや》とを兼ねた店に入った。大きな蛤《はまぐり》を食べ、寒ブリの頭を焼いてもらった。ブリカマは大きいので二人で分けて食べた。星の王子は酒が強いようであった。

第26日（12月6日）

江津《ごうつ》―三次《みよし》―福山―倉敷―新見《にいみ》―津山―岡山

江津発6時24分の三江線《さんこう》のディーゼルカーは、江川《ごうがわ》に沿って走っている。

空は白みはじめているが窓外はまだ暗い。対岸の国道を行く車の灯がときどき川面《かわも》を照らす。

通路の向う側の座席では、三人組の女子高生が膝《ひざ》の上に立てた鞄《かばん》に顔を伏せて眠っている。

朝靄《あさもや》の流れる水面が見えてきた。山に挟まれた川幅いっぱいに青緑色の水がゆっくり動いている。さすがは中国地方第一の川で、水量が多い。

 三江線は、寄らば大河の蔭《かげ》と江川の流れのままに沿いつづける。川は蛇行しているから、流れの主力が向う岸に迫っているときはこちら岸は低い段丘となり、桑畑《くわばたけ》がある。流れがこちらに押し寄せるところは山裾《やますそ》が削られ、列車は崖《がけ》の縁をすれすれに走

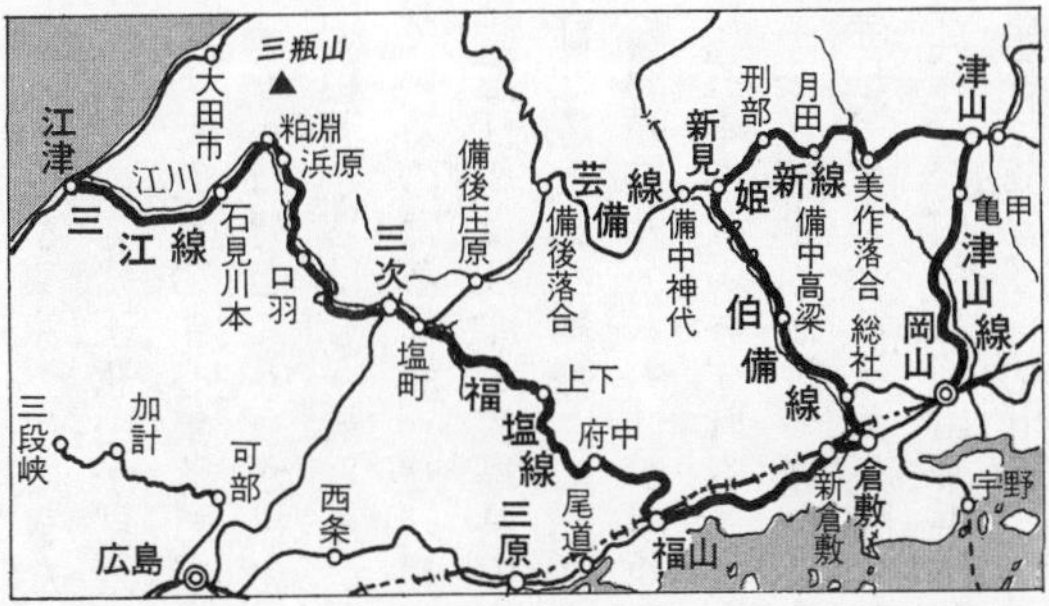

る。岩脈が川に突き出て線路が敷けなくなるとトンネルに入る。

艶《つや》のある赤茶色の石州瓦《せきしゆうがわら》をのせた白壁の家が多い。どの家も軒に大根をずらりと干している。葬式の準備に忙しい家もある。極彩色の花輪が農家の庭先に運びこまれている。こういう派手な葬花は関東では見かけない。

駅々から高校生、中学生、さらに小学生まで乗ってきて満員になるが、7時39分着の石見川本《いわみかわもと》でみんな下車する。川本は舟運時代の河港町である。いまでもすこしは舟を利用するのか、青く塗った川舟が岸につながれている。

いったん閑散となった車内に、また小中高生や通勤客が乗りはじめる。降りる客もいるが、ローカル線の客の乗り降りの順序には特色がある。駅に着くとまず降りる客が降り、つぎに乗る客が乗る。ここまでは当然だが、ローカル線の場合は、そのあとでゆっくり腰をあげた一団が降りる。降り乗り降りの三段階になることが多い。こういう列車で育った子供たちが大阪や東京へ出てきたら、何かと疲れることだろう。

谷の前方に三瓶山《さんべやま》が見えると、列車ははじめて江川を渡り、8時12分、粕淵《かすぶち》に着く。このあたりの中心集落で、乗客の全員が降りてしまう。町は高い段丘の上にあるので駅からはほとんど家が見えない。

粕淵からはもう乗る客がない。三両のディーゼルカーは私たち二人とあと何人乗せているのだろうか。せいぜい一〇人ぐらいと思われる。

三江線は江津と広島県の三次を結ぶ一〇八・一キロの線区である。ながいあいだ三江北線と三江南線とに分れていたが、昭和五〇年に北線の終点浜原《はまはら》と南線の終点口羽《くちば》の間の二九・六キロが開通して陰陽連絡線となった。山陰と山陽を結ぶ線はこのほかに五本あり、いずれも急行が走っている。伯備線と山口線には特急もある。

三江線全通が近づいたころ、せめて一本ぐらいは急行が走るのではないかと私は期待し、ダイヤの発表が待ちきれなくて、自分なりに急行のダイヤを考えた。それは三江線を経由する岡山—浜田間の急行で、車両基地を浜田とし、浜田発8時30分、江津発8時52分、石見川本、粕淵、口羽に停車して三次発11時20分、福塩《ふくえん》線に入って上下《じょうげ》と府中《ふちゅう》に停車して福山着13時10分、終着岡山着14時00分というものであった。帰りは岡山発15時55分、浜田着21時20分となっていて、浜田、江津、三次の人びとが岡山、大阪、さらには東京へと行き来するのに最も便利な列車となるよう新幹線との接続にも気を配ったものであった。愛称名も「ごうがわ」と決めて、国鉄が発表する正解やいかにと心待ちにしていたところ、急行どころか直通列車すら走らないのであった。現在は直通列車は走っているが、急行新設の噂《うわさ》などまったく聞えてこない。まことに残念だが、通勤通学専用のような旅客需要では急行列車の見込みはなさそうだ。

江川の谷は深さを増し、新線区間に入る。線路は右岸の高い位置に敷設《ふせつ》されているので、水量豊かな流れを見下ろして気持がよいが、駅も高いところにあるから乗客は長い階段を上り下りしなければならない。人家がすくないうえに階段がきついからか、各駅とも乗降客がほとんどいない。石見松原ではホームにいた犬が列車が着くと同時に慣れた足どりで真新しい階段を下りて行った。鉄道ファンの犬かもしれぬ。ほかには乗る客も降りる客もいなかった。対岸の集落に向って吊橋《つりばし》がかかり、トンビがその下をくぐって飛んでいる。

宇都井《うづい》という駅がある。江川に流れこむ細い支谷の上につくられた駅で高さ二〇メートル、一一六段の螺旋《らせん》階段が地上とをつないでいる。その高い吹きさらしのホームから老夫婦が乗ってくる。

新線区間が終り、三江南線時代の終点口羽に着くと一気に三〇人ぐらいが乗車する。三江線が全通しても客の流れは北線と南線に分れていた当時と変っていないのだろう。

広島県に入ると江川は可愛《えの》川《かわ》と名前を変え、屋根も石州瓦から黒に変る。しかし川の水量は相変らず豊かで、川幅もさして狭くはならない。

座席の半分ぐらいの客数になって、三次着9時55分。

きょうもまた駅弁のない線を通ってきたので、王子さまはもとより私も大いに空腹である。新装成った三次の駅舎にはスナックが開店している。鵜《う》飼《か》いで知られる水郷三次の駅らしくないが、空腹が旅情を上廻っているから猛然とハンバーガーを食べる。

三次発10時57分の福塩線で福山へ向う。ディーゼルカー三両で、私たちは最前部に陣取った。

福塩線は三次盆地の東南端にある塩町《しおまち》で芸備《げいび》線から分岐し、山陽本線の福山に至る七九・四キロの線であるが、列車はすべて三次発着となっている。沿線はだいたい吉《き》備《び》高原の西部というきわめて地味な丘陵地帯である。小さな松の茂る平凡な丘陵の間を曲折しながらゆっくりと列車は走る。人家もすくなく、全国的に知られた観光地もない。だいたい「福塩線」と聞いてどのあたりの線か見当のつく人はすくないだろう。そのかわり昼寝をするには適した線で、私はこの線に二度乗ったが、二度とも居眠りをした。だから地味な線だと知ったようなことを言っているけれど、じつは全線の車窓をしかと眺めたことがない。きょうはさいわい特等席に坐《すわ》っている。よく見ようと思う。

ところが、三次盆地を出はずれて、瀬戸内海側への低い分水嶺《ぶんすいれい》を越えると晴れてきた。暖房は入っているし、食後でもある。運転席に立てかけてある「仕業表」には「最高85キロ」となっていて、列車は最高にのろい。景色は平凡な丘と松である。

すこし眠る。騒がしいので眼をさますと、列車は福塩線のなかではやや大きい駅の上下《じょうげ》に停車しており、車内はここで乗ったらしい小学生の団体で賑《にぎ》わっている。

この小学生たちは一駅乗っただけで、つぎの備後矢野《びんごやの》で降りた。遠足にでも行くのか、みんな思い思いの恰好《かっこう》をしているが、さすがに広島カープの赤帽をかぶった子が多い。

12時44分、沿線第一の町府中に着き、ここで電車に乗換える。府中―福山間は旧私鉄の両備鉄道を買収した区間なので電化されている。

府中から五〇分、だんだん人家が建てこみ、新しい建物が続々と現われると左窓に福山城をかすめ、新幹線の高架橋の下にもぐりこむような恰好になって、13時40分、福山に着いた。

福山は岡山と広島の間ではいちばん乗降客の多い駅である。三江線と福塩線に乗ってきた眼には人びとの動きが慌《あわただ》しく映る。新幹線の高架下の重苦しい山陽本線用のホームで上りの快速電車を待っていると、頭上を東京行の「ひかり」が轟《ごう》と通過する。

「大都会に来たみたいですね」

と王子さまが言う。

福山発13時47分。松の粗林を通して淡褐色の地肌を見せる低い丘陵と学生服の看板の目立つ山陽路を、快速電車は四〇分走って14時27分、倉敷に着く。

倉敷からは14時38分の伯備《はくび》線の快速列車備中高梁《びっちゅうたかはし》行に乗る。四両のディーゼルカーの座席は半分ほどふさがっていたが、二つ目の総社《そうじゃ》でほとんど降りた。

総社を出ると左に近く宝福寺が見える。少年時代の雪舟が柱にしばられて涙でネズミを描いたという、あの寺である。松の大樹に囲まれた立派な堂宇が揃《そろ》っていて、総社で下車してこの寺を散歩してもよかったなと思う。どうせこの列車で行っても備中高梁でつぎの新見行を一時間以上待たなければならないから、どこで時間をつぶしても同じなのである。

宝福寺を過ぎると高梁川に沿う。山間をゆったりと流れる水量の多い川で、福山や倉敷のあの慌しさから解放されて、のどかな気分になってきた。

備中高梁着15時18分。駅の右手の山腹には形のいい古寺がずらりと並んでいる。

つぎに乗る予定の新見行は16時36分発で、時間があるから松山城に上ってくることにする。この山城は全国でもっとも高いところにあるそうで、駅の北方の突兀《とっこつ》とした山巓《さんてん》に石垣や櫓《やぐら》が見えている。あんな高いところに城を築いてどういう戦術的価値があるのかわからないが、とにかくタクシーで中腹まで行き、急な石段を上る。無骨な砕石を積んだ大味な石段で、一段ごとの幅が広く段差も高い。駅やビルの階段の二倍ぐらいある。どこの城址《じょうし》でもそうだが、ここのはとくに段差がある。馳《か》け上ったり下りたりするときは都合がよいのかもしれないが、なかなかきつい。呼吸がはずんでときどき立ち止る。汽車の中に坐ってばかりいて体がナマったのかもしれない。麓《ふもと》に武家屋敷が並んでいたから昔の武士はこんな急な石段を毎日上って登城していたのだろうか。満員の通勤電車も大変だが、この石段を通勤するのも相当なことだ。

二の丸の石垣の端に立って下を見下ろす。下から見上げるより傾斜が急で、石を投げれば街に当りそうな感じがする。脚下に高梁川が空を映して白く光り、それに沿って城下町が細長くつながっている。備中高梁の駅と線路が鉄道模型のように見え、ちょうど下りの特急「やくも7号」が条虫のように進入してきた。

備中高梁発16時36分の列車は米子行の鈍行である。高梁川の谷は深くなり、日は山にかくれて谷が翳《かげ》ってきた。山肌の中腹まで段々畑があって高いところに家がある。行くほどに谷は嶮《けわ》しくなり、石灰岩の断崖《だんがい》になった。

新見着17時25分。日は暮れたが、きょうは津山を経て岡山まで行く予定だ。新見でも津山でも接続がわるいので、岡山着の予定は22時17分となっている。今回の最長片道切符の旅行の日程のなかでは、この新見から岡山までがもっとも出来がわるい。しかも夜にかかっている。つき合わされる人には気の毒なことである。しかし王子さまは黙って坐っている。口数のすくない人だから面白いのかつまらないのか意思表示がない。きょうは三江線のなかで、お腹《なか》が空《す》きましたね、と言った。それから福山に着いたとき、大都会に来たみたいですね、と言った。それ以外には発言がない。

四〇分ほど待つので新見の駅付近を二人で歩いてみる。高梁川にかかる橋を渡ると風が冷く、淋《さび》しい商店街にジングルベルが鳴っていた。

新見発18時04分。姫新《きしん》線の姫路行である。わずかな客も二つ目の丹治部《たじべ》とそのつぎの刑部《おさかべ》で下車し、私たちの乗っている車両は他に二人しか残っていない。

五両のディーゼルカーは、客がいようがいまいが知ったことではない、というふうに走り、きちんと停車しては客のいないホームに向って扉を開く。懐中時計を見つめる助役の手が上がると扉を閉め、律義《りちぎ》に警笛を鳴らして発車する。そして車掌がつぎの駅はどこそこですと無人の車内に放送する。

美作《みまさか》は平凡な中国山地に囲まれた影の薄い国である。わずかな客を乗せた列車は、日の暮れ落ちた美作の狭い耕地を走っている。民家の灯りがぽつぽつ通り過ぎて行くだけである。それでも夜明け前とちがって日没後は家々に灯りがついている。窓に手をかざすと夕餉《ゆうげ》の食卓が見える。

ひっそりとした津山駅に20時03分に着き、駅前で食事をしてから20時48分発の岡山行に乗る。津山線の上り終列車である。六両もつないでいるが、客は一両に一人か二人しか乗っていない。乗りものが空いているのは有難いが、あまりに空いていると淋しくなる。もうちょっと乗ってこないかなあと思う。けれども、そういうときに限って新規の客は現われず、わずかに残った一人が降りたりする。津山から三つ目の亀甲《かめのこう》で最後の一人が下車し、私たち二人だけになった。亀甲とは、駅の近くに亀の甲羅に似た岩があるからだそうだ。

「一日じゅう汽車に乗っているのは……」

と王子さまが言う。突然だからぎょっとする。

「つまらないでしょう」

「いや、おもしろいです」

「……」

「山登りに似てます。山登りは歩いているときがおもしろいのです」

これは大議論に発展する可能性がある。

「それで？」

「それだけです」

22時17分、岡山着。この時間になると、さすがの岡山駅も閑散としている。煌々《こうこう》とつけられた電灯がまぶしい。広い出口には改札口がずらりと並んでいるが、開いているのは一つだけで、若い改札係が一人ぽつんと囲いの中にいる。私の切符を手にとると、

「これ何ですか。これでも切符ですか」

と言って笑った。

第27日（12月7日）

岡山—宇野〰高松—佐古《さこ》—阿波池田《あわいけだ》—窪川《くぼかわ》—北宇和島

五時半にフロントに下りて行くと、星の王子が立っている。

彼はきょう東京に帰る予定になっている。昨夜、あすの朝は一人で先に出かけるからと別れの挨拶《あいさつ》を交わしたはずなのだが、どうしたわけか出発の仕度を整えて立っている。

「どうしたのですか」

と訊《たず》ねても、笑って答えない。

駅の窓口で王子さまは高松までの切符を買い、安いですね、と言う。岡山から五九〇円で四国へ渡れるわけだ。

岡山発6時07分の電車で宇野へ向う。連日夜明け前の出発である。乗客はほとんどいない。

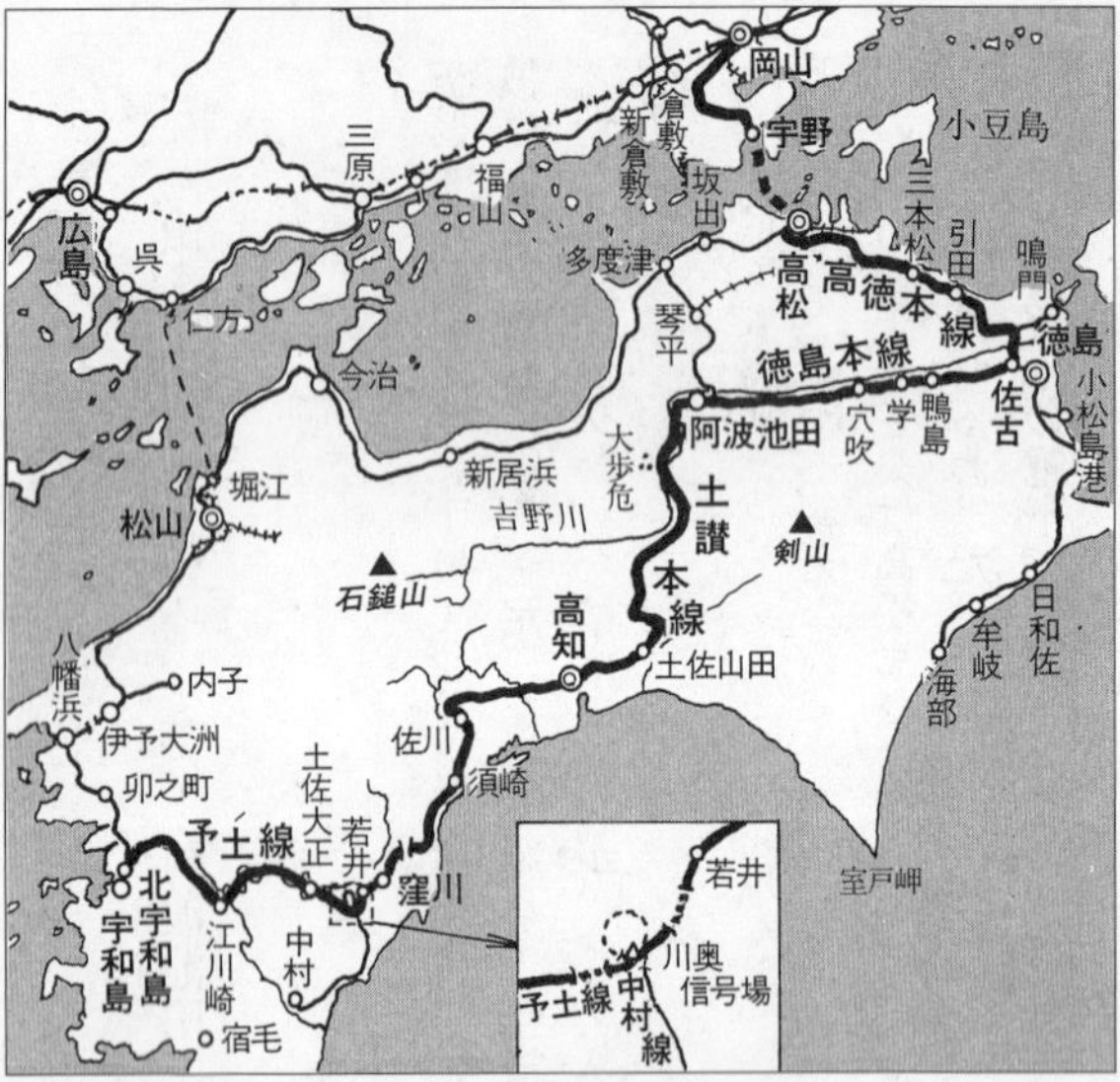

「毎朝こんなに早く起きて働いたとしたら、もっと偉くなっていたでしょうな」

と、これは私。星の王子は笑って答えない。

東の空が白み、児島半島の稜線《りょうせん》が前方にうっすらと現われてきた。児島湾の干拓地を朝靄《あさもや》が埋め、線《せん》路際《ろぎわ》の土手が霜で白い。

宇野着6時56分、高松行の連絡船は7時15分出航である。

連絡船への跨線橋《こせんきょう》を新聞だけ持った人たちが歩いて行く。黒い皮《かわ》鞄《かばん》を提げた女子高校生も多い。旅行者らしい姿は見えない。これは通勤通学船なのだ。

久しぶりの船旅にはしゃいで、デッキを歩いたり上甲板に上ったりしているのは私たちだけである。他の客は坐《すわ》って新聞を読み、教科書を開いている。電車とちがって船は広々しているし、大都会の通勤通学者とは雲泥の差がある。体操もできれば横になって眠ることもできる。客室の上のロビーに坐れば瀬戸内海の島々も見られる。贅《ぜい》沢《たく》で優雅な通勤であり通学だ。念のためロビーに坐っていた女子高生の一人に訊ねてみると、やはり高松の高校に通っているとのことであった。

「いいなあ」

と私は思わず言った。するとプッと頰がふくれる。それはそうであろう。船に乗っている時間だけでも片道正一時間である。その前後に要する時間を加えれば相当な長時間通学になる。

水平線から赤黄色の太陽が昇りはじめた。波が金色に輝いて絵や写真で見るのとよく似た海上の日の出である。

屋島の熔岩《ようがん》台地を左舷《さげん》に見て、8時15分、高松に着岸する。

星の王子は四国に一歩を印しただけですぐ引返す。

「どうもどうも」とあっけなく別れて、彼は跨線橋を戻り、私は列車ホームへの階段を下りる。

高松駅のホームには連絡船に接続する三本の急行列車が後部を揃《そろ》えて並んでいる。いずれも愛称名をデザインした丸いトレインマークをつけている。宇和島行は「うわじま」、高知行は「土佐」、牟岐《むぎ》行は「むろと」となっていて、壮観である。ホームの付け根には讃岐《さぬき》うどんの大きな立食い店があって、濛々《もうもう》と湯気を立てている。

この三本のディーゼル急行にうどん屋を配した眺めは高松駅ならではのもので、私の愛してやまない眺めであるが、どことなく四国らしい野暮ったさが漂うのも否定できない。

旅行案内書のシリーズでは四国篇がいちばん売行きがわるいという。新婚旅行の候補地でもっとも不人気なのは四国だとされる。瀬戸内海航路は人気があるが、これは島と海と船の魅力によるのであり、第一、瀬戸内海は四国ではない。

これから私が乗るのは、うどん屋寄りに停車している「むろと1号」牟岐行で、8時25分発である。徳島までノン・ストップで一時間二〇分、徳島着9時45分という便利な急行なのに三両しか連結していない。車内はほとんど満席で、ビジネス客が多い。

香川県は雨のすくないところで、空から見ると溜池《ためいけ》がびっくりするほどたくさんあって面白いが、車窓風景は平凡である。せっかく海を渡ってきたのに、山陽路の眺めと変らない。小さな松の茂る丘陵と淡褐色の土、そして人口密度が濃いから沿線の人家が多く、新しい建物も多い。

そういうところを四五分ほど走って引田《ひけた》を過ぎると、ようやく人家が途切れ海岸に出るが、すぐ海から離れて讃岐山脈越えにかかる。しかし山が低いから一〇分も登らないうちに峠を越えて徳島県に入る。香川県には申しわけないが、わずか一時間足らずで失礼したことになる。

徳島県に入ってちょっと下ると、もう吉野川の平野を走っている。快晴なので農家の白壁がまぶしい。五個ぐらいずつつないだ干柿《ほしがき》が軒下に吊《つる》してあって愛らしい。自家用なのであろう。

広い吉野川を渡ると右から徳島本線が合流して佐古を通過する。最長片道切符のルートはこの佐古から徳島本線に入って阿波池田へ向うのだが、急行は佐古に停らないので、つぎの徳島まで行く。佐古—徳島間はわずか一・四キロである。

徳島着9時45分。ほとんどの客が下車する。高松からの一時間二〇分のあいだ、どこにも停車しなかったから客の出入りはなかった。乗心地が単調に感じられたのはそのせいかもしれない。

徳島駅はのどかな構造になっている。駅舎は古いモルタルづくり、ホームの屋根も木造で、いずれも粗末なものだが、駅舎とホームの間が二〇メートルぐらいガランとあいていて、そこに檳榔樹《びんろうじゅ》の植込みがある。上屋がないから暖かい冬の日が差していて、客は日向《ひなた》ぼっこをしながら列車を待っている。いずれ駅ビルが建ってしまうのだろうが、県庁所在地の駅で、こんなのんびりしたのは珍しい。駅舎の屋根のすぐ向うには常緑樹の密生した眉山《びざん》がもっくりと聳《そび》えている。町の中にこういいい山があるのも珍しい。

徳島からは10時12分発の急行「よしの川3号」で阿波池田へ向う。この区間は徳島本線となっているが、「本線」とはいっても、途中駅から派生する支線は一本もなく、単線の本線だけが吉野川沿いに敷かれている。

この列車にしても、急行ではあるがわずか二両連結で、乗客のいで立ちも旅行者のそれではなく、高校生のいないことを除けば、ローカル線の鈍行と変りはない。地元の人たちの日常的な乗りもののようで、車掌が急行券を売って歩くのが似つかわしくない。

徳島から二〇分ばかり走ると最初の停車駅鴨島《かもじま》で、はやくも客が三分の一ほど降りる。

鴨島から三つ目に「学《がく》」という駅がある。急行の停車しない小駅だが、駅名のおかげで入場券の売行き抜群という駅である。

ひところ北海道の幸福駅の切符がよく売れ、駅名ブームなどとマスコミにとり上げられたことがあった。それにつられて、新生《しんせい》、大樹《たいき》、妻《つま》、福生《ふっさ》、銭函《ぜにばこ》、黄金《こがね》、金山《かなやま》、大金《おおがね》などの入場券の注文が激増したという。幸福駅の人気は下火になったが、それに代って人気を集めているのがこの学駅で、受験シーズンになると月に一〇万枚以上の入場券が売れるという。もちろん、受験生がここまでやって来て窓口で買うわけではなく、現金書留や切手での注文がほとんどらしい。一日一千通も来る日があるので三人の駅員ではさばき切れず、徳島から応援に来てもらうほどだという。

進むにつれて河岸平野の幅が狭くなる。しかし吉野川の水量は豊かで悠々と流れている。

対岸の山が迫り、池田の町が近づくと右窓に吉野川に架けられた長い鉄橋が現われ、それを渡った土讃《どさん》本線の線路が右から合流してくる。私が乗っている徳島本線は吉野川南岸の河成段丘の上に楽々と敷かれているが、土讃本線のほうは讃岐山脈を越えてから一気に谷に下って来るからなかなかの難コースだ。まっすぐ池田に向うと勾配《こうばい》が急になるので、北岸の山肌を斜めにたどって池田とは逆方向に下り、吉野川の鉄橋の前後でUターンしている。

その対岸の斜面を、いましも五両連結のディーゼルカーが下ってくるではないか。これは紛れもなく急行「あしずり5号」で、これから私が乗る列車である。急勾配を見え隠れしながら下ってくるいじらしい姿は、写真でもいいから人に見せたい。カメラを持ってくればよかった、と私は思った。

阿波池田着11時33分。三分後には「あしずり5号」窪川行が到着し、11時41分に発車する。この駅はいろいろな駅弁を売っている。目移りがしたが、私は「あめご弁当」にした。アメゴはヤマメとアユとの間の子のような川魚である。ホームの立食いソバを覗《のぞ》くと、黒くて太い。祖谷渓《いやだに》のソバ粉を使っているのだろう。

吉野川の谷は池田で南に向きを変え、四国山脈を横断するので、大歩危小歩危《おおぼけこぼけ》で知られる深い谷となる。国道も鉄道も吉野川にぴったりととりすがってこの難所を抜ける。当然車窓の景色はよいはずなのだが、国道三二号線のためにせっかくの景勝が減殺《げんさい》されている。コンクリートの護岸が岩を覆《おお》い、ときには水際まで達しているから、岩を嚙《か》むと表現されたはずの激流が、いまやコンクリートの岸壁を洗っている。国道三二号線は高知と高松を結ぶ重要な道路ではあるけれど、拡張工事で大歩危小歩危を台なしにしてしまった。

この惨状は大歩危小歩危のみに限らない。渓谷美の保存と道路建設とはもともと相《あい》容《い》れないものではあるが、トラック時代の路幅拡張によって、全国の渓谷は「水と岩」から「水とコンクリート」に移行しつつある。

谷を見ると腹が立つから上を眺めると、何たる高いところに耕地があり家のあることか。「耕して天に至る」は宇和島あたりの段々畑が典型であろうが、この付近は谷が嶮岨《けんそ》なので山の頂に近いところにだけ棚田がある。いわば「天だけ耕した」恰好《かっこう》になっている。

それにしても高い。谷から二、三〇〇メートルはあるだろう。車窓から見上げても首が痛くなるほどだから、あそこに登ったら断崖《だんがい》の上にいるような感じがするにちがいない。車の登る道などもちろんないし、農作物と日用品を背負って上り下りするだけでも大変だろう。

四国山脈を横断すると吉野川と別れ、高知平野への下りにかかる。線路は山襞《やまひだ》を巻いて曲折し、短いトンネルをいくつも抜ける。山あいから逆光で白く光る土佐湾が見えてくる。

平野に出ると左に国道が沿う。道路際の電柱ごとに「土佐日記」の張出し看板が打ちつけられている。菓子の広告である。数年前に来たときは「山内一豊《やまのうちかずとよ》の妻」というのが多かったが、きょうは見当らない。

高知着13時19分。乗客のほとんどが降りたが、意外にも乗って来る客のほうが多く、乗車率は五〇パーセントぐらいになる。さすがに南国で、きょうは一二月七日だがコートを着た人はいない。発車すると左側の窓のブラインドが一斉に下ろされ、北側だけの眺めとなる。冬の旅行でこんなことは珍しい。

暖かい土地だから促成栽培のビニールハウスが多く、太陽を反射してまぶしい。

高知県の西部は地形が複雑である。何々山脈といった主稜がなく、海に半分沈めたら瀬戸内海のような多島海ができそうだ。千メートル級の山が散り散りにあって、川の流れや分水もややこしい。土讃本線に乗っていても、高知から三〇分ばかりは平野部を西へまっすぐ走るけれど、そこから先がおかしくなってくる。

まず、西佐川《にしさかわ》を通過して、つぎの佐川で停車する。西へ向って走っているのに「西」が先に現われるのである。地図を見ると、たしかに西佐川のほうが佐川より西にあり、線路はS字型に曲っている。川がそう流れているので線路もそれに沿って敷かれたのである。だから、それまで左窓に差していた日が佐川では右窓に移る。こんどは右側の席の客がブラインドを下ろす。いったん車内が暗くなるので、おかしいと気がついた左側の客がブラインドを上げる。

峠を一つ越えると自然の良港の典型のような須崎《すさき》湾に出る。セメントの積出し装置があり巨船が浮かんでいる。

須崎から土佐久礼《とさくれ》を経て影野《かげの》に至る区間は海の眺めがすばらしい。土讃本線の車窓でも屈指のものである。沈降海岸で山も嶮《けわ》しいから海岸に沿っては走れず、岬の基部を上り下りするのだが、山あいから遥《はる》かに見下ろす土佐の海の青さがいい。きょうは快晴なのでひときわ青く、めくるめくような広い太平洋だ。

列車は山肌を斜めに登り、紺碧《こんぺき》の海が遠ざかるとトンネルに入り、抜けると景観は一変して山間の平凡な平地となる。通過する駅は影野で、列車の進行方向に流れている細い川は四万十川《しまんとがわ》の上流である。影野は海岸から五、六キロしか離れていないところだが、この細い川は海とは反対の方向に流れ、高知県西南部の山間を転流して四万十川となり、足摺《あしずり》岬に近い中村を経て海に注ぐ、という複雑な流れ方になっている。

窪川着15時00分。きょうの予定は窪川から予土《よど》線に入り、宇和島まで行くことになっている。

つぎの予土線の発車は16時11分で、一時間以上ある。改札口を出たが、見物するあてもないので駅前の観光案内板を見ていると、バスがクラクションを鳴らす。振返ると運転手が私を睨《にら》んでいる。慌《あわ》てて避《よ》けると、バスの蔭《かげ》から走り出したタクシーとぶつかりそうになる。なかなか車の出入りがはげしい。

行きたいところもないし、コートなど着こんでいるのは私だけで、町をぶらつくと汗をかきそうだから駅前の喫茶店でコーヒーをのむ。それでも時間があるので、電話ボックスに入り、時刻表の巻末の旅館案内をたよりに宇和島に電話をかけてみる。満員だという。数軒かけてみたが、話し中だったり、いくら鳴らしても相手が出なかったりする。ようやく一軒通じたが、これも満員である。いまのシーズンは概して空《す》いているはずなのにおかしい。宇和島名物の闘牛の開催日にでも当っているのだろうか。

駅に戻ると予土線の列車を待つ客が意外に多い。高校生もいるが、一般の客のほうがずっと多く、主婦や子供など老若男女が一〇〇人ぐらいもホームに立っている。どうも異常だ。一両だったら坐《すわ》れないかもしれない。

旅行者の心理には被害妄想的なところがあって、こういう場合、みんな自分と同じところへ行くのではないかと考える。電話では、とくに何もないとのことだったが、宇和島で今晩何か催物があるのではないか、とも考える。花火大会の季節ではないが、何かあるのだろう。とにかく聞いてみることだ。私は一人のおばさんに訊《たず》ねた。

「今晩宇和島で何かあるんですか」

「はあ？」

私は同じことを、もうすこししつこい言い方で訊ねた。

「いいや、聞いとりませんなあ」

「おばさんはどちらまで？」

「大正《たいしょう》まで」

土佐大正は窪川から四つ目の駅である。

窪川発16時11分の列車は二両連結で、座席のほとんどがふさがった。

予土線は伊予と土佐を結ぶ線で、列車は伊予の宇和島と土佐の窪川を着発駅としているが、正式の区間は若井―北宇和島間の七六・三キロとなっている。若井は窪川から中村へ向う中村線の一つ目の駅であり、北宇和島は宇和島の一つ手前の駅で、ここで予讃本線に合流するからである。

だから窪川を発車した列車は、まず中村線の上を若井まで走り、そこから予土線の営業区間に入る。ところが、若井を発車しても線路は分岐せず、予土線の列車は相変らず中村線の上を走りトンネルに入る。トンネルを抜けると川奥《かわおく》信号場があって、ここではじめて線路が分岐し、右に分れた中村線は下り勾配となってトンネルに入って行く。このトンネルは四国唯一《ゆいいつ》のループ線で、左窓から見下ろすと中村線の線路が谷底に光っている。

若井—川奥信号場間は三・六キロある。したがって、その三・六キロの線路を中村線と予土線とがそれぞれ自分の営業キロに算入しているわけで、国鉄の営業キロなるものもずいぶんいい加減なところがある。この若井—川奥信号場のように、一本のレールを二つの線区が「共有」している区間は他に一一カ所ある。

列車は四万十川の中流の仁井田川《にいだがわ》を右に見ながら走り、土佐大正に着く。乗客の半数が下車し、同じくらいの数の中学生と主婦が乗ってくる。なかなか乗車率がよい。

土佐大正から仁井田川は極度の蛇行となる。S字よりΩ字型の連続で、まっすぐに伸ばせば三倍くらいの長さになりそうだ。国道はその蛇行にほぼ忠実に沿っているから大変な遠回りだが、さすがに鉄道はトンネルと鉄橋でどんどん短絡していく。予土線のうち若井からこの先の江《え》川崎《かわさき》までは昭和四九年に開通した区間であり、線路の敷き方も新幹線的なのである。だから、ここでは所要時間の点で鉄道が自動車よりはるかに優位に立っている。乗車率がよいのはそのためだろう。

仁井田川の河床には岩礁《がんしょう》が多い。澄んだ水がそれを洗いながらゆったり流れている。低い段丘の上に耕地があり、黒ずんだ板壁の農家が点々とある。けさの宇高連絡船で水平線から上るのを見た太陽が、輝きを失って稜線《りょうせん》の向うへ沈む。民家の煙が段丘にたなびき、河面には靄《もや》がただよってきた。

十川《とおかわ》でほとんどの客が降り、閑散となった二両のディーゼルカーは半家《はげ》という小駅に停車して、17時07分、江川崎についた。この列車はここが終着なので、宇和島へ行くには乗継がねばならない。つぎの宇和島行は17時28分であり、接続はわるくないが、ちょっと不便である。江川崎を境にして旅客の動向が窪川圏と宇和島圏に分れているので、このような車両運用になっているのであろう。事実、私といっしょに下車した一〇人ばかりの客はみんな江川崎の改札口を出てしまい、宇和島行に乗継ぐ人はいなかった。

江川崎は東から流れてきた仁井田川と西北からの吉野川との合流点で、ここから四万十川となって南に向っている。こんなところに「吉野川」があるのは紛らわしいが、もちろん「四国三郎」の吉野川とは別の川である。もっとも同じ高知県でも、このあたりと大歩危小歩危寄りとでは人も物も交流がないから何の障害もないにちがいない。地名とはそういうものであろう。

宇和島からの三両のディーゼルカーが17時22分に着き、二〇人ほどの客が降りた。この列車が17時28分発となって宇和島に引返す。乗客は私のほかに四人であった。

列車は薄暮の吉野川の谷を遡《さかのぼ》って行く。やがて窓外が真っ暗闇《くらやみ》となる。人家がすくないから灯火がほとんど見えない。「とっぷり日が暮れる」というのはこのことだなと思う。

無人駅の待合所に母子《おやこ》連れが裸電球に照らされてぽつんと坐っている。江川崎行を待っているのであろう。

宇和島着18時46分。暗い山間を走ってきた眼には、駅前が大都会のようにまばゆい。

さて、宇和島で泊れるかどうか。旅館案内所はすでに閉っていたので、電話ボックスに入る。一〇円玉を電話器の上に積み、何軒でもかけるぞと腰を据えてダイヤルを回しはじめたら、最初の一軒で「お待ちしてます」の返事である。拍子抜けしたが、ホッとしたので勢いこんで「いますぐタクシーで行くから」と言うと、

「駅前ですからタクシーにお乗りにならなくても」

と番頭らしい男の声が答えた。

第28日（12月8日）

北宇和島―松山―堀江《ほりえ》〜〜仁方《にがた》―三原

黒い屋根が密集している。棟瓦《むながわら》の目地の漆喰《しっくい》が白い。

新しい建物もあるが、宿の窓から眺めた宇和島の街は白い灰をかぶったような瓦屋根ばかりを私に印象づける。だから私は、ひしめき合う屋根しか知らずに宇和島を立ち去るわけだが、それにしても、自分の泊った街を明るみのなかに眺めるのは久しぶりだ。空が青い。街にはまだ日が差していないが、きょうも快晴だ。

北宇和島までの一駅の乗車券と松山までの特急券を購入し、宇和島発7時20分の特急「しおかぜ2号」に乗る。北宇和島までの乗車券を買ったのは宇和島―北宇和島間一・五キロが最長片道切符のルートからはみ出しているからである。

宇和島の街を出はずれるとすぐ登りにかかり、低い峠を越えると深く切れ込んだ吉田港を見下ろしながら下り、漁港のある伊予吉田を通過するとまた登る。宇和島から

八幡浜《やわたはま》にかけての海岸は入り組んでいるので、ここから先の予讃《よさん》本線は海と離れて山間を走る。あたりの山は一面のミカン畑で、丹念に石を積んだ段々畑が山の上までつづいている。正に「耕して天に至る」だが、ミカン畑には温かさとのどかさがある。大歩危《おおぼけ》の棚田のような厳しさは感じられない。

登るにつれて霧が深くなり、信州の山間を行くような錯覚をおぼえる。ようやく平坦《へいたん》になって卯之町《うのまち》に停車する。駅舎も樹々《きぎ》も乳白色の霧にかすんで軽井沢のようだ。あまりに霧が濃くて何も見えないから勝手な連想をしているのだが、とても四国の西海岸を走っているとは思われない。

霧の高原を過ぎるとふたたびミカン畑となり、八幡浜に着く。たくさんの客が乗ってくるが、ほとんど主婦である。荷物を持っていないし、服装からして旅行者ではない。気楽に松山へ買い物に出かけるのであろう。いまや特急も客も変った。松山までは一時間一一分である。

線路に沿う国道を小学生の列が行く。リュックサックのような形の可愛らしいランドセルを背負っている。中学生も行く。これは白い布製の鞄《かばん》をたすき掛けにしている。昔懐《なつか》しい中学生スタイルである。

ふたたび山が迫って夜昼《よるひる》峠のトンネルに入る。変な名前の峠だが、木立が深く昼でも夜のように暗いからだという。しかし、それほどの密林には見えない。

夜昼峠のトンネルを抜けると大洲《おおず》盆地で、また霧が深くなった。霧の伊予大洲駅からの客は主婦がすくなく、男が多い。これまた手ぶらか手提鞄程度である。松山へのビジネス客であろうか。座席はほぼふさがったのに網棚の荷物はわずかしかない。郊外電車のようだ。

霧がはれると伊予灘《いよなだ》の海岸に出る。内海の静かな海で、波がない。わずかに岸辺でチョロリと砕けるだけで、海中の石が透けて見える。

海岸線の出入りがすくないので大きな漁港もなく、ところどころに漁村と小さな駅がある。

「郷土発展のためにお買物は地元商店で」

という大きな看板があちこちに立っている。

松山着9時14分。

ジングルベルを流しつづける駅ビルの食堂でサンドイッチとコーヒーの朝食をすませ、9時50分発の鈍行で堀江まで乗る。堀江は松山から三つ目の駅で、ここから呉《くれ》線の仁方まで国鉄の連絡船が出ている。

クイズのようになるが、国鉄の連絡船の航路を全部言える人は相当な鉄道通であろう。全部といっても四つしかないが、青函《せいかん》航路、宇高《うこう》航路以外の二航路が難問かと思われる。

一つは宮島口—宮島間一・〇キロの宮島航路。宮島と本土を結ぶ定期船のあろうことは誰しも推察がつくが、国鉄の経営であると知る人はすくないだろう。これは意外性の難問であるが、あと一つの仁方—堀江間（仁堀《にほり》航路）となると正真正銘の難問で、地元の人でもない限り、知っているほうが恥しくなるくらい誰も知らない。だいたい仁方、堀江と言われてもどこにあるのかわからない。

けれども、仁堀航路はれっきとした国鉄の航路であり、三九九トンの瀬戸丸が一日三往復している。所要時間は昭和五〇年三月の瀬戸丸就航によってそれまでの安芸《あき》丸（一三三四トン）時代より一五分短縮され、一時間四〇分となっている。時刻表によると営業キロは七〇・〇キロもあるから凄《すご》い快速船のように思われるが、これはインチキ、と言ってわるければ民間航路の運賃とのバランスを勘案した擬制キロで、実質は三七・九キロである。

ちなみに、青函航路の一一三・〇キロは実キロであり、宇高航路は一八・〇キロとなっているが、これは昭和三〇年の紫雲丸衝突沈没以前の実キロで、事故以後は衝突を避けるため下り便は迂回《うかい》航路となり、実キロは約二一キロとなった。宮島航路は一・〇キロとあるが、これも実キロは二キロぐらいある。

仁堀航路は影が薄く、営業キロ数などもいかがわしいのであるが、私の最長片道切符にとっては貴重な存在である。なにしろ同じ駅を二度通ってはならぬというのが片道切符の条件であるから、もし宇高航路だけで仁堀航路がなかったら、最長片道切符のルートから四国をはずさねばならなくなる。北海道、九州ともに出入経路は一本しかないから、入ったら出られないし、出たら入れない。だから起点を北海道、終点を九州とすることによって処理したのであって、もし四国へ渡る経路が一本しかないとしたら、北海道、九州、四国の三者で起点と終点の二つの椅子《いす》を争うことになる。そうなれば当然四国がはずされてしまう。だから仁堀航路は四国の救い主なのである。

堀江は無人駅であった。駅舎も改札口もあるが駅員はいない。出札窓口はベニヤ板

でふさがれ、大きな時計がはめこんである。その上に、

「近距離切符は駅前の西村商店でお求めください」

とあり、待合室の壁には堀江桟橋への道順を示した地図が掲げてある。

それに従って国道を渡り、突き当って左に曲ると、呉行のフェリーと国鉄航路の乗船場が並んでいた。こんどの仁方行の出航は11時43分で一時間以上待たなければならない。かといって松山発を一列車遅らすとこの便に間に合わないから、いかにも接続がわるい。みんなバスや車で港まで来るのだろう。汽車で来て一時間以上も待つ客は私のほかにはいなかった。

まだ瀬戸丸は入港していない。岸壁に腰を下ろして海を見る。油の浮いていないきれいな海水である。松山空港を離陸したジェット機がぐんぐん上昇して、虻《あぶ》のように小さく遠ざかって行く。

海を見るだけでは時間をもて余すので、食堂と雑貨屋が一緒になったような店を覗《のぞ》く。自動販売機が並んでいて、そのうちの一台が故障らしく、ドライバーを持った人が蓋《ふた》を開けて何かやっている。そばに立って見ていると、突然カップヌードルが一〇個ぐらい私の足もとに転げ出てきた。

呉行フェリーの船員が買物籠《かいものかご》を提げてやって来る。菓子でも買うのかと見ていると、

劇画雑誌や妖《あや》しげな週刊誌を手当りしだいに十数冊も詰めこんでいった。航送するトラックの運転手のための船内備品なのであろう。民間航路の船は少々いかがわしい雑誌でも自由に積み込めるから、国鉄はますます不利だ。

出航三〇分前ぐらいになると、トラックが三台集まった。いずれも伊予柑《いよかん》を積んでいる。瀬戸丸はフェリーだから、正面から見るとがらんどうで、枠だけ載せたようだ。それでも枠の上にブリッジや客室はある。

中に入ってみると思いのほか立派で、映画館のように全員が前向きに坐《すわ》る椅子席と、毛布や枕《まくら》を備えつけた平土間に分れ、後甲板にも席がある。売店もあって、割烹着《かっぽうぎ》のおばさんが坐っている。

定員は二〇〇人だが、客は一七、八人で、トラックの運転手は平土間に寝ころび、他の客は椅子席でテレビを見ている。

定刻11時43分に出航すると、すぐ内海航路のメイン・ルートを横切る。左舷《さげん》右舷の両方から各種の船が行き交う。右から小型の貨物船がこっちへ向って進んでくる。このままだと衝突するなと思っていると、はたして瀬戸丸は警笛を鳴らす。しかし貨物船は進路を変えない。はるかに大きい瀬戸丸のほうが急いで船首を左に向けてやり過ごす。とにかく交通量が多い。

船も多いが島も多い。汽車の窓から海や島が見えると一所懸命眺める。しかし船からでは退屈だ。景色の変化のテンポがちがうからであろう。

そんなことを考えながら後甲板に坐って海を眺めていたので風邪をひきそうになる。急いで売店で日本酒とキャラメルを買う。妙なとり合わせだが私にはこれが効く。

仁方に近づくと、下蒲刈島《しもかまがりじま》と本州の間を抜ける。ここは猫瀬《ねこせ》といい、潮の流れの速いところである。波のうねりがそこだけ煮えたぎっているように見える。船は猫瀬を避けるように左へ旋回して仁方港に入った。

下船した客はタクシーや迎えの車で散り、呉線の仁方駅へ向って歩くのは私一人であった。おかしな「連絡船」である。

戦前の呉線は軍港都市呉の威力で幹線なみの扱いを受けていた。展望車を連結した急行も走っていた。展望車の走る線区は東海道本線と山陽本線とこの呉線だけだった。いまはただのローカル線となったが、仁方の駅に立つと、落ちぶれたとはいえ貫禄がある。なぜかと見回すと、ホームが長いのである。一二両ぐらいは停車できそうに長い。

その仁方駅の長いホームに六両編成の電車が入ってくる。14時07分発の糸崎行である。

仁方から三原までは五七・六キロ、呉線のほぼ三分の二にあたり、ほとんど海辺を走る。戦時中は軍艦が見えるというので海側の窓を閉めさせられた区間だ。当時の旅行を偲《しの》んだわけではないが、山側を見るとミカン山が多い。左窓にミカン山を仰ぎ、右窓に瀬戸内海の島々を眺めながら、わずかな客を乗せた電車は各駅に停車しながら走る。呉線の沿線は、一二月とは思えないほど温暖であった。

三原着15時27分。ここで最長片道切符の旅を中断し、いったん東京へ戻る。東京までは新幹線で五時間一四分である。

第29日（12月15日）

三原―小郡《おごおり》―津和野《つわの》―益田《ますだ》

数回に分割した最長片道切符旅行も今回が最終回となった。

これまでは東京に戻るときでも、まだつぎがある、という楽しみを残していた。けれども今度東京に帰るときは、もう先がない。

最長片道切符旅行が終っても、旅行をしようと思えばできる。しかしこの二カ月間、旅にばかり出ていた。その報いは当然やってくる。当分の間、汽車と別れねばならないだろう。

それなのに、この二カ月のあいだに「乗り癖」のようなものがついてしまった。自分の家で眼をさましたとき、旅先での朝のような張りがない。汽車に乗る以外にやりたいことがないような気さえしてきた。

きょうから六日間で終着の枕崎《まくらざき》に着く。そして翌日には東京に帰ってくる。それで

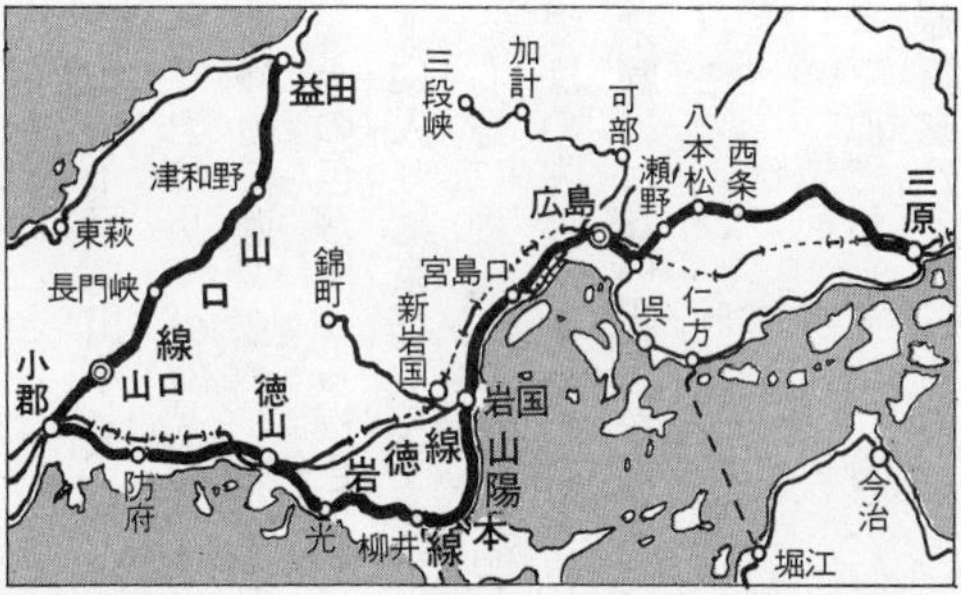

おしまいである。冬の星空を仰ぎながら私は家を出た。

東京発6時00分の「ひかり」に乗る。新幹線の始発列車である。乗客はすくなく、あたりはまだ暗い。闇《やみ》のなかで環状七号線に架けられたローゼ橋をコーッとひと息で渡り、多摩川にさしかかると速度を落とす。鉄橋の先に急カーブがあるからだ。カーブを過ぎると時速二〇〇キロになり、慶応大学日吉校舎の下をトンネルで抜ける。暗くても新幹線がどこを走っているかは体が覚えてしまった。

私でも新幹線にはあまり乗りたいと思わない。戦前の「弾丸列車」計画のときから待ち焦《こが》れていたし、開通当初は胸をときめかして乗っていたけれど、さすがに飽きた。それに、乗っている、というよりは、乗らされている、という感じがするようになった。通勤電車に似通うものがある。在来線やローカル線のような「情」も感じられない。

けれども、きょうはすこしちがう。この新幹線にもしばらく乗ることがないと思うからだろう。

相模《さがみ》平野に出ると、東の空が明るくなった。雲が厚いが、わずかに東の涯《は》てだけ雲が切れていて、夕焼けのような色をしている。

静岡に近づくと、雲と地平の狭い隙間《すきま》から弱い光の太陽が出た。

土の色が黒から褐色に変り、浜名湖を過ぎると快晴になった。関ケ原からまた雲の下に入り、京都からまた晴となる。

右窓に姫路城の全景が見える。冬の陽でも白壁が照り返してまぶしい。新幹線ならではの眺めである。新幹線はトンネルが多いが平野部では高架橋の上を走るから、在来線にはない眺望がある。とくに沿線都市の全景の見えるのがおもしろい。

この「ひかり」は三原に停らないので、岡山でつぎの「こだま」に乗換える。


三原で最長片道切符旅行が再開された。乗るのは11時07分発の在来線の電車で、七両編成の広島行である。

在来線の線路は沼田川の左岸に沿ってくねくねと曲る。川の流れのままに右へ左へとカーブする。ともに広島を目指しているのに新幹線の下をほぼ直角にくぐる個所もある。山陽鉄道の三原—広島間が開通したのは明治二七年で、新幹線より八一年も古いから線路の敷き方がまったくちがう。新幹線の線路は六〇・二キロだが、在来線は七二・〇キロとなっている。

沼田川を遡《さかのぼ》り、流れが細くなると、耕地が開け、なまこ壁の民家が目立ってくる。屋根瓦《がわら》は赤褐色に変り、先日見た石州瓦と同系統になった。古い家はみんな屋根の端に尻尾《しっぽ》をピンと跳ね上げたシャチ型の鴟尾《しび》を乗せていて、小型の名古屋城のようだ。

このあたりの中心地は西条《さいじょう》で、酒の町である。レンガを四角に積んだ煙突と白壁の酒倉が多い。なじみ深い銘柄の看板が眼につく。

西条のつぎの八本松《はちほんまつ》から急な下り坂となり、電車はモーターを停めたまま一気に勾《こう》配《ばい》を下って瀬野《せの》に着く。瀬野—八本松間の一〇・六キロは山陽本線の難所だった区間で、蒸気機関車時代は特急の「富士」「さくら」をはじめすべての上り列車が瀬野に停車して、後押しの蒸機を増結していた。後押ししながら急勾配を登って八本松の構内にかかると、走りながら列車から切離され、また瀬野に戻った。だから瀬野は強力《ごうりき》のたむろする峠下の宿場のような駅であった。いまも構内は広く、古錆《ふるさ》びた側線が何本もある。

広島着12時26分。つぎに乗るのは12時28分発の小郡行快速電車で、わずか二分の接続である。

三原から広島までは山間を走り、客もすくなく、ローカル線のようにのどかであったが、広島からの小郡行は混んでいた。最前部の車両まで行ってようやく空席が見つかるぐらいの乗車率で、しかも車内は酒臭く、スポーツ新聞が床に散乱している。鉛筆を嘗《な》めながら競艇欄にしるしをつけている客が多い。宮島競艇の開催日なのであろう。

宮島口で半数の客が降り、岩国でさらに減った。空気を入換えたようにすっきりした快速電車は、安芸《あき》の海と島を望みながら海辺を走る。

山陽本線は瀬戸内海沿岸を走る線のはずだが、線路はほとんど山間に敷設《ふせつ》されていて、海の見える区間は、須磨《すま》—明石《あかし》、尾道《おのみち》—三原、広島—柳井《やない》、光《ひかり》—防府《ほうふ》ぐらいしかない。昭和二八年、戦後初の山陽特急「かもめ」が運転されるようになったとき、口のわるい人が「かもめ」でなくて「からす」だと言ったくらい山の中ばかり走る。

そのなかでは、この広島—柳井間は珍しく長いあいだ海岸を走る。とくに岩国から柳井にかけては波打際《なみうちぎわ》を行くので、山陽本線でいちばん眺めのよい区間であろう。もっとも、岩国—柳井—櫛ケ浜《くしはま》間は一時「柳井線」と呼ばれ、山陽本線ではなかった区間である。

線路図を見ると、岩国から徳山の一つ手前の櫛ケ浜まで二本の線がある。海側の柳井を通る山陽本線と内陸部を走る岩徳《がんとく》線とである。距離は岩徳線の四三・七キロに対し山陽本線は六五・四キロある。したがって、特急、急行をはじめ山陽本線の列車は二一・七キロも遠回りをさせられているわけだが、これには経緯がある。

昭和九年、現在の岩徳線が開通すると、距離の短いこの線が山陽本線となり、海岸回りは「柳井線」に格下げされた。ところが、戦争がはじまって貨物輸送優先の時代に入ると、勾配のある山間線は輸送力増強の障害となり、遠回りでも平坦《へいたん》な海岸経由が見直されることとなった。昭和一九年、柳井線はふたたび山陽本線に復帰し、前後して複線化が進められた。

複線化された上に、戦後になると沿線の光、下松《くだまつ》などの重化学工業都市が発展してきたから、旧柳井線と岩徳線の格差はますます開き、昭和三九年の電化完成によって決定的となった。

けれども「山陽本線」の営業キロ数が長くなったり短くなったりしたことは、運賃計算の上にその跡を残した。

時刻表の山陽本線の欄を開いて、駅名の横に記載された「東京からの営業キロ」をたどっていくと、九九七・〇キロの下松のつぎの櫛ケ浜ではキロ数が減って九七九・

九キロとなり、「特定運賃（下記欄外参照）」と注記がしてある。欄外を見ると、山陽本線で遠回りをしても運賃は岩徳線経由で計算する、という意味のことが記されている。国鉄としても、自分の都合で遠回りさせておいて二一・七キロ分の運賃を客から徴収するのは気がひけるのであろう。しかし、かりに大阪—博多間の運賃を柳井経由の実キロで計算すると現行運賃より二〇〇円も高くなる。山陽本線は交通量が多いうえに新幹線の運賃も在来線のキロ数で計算されるから、この差額は相当な額になる。年間で数十億円の「損害」であろう。国鉄当局は岩徳線を開通させた先輩たちを怨《うら》んでいるにちがいない。

その岩徳線を走る三両のディーゼルカーが徳山駅に停っている。

徳山を出ると、左に大精油所がつづく。銀色のパイプやタンクが複雑を極めて立並び、こんな迷路を通さなければ原油を精製できないのかと思わせるが、いかなる現代彫刻も及ばぬ迫力がある。もっとも最近はうす汚れてきて、かつての輝きは失われたようだ。

小郡着15時06分。山口線経由米子《よなご》行の特急「おき6号」は15時09分発で接続はよい。「おき」は空《す》いていた。指定席の1号車2号車は乗客なし、3号車のグリーン車が三人、指定席の4号車だけはほぼ満席、自由席の5号車6号車はそれぞれ十数人ずつであった。

指定席の三両のうち一両に客を集めたのは、掃除や枕《まくら》カバーの洗濯手間を省こうという魂胆からであろう。閑散期になると国鉄はしばしばこういう指定券の売り方をする。プログラミングだかインプットだか知らないけれど、そう売れとコンピューターに教えこむ。指定席車が一両のときは、一方の隅に客を集めるようなこともする。私鉄のロマンスカーは閑散期でもこんな指定券の売り方はしない。私はもちろん自由席だが、車掌が来たら文句を言ってやろうと思う。

「おき」はディーゼルカーである。ぶるぶるとエンジンを震わせると、とたんにローカル線の感触になる。

山口線は特急の走る線で、現に私も特急に乗っているのだが、新幹線と山陽本線に九時間も乗ってきた後だと、線路の響きからしてのどかに感じられる。駅舎も鄙《ひな》びてくる。ようやくローカル線に入ったな、と気分がなごんでくる。

どの民家の軒にも柿《かき》が吊《つる》してある。黒ずんだのもあるが、いまの季節で赤いものといえば干柿だけである。大根を吊した家も多く、西日に白く映えている。そういえばこの二カ月間、どこへ行っても干柿と大根であった。日本の「国果」は柿、「国菜」

は大根なのだろうか。

特急「おき」は山陽本線の各停電車よりものろい速度で山口県の平凡な山間を走り、瓦屋根の古い小さな駅舎をかすめる。砂利を敷いた短いホームの上で年輩の助役が直立不動の姿勢で敬礼する。私に向って敬礼しているわけではないが、ローカル線はいいなと思う。

長門峡《ちょうもんきょう》を過ぎると車掌が検札に来た。穏やかな物腰の初老の車掌である。私の切符を見ると、「ほほう」と言っただけで、余計なことは何も言わない。永年車掌をやってきた年輪が感じられる。こういう応対がいちばんいい。こちらも眼を合わせてニンマリするだけだ。だいぶ枯淡の境地に入ってきた。指定券の売り方についての文句など、どうでもよくなった。

低い分水嶺《ぶんすいれい》のトンネルを抜けると、津和野盆地を見下ろす位置に出る。細長い津和野の家並みが日の翳《かげ》った盆地の底に静かにかたまっている。私は途中下車することにした。

家老屋敷の塀に沿って掘割があり鯉《こい》が泳いでいる。津和野川の橋の上から見下ろすと、澄んだ水の中をウグイが群れている。私は川の土手を一五分ほど歩いて、森鷗外の旧居へ行った。石州瓦の普通の民家であった。季節はずれの夕方で訪れる人はなく、「座敷に上らないで下さい」と書かれた小さな板が、底冷えのする上框《あがりかまち》に立てかけてあるだけであった。私はしばらく縁側に腰を下ろしてから、川向うの西周《にしあまね》の旧居にも行ってみた。こちらは築地塀《ついじべい》を回《めぐ》らし、白壁の土蔵や池水もある邸《やしき》であった。

津和野は、どこを歩いても水がきれいだ。路地のドブの水も澄んで水草が青々としている。菜っ葉や大根を洗う人もいる。羨《うらや》ましいと思う。もっとも、水がきれいだと感心するのは大都会に住んでいる人間だからであって、水はどこでもきれいなのだ。あたりが薄暗くなるにつれて冷えこんできた。盆地だからであろう。急ぎ足で歩かないと震えるくらい寒い。

歩き回っているうちにボールペンを失《な》くしたので、文房具店に入った。店のおばさんは厚い半纏《はんてん》を着こんで火鉢にあたっている。

「きょうは寒いですねえ」と私は言った。

「あったかいほうですよ、きょうは」と、おばさんは答えた。

津和野発18時00分の鈍行に乗り、益田へは18時39分に着いた。予約しておいたビジネスホテルは駅の裏手の淋《さび》しいところにあり、街からは離れていた。益田も城下町であるが、私は一階のスナックでスパゲッティなぞを食べるほかなかった。車でやってきた若い男女でスナックは混んでいた。

あすはいよいよ九州に入る。残るは五日になった。

第30日（12月16日）

益田《ますだ》―長門市《ながとし》―厚狭《あさ》―門司《もじ》―香椎《かしい》―宇美《うみ》―吉塚―飯塚―豊前川崎《ぶぜんかわさき》―後藤寺《ごとうじ》―新飯塚―直方《のおがた》―伊田《いた》―行橋《ゆくはし》―城野《じょうの》

益田発7時11分の下り急行「あきよし」は、最長片道切符の旅行者にとって好都合な列車である。

益田から下関へは山陰本線で行くのが最短経路であり、ほとんどの列車もそう走るのだが、「あきよし」は途中の長門市から美祢《みね》線に入って厚狭に抜け、山陽本線を通って下関から九州へ、という迂回《うかい》をしてくれる。迂回といってもわずか二・一キロ長いだけだが、こういう列車があると乗らなくては申しわけない気持になる。私の出発がいつもより遅いのはそのためだ。もっとも、冬の西日本の夜明けは遅く、六時半に宿を出たときはまだ暗かった。

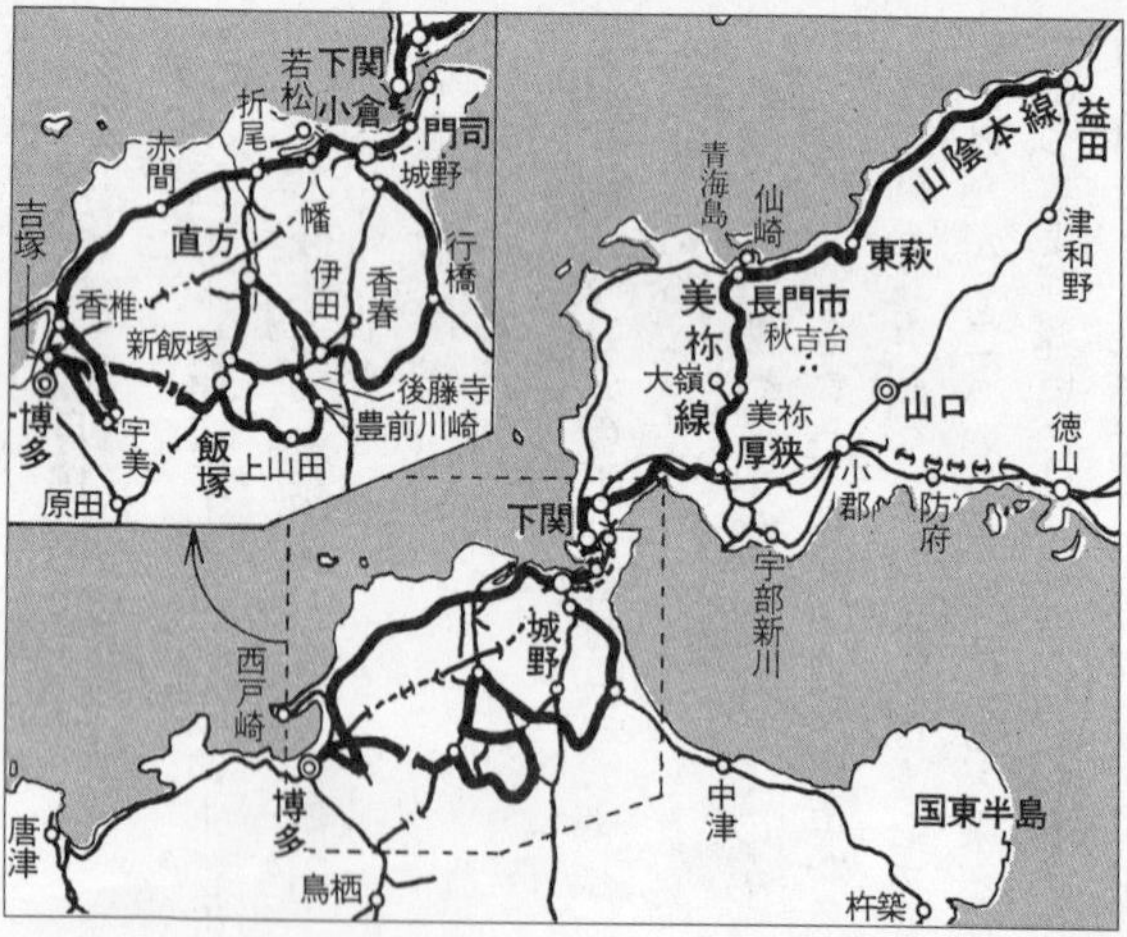

益田を発車した列車はすぐ日本海岸に出る。人家のすくない寂しい海岸である。海の上に十六夜ぐらいの月がかかり、兎《うさぎ》が逆さまになって餅《もち》をついている。

山陰本線は海のよく見える線だ。とくに出雲《いずも》市から下関まではほとんど海岸を走る。山陽本線にくらべて格段に眺めがよい。しかも、岬と入江と松と漁村ばかりで、工場などほとんどない。

波の砕ける岩の上に鵜《う》がいる。魚をねらっているのだろうが、日本海を眺めながら冥想《めいそう》にふけっているように見える。トンビも多い。空にも電柱にもいるが、民家の台所に忍び寄って残飯を漁《あさ》るのもいる。これでは本当に油揚げを攫《さら》いかねない。

萩で七分停車し、上りの824列車とすれちがう。DD51に牽《ひ》かれた六両編成の客車列車で荷物車を二両連結している。この列車は、日本一の長距離鈍行として鉄道ファンの珍重してやまないもので、門司発5時20分、終着駅の福知山到着は23時51分となっている。走行距離は五九五・一キロであるが、特急時代になってダイヤ改正のたびに長距離鈍行が抹消されていく今日では、これが最長なのである。いずれ消え去るであろうが、さいわい一〇月のダイヤ改正では生き残った。

長門市から美祢線に入り、海と別れて登りにかかる。

美祢線の沿線は秋吉台で知られる石灰岩地帯である。削りとられた山が天に向って牙《きば》を剝《む》くようにそそり立ち、石灰岩の粉で車窓風景が白味を帯びている。

厚狭着10時14分。構内には石炭列車と石灰列車とが仲よく停車している。線路には黒や白の粉が撒《ま》き散らされ、山口県の鉱業を象徴している。

複線の山陽本線に入ると、これまでのんびり走ってきた「あきよし」は態度を変えたように速度を上げた。線路の響きも変り、別の列車に乗換えたような感触になった。工場や煙突や団地も現われてきた。

下関は終着駅ではないけれど、近づくにつれて行止りの気配がしてくる。陸の景色が煮つまってくるからだ。まず右窓にあった山が消え、山陰本線が合流してくる。その向うはすぐ海である。道路も集まってきて、最後の一点に向ってすべて集約されていく。前方に山が立ちはだかっているが、これは関門海峡の向うの山である。倉庫が並び、ドックが現われ、その間から海と船が見えてくる。本州の終端に来たなと思うのは知っているからだが、このまま進めば海に落ちるだろうことは地理を知らなくても気配でわかる。

下関の構内にはステンレス製の電気機関車が何台も停っている。関門トンネル専用のEF30である。トンネル内には海水がしたたり落ちているので、腐蝕《ふしょく》を防止するためである。

列車は大きな埠頭《ふとう》のような埋立て地の上を海に向って発車する。錯綜《さくそう》する線路のうちから二本が選ばれ、短い鉄橋で彦島《ひこしま》へ渡る。

線路際《せんろぎわ》の家並みが窓の上にせり上り、列車は下りながら関門トンネルに入る。水平になり、上りになり、三分で海底トンネルを抜けると門司駅の構内で、右に関門海峡と彦島が見えている。本州を卒業して九州に入学したようで、新入生の気分になる。

門司着11時10分。11時20分発の荒木行快速電車に乗換える。荒木は久留米《くるめ》のつぎの駅である。

小倉からどっと客が乗り、車内が喧騒《けんそう》になった。湘南《しょうなん》電車で横浜、川崎あたりを走るのに似てくる。林立するトルコ風呂《ぶろ》、赤い若戸大橋、そして八幡製鉄所、いろいろ揃《そろ》っている。

筑豊炭田の水を一本に集めた遠賀《おんが》川《がわ》を渡ると丘陵地帯に入り、やっと木や土が見えてくる。土曜日のせいか客の乗り降りが多い。大人たちに揉《も》まれながら、作業衣のようなグレイの制服を着た小学生の一団が赤間《あかま》から乗ってくる。胸に名札をつけていて、学校名は「玄海東」である。

五分遅れて12時40分に香椎に着いた。

香椎からの行程は複雑だ。きょうじゅうに乗る線名を順に列挙すると、香椎線、勝田線、篠栗《ささぐり》線、筑豊本線、上山田《かみやまだ》線、日田《ひた》彦山《ひこさん》線、後藤寺線、もう一度筑豊本線、伊田線、田川《たがわ》線、日豊《にっぽう》本線となっている。筑豊炭田は線路が入り組んでいるので、こんな具合になる。

香椎線の発着する5番線はホームが低い。蒸気機関車時代のままで、嵩上《かさあ》げがなされていない。股《また》を開いて、よいしょ、とディーゼルカーに乗りこむ。12時46分発の宇美行は男子高校生で半分以上席がふさがっていた。

二つ目の伊賀《いが》で高校生がほとんど降りると、代って女子高生が乗ってきた。発車しようとすると、畑のなかの砂利道を女子高生が砂塵《さじん》をまき上げスカートを翻《ひるがえ》しながら走ってくる。いったん閉ったドアが開く。

つぎの酒殿《さかど》のすぐ右に崩れかけたボタ山がある。もとはピラミッド型だったのだろうが、新しいボタが積まれないので磐梯山《ばんだいさん》のように凸凹になっている。うっすらとカビが生えたように見えるのは、ボタ山にも生える草があるからだろう。

宇美着13時10分。構内の側線は雑草が茂り放題で炭鉱線の斜陽をしのばせる。黒く煤《すす》けた駅舎の改札口に立った体格のよい中年の駅員は、私の切符を手にすると、

「書いてあることが何も見えんようになっとる」

と言いながら怖い顔でながいあいだ眺めている。途中下車印をと言うと、

「そんなものはなか」

と言う。別の印を捺《お》してもらったが、愛想がわるい。九州男児の性に合わぬ切符なのかもしれない。

ここで勝田線に乗換えるのだが、香椎線の宇美駅と勝田線の宇美駅とは離れている。香椎線は旧博多湾鉄道汽船会社線、勝田線は旧筑前参宮鉄道線という別々の私鉄だったからである。三年前にはじめて宇美で乗換えたときは香椎線のホームの上でウロウ

ロし、道を訊《たず》ねながら歩いたので両駅の間がずいぶん離れているような気がした。これで同一駅名とは世を惑わす、と思ったほどだったが、勝手を知った二度目のきょうは近い。駅前の狭い広場から路地をすこし行くとスーパーに突き当り、左に折れるとすぐ勝田線の踏切で、一〇〇メートルぐらい先にもう一つの宇美駅が見えた。道順の印象も前回とだいぶちがっていた。

勝田線の宇美駅のホームは一面であるが、使われなくなったホームがもう一面あり、崩れかけ、雑草が茂って廃駅跡のようになっている。もう一〇年もたてば土手と化し、やがて自然に回帰するのだろう。

宇美発13時48分の列車で吉塚着14時09分。吉塚は鹿児島本線の駅で、博多のすぐ隣にある。

つぎに乗るのは篠栗線の14時50分発後藤寺行である。

一段高い篠栗線のホームで待っていると、新幹線の高架をかすめてジェット機がつぎつぎに下降してくる。吉塚は板付《いたづけ》空港から二キロぐらいしか離れていない。

吉塚発14時50分の列車は六分遅れてやってきた。博多始発で、土曜日の通勤客を満載していた。吉塚から乗る客も多いので揉まれながらやっと乗込む。今回の旅行でこんなに混む列車に乗るのははじめてである。

二つ目の篠栗で半数以上の客が降り、席があいた。

前の席の中年のおじさんが話しかけてくる。酒の臭《にお》いがする。

「齢《とし》をとると忘年会が二日がかりになりますわ」

二日酔のことかと思ったら、そうではなく、きのうの夕方からのみつづけていたらしい。齢との関係からすると、むしろ若い人のほうがそういうのみ方をしそうだが、九州や高知の酒ののみ方には私などの常識を越えたところがある。

「五十を過ぎるとガクッと通勤がきつくなりますわ」

とも言う。これはわかる話である。後藤寺発6時59分、博多着8時26分の列車で通っているのだそうだ。これもよくわかる話なので、私はつい、

「篠栗線が開通して便利になりましたね」

と調子を合わせてしまった。おじさんは調子づき、話が止らなくなった。私は外が見られなくなった。私が飯塚で降りると言うと、遊びに来いと名刺をくれた。博多駅前のビルに支店のある有名な建設会社の課長さんであった。

飯塚から乗るのは16時21分発豊前川崎行、上山田線の列車である。ごく普通の五両編成で飯塚駅の3番線に停っているが、じつはこれが貴重な列車で、九州のスケジュ

ールを立てるにあたっては、この列車が核になった。

上山田線は飯塚―豊前川崎間の二五・九キロ、筑豊炭田の南部をW字型に曲りくねって走るローカル線である。ところが、明治三六年に開通した飯塚―上山田間は下り一一本、上り一二本と運転本数が多いのに、昭和四一年開通の上山田―豊前川崎間には四往復しかない。四往復はけっしてすくない本数ではないが、このうち三本は早朝と日没後で、手頃なのは飯塚発16時21分だけなのである。だから、この列車を中心において日程をつくると、きのうの東京発が6時00分の新幹線の始発となり、今夜の小倉着が23時31分になってしまうのだ。

そういうふうに私を振り回す列車であるけれど、乗ってしまえばどうということのあるはずもなく、二〇パーセント程度の乗車率でボタ山の間を走り、丘陵地帯に入って山田市の中心駅上山田に着いた。

山田市は周辺の炭鉱の閉山で人口が減り、市制の基準である三万を大きく下回って一万五千になっているという。それでも沿線唯一《ゆいいつ》の町らしい町であるから、乗客はほとんど下車した。列車も五両のうち三両が切離され、最前部の車両に残ったのは私のほかには若い男女の一組だけとなった。

上山田線に乗るのは三度目である。最初は日没後、二度目は大雨だったので、ひときわうら淋《さび》しかった。しかしきょうは夕日が明るくさしているのと、これまでの印象が暗すぎたせいか、さほどでなく、同乗のアベックの様子も日本全国変りはない。もっとも、上山田を発車すると仲違《なかたが》いをしたらしく、女の子がぷいと立上って席を移し、男の子が話しかけても返事をしなくなった。

豊前川崎着17時10分。日田彦山線の上りホームには17時12分発の小倉行が西日をいっぱいに浴びて待っていた。

豊前川崎から後藤寺までは二駅で、わずか八分、夕空に稜線《りょうせん》を見せるボタ山の間をちょっと走っただけで着く。このあたりは田川炭鉱の中心部で、地下には坑道が掘りめぐらされており、陥没事故がしばしば起るという。昭和三五年、彦山川の川底が落ち、坑道内で六七人の死者を出した豊州《ぶしゅう》炭鉱も川崎町にある。

後藤寺でもわずか三分の好接続で17時23分発の新飯塚行がある。こんどは茜色《あかねいろ》の夕空に向って石灰岩の採掘場やボタ山の間を行く。日没時刻の遅い九州もようやく暗くなってきた。

新飯塚着17時48分。一時間半で筑豊炭田の南部を一巡したことになる。新飯塚での接続もよく、17時52分発の筑豊本線の上り快速列車に乗移って直方へ向う。四両編成の車両はいずれもキハ66という新型車で、背もたれの向きの変えられるゆったりしたシートになっている。斜陽の筑豊本線にこういう新製の車両が投入されているのは嬉《うれ》しい。北九州市への通勤者用であろうが、煤けた駅頭を明るくしている。

直方着18時07分。私は駅のコインロッカーに鞄《かばん》を入れて街へ出た。つぎに乗る伊田線には18時41分発という接続のよい列車があるのだが、これに乗っても伊田から先の田川線の列車は21時41分発までなく、伊田で二時間半も待たなければならない。きょうのスケジュールはなかなかよくできていて、とくに飯塚から直方までの四本の列車の接続は絶妙を極めたのだが、その代り、伊田から先の出来栄《できば》えがじつに悪いのだ。

さいわい直方—伊田間にはほぼ一時間に一本の割りで列車が走っている。私は二時間半の待ち時間を直方と伊田とに振分けることにし、直方の駅前商店街をまっすぐ歩いて行った。

炭鉱の灯は消えても商店街は明るい。どの地方都市とも変ったところはない。見慣れたメーカーの広告があり商品がある。飲み屋街にさしかかると、小料理屋の二階から忘年会の炭坑節や嬌声《きょうせい》が聞え、有名キャバレーのチェーン店の前を通ると、客引きの兄さんが「うちの店の子はみんなやらせまっせ」などと言い寄ってくる。やはり九州はものの言い方がはっきりしてるなと思うが、これは先入観で、私とて全国の客引きの甘言を比較できるほどの経験はない。

しかし、一本裏通りに入ると、ひっそりと格子戸《こうしど》の家が並び、「直方検番」の札を掛けた構えもある。暗い玄関から中を覗《のぞ》いてみたが、灯が消えたようで人がいない。私は突然胸をつかれたような気持になった。高山だ、津和野だ、小京都だと言うけれど、この通りのほうがよっぽど情緒があるではないか。

歩いているうちに「オンガ」という小ぢんまりした店の看板が眼に入った。オンガとは筑豊炭田を南北に貫流する遠賀川からとったのであろう。私は迷わずその店に入った。客が一人もいないので、どうしてかと訊ねると、忘年会のシーズンは客がないとのことであった。私はそこでビールを飲み、マスターのすすめで牛の尻尾《しっぽ》の煮込みを食べた。

直方発20時30分の伊田行は三ドアの通勤型二両編成であった。

伊田線は直方—伊田間の一六・二キロ、筑豊本線につぐ幹線で複線になっている。単線では運び切れないほど田川炭鉱の産出量は多かったのであろう。

複線なので交換待ちもなく、直方帰りの酔客を乗せた通勤型ディーゼルカーは筑豊炭田の闇《やみ》のなかを快速で走り、糒《ほしい》という珍しい名の駅を過ぎて、20時56分、伊田に着いた。伊田は三時間半前に通った後藤寺から二・六キロしか離れていない。いずれも田川市内である。飯塚―豊前川崎―後藤寺―新飯塚―直方―伊田と回ってきたから、ちょうどS字型のコースを逆にたどったことになる。

伊田駅の構内は広く、かつての殷賑《いんしん》を偲《しの》ばせたが、使われなくなった貨物線に茂る雑草をホームの蛍光灯が照らし、放置された炭積装置や洗炭設備が黒く浮き出ていた。

つぎに乗る田川線の終列車まで四五分の待ち時間があるので駅前に出た。

人通りのすくない街を歩きかけたが、風が冷いので小さな飲み屋に入った。酒は二級酒と焼酎《しょうちゅう》だけで、燗《かん》をしてくれと言うと、店のおばさんは意外そうな顔をして薬罐《やかん》に二級酒を注いでコンロにかけた。燗をつける客はすくないらしい。おでんを注文すると豚の角煮が小皿にのってきた。固くて嚙《か》みきれないので口のなかでもごもごやっていると、隙間《すきま》風《かぜ》がガラス戸をきしませて吹きこんでくる。思わず首をすくめると、

「すんませんなあ、田川の家はみなガタピシしとるけん」

とおばさんが言う。街の下は無数の坑道が掘り抜かれたまま放置され、空洞化しているので陥没が絶えないのだ。徐々に陥没することもあれば、ストンと一挙に落ちることもあるそうで、

「さっきも裏の果物屋が落ちてのう、消防が来て水をかい出しよった」

と事もなげに言う。そして、

「田川でまともに雨戸の締まる家《うち》は無か」

と言って明るく笑った。

私は鉄道線路が陥没したら大変だと思った。しかし、その種の事故についてはあまり聞いたことがない。街中いたるところが陥没しているのに駅や線路だけ安泰なのは不自然である。土地の人は旅行者に向って誇張した表現をすることが多い。良いこと悪いことの別なく大袈裟《おおげさ》な言い方をする傾向がある。一種のお国自慢であろう。

「それにしては汽車の線路は落っこちませんなあ」

と私は皮肉っぽく言った。

「そらあ、線路の下は掘らさんかったけん」

とおばさんは答えた。

そうであったか、と私は反省し、思わず、

「何も知らないもんだなあ」

とひとりごちた。そういう大事なことも知らずに鉄道に乗りまくっている自分が情なかったからであった。

「え？」

とおばさんが聞き返したが、事情を説明すると大変だし、時間もないので店を出た。

伊田駅の改札口に駅員の姿はなく、ホームも真っ暗であった。私の姿を見たからであろう、ホームの詰所にいた駅員が慌《あわ》てて壁のスイッチに手をやった。木造の屋根裏の蛍光灯が一斉に点灯し、線路に茂った雑草が浮き出てきた。

伊田発21時41分の行橋行は二両連結であった。もっとも何両であろうと関係はなく、客は私一人である。最前部の席から前方を見ると、暗闇のなかに二条の線路が伸びるほかには何もない。駅に停っても助役と運転士が挨拶《あいさつ》を交して通票《タブレット》を交換するだけで客の姿はない。それでも車掌は扉を開け、懐中時計を見つめる助役の片手が上がると扉を閉め、運転士は出発進行と発声し、ハンドルを引く。ホームの上では、助役が進行方向にまっすぐ右手を伸ばして指差し確認をしている。

その空《むな》しさに感動し、何気なくうしろを振返って車内を見渡すと、私のほかに誰も乗っていないはずなのに、なぜか客が二人いる。伊田から乗った客はなく、途中駅のホームにも人影はなかったのだから不思議である。

行橋には定刻22時20分に着いた。

ガラ空きの夜の列車からホームに降り立つと行橋の駅がまぶしい。改札口のあたりに人が蝟集《いしゅう》していて、突然の賑《にぎ》わいに戸惑いを覚える。行橋は日豊本線との接続駅で小倉から三〇分ほどの距離にある。北九州市の通勤圏にあるから忘年会帰りらしい酔客がタクシー乗場に列をつくっている。東京近郊の駅とおなじ情景である。

行橋発22時57分の客車列車で小倉へ向う。23時22分、城野に着く。城野はあす乗る予定の日田彦山線との分岐駅で、きょうの行程は城野で終りとなる。しかし城野はすでに小倉市内で、あと九分で小倉に着く。

小倉着23時31分。駅前はまだ明るく、肩を組んだ人たちが大声で歌ったり怒鳴ったりしている。まだ開いている店もあったが、私は駅ビル内のホテルに入るやベッドに横になった。長かった一日が終った。

第31日（12月17日）

城野《じょうの》―香春《かわら》―添田《そえだ》―夜明《よあけ》―久留米―博多―平戸口《ひらどぐち》―佐世保―諫早《いさはや》―佐賀

小倉発7時19分。三両のディーゼルカーにはハイキング姿の客が多い。きょうは日曜日だ。

日豊本線の上を一〇分ほど走って、城野から日田彦山《ひたひこさん》線に入る。左窓に石灰岩の地肌を露出した荒々しい崖《がけ》が迫ってくる。カルスト台地平尾台の西端である。列車は不毛の崖に沿って登り、トンネルを抜ける。こんどは右窓に全山石灰岩の香春岳が現われてくる。

香春岳は田川炭田を見下ろして突兀《とっこつ》と聳《そび》える名山で、炭坑節にもうたわれた。が、石灰岩採掘のために南面は頂上まで削り取られ、無残な山容になっている。三年前に

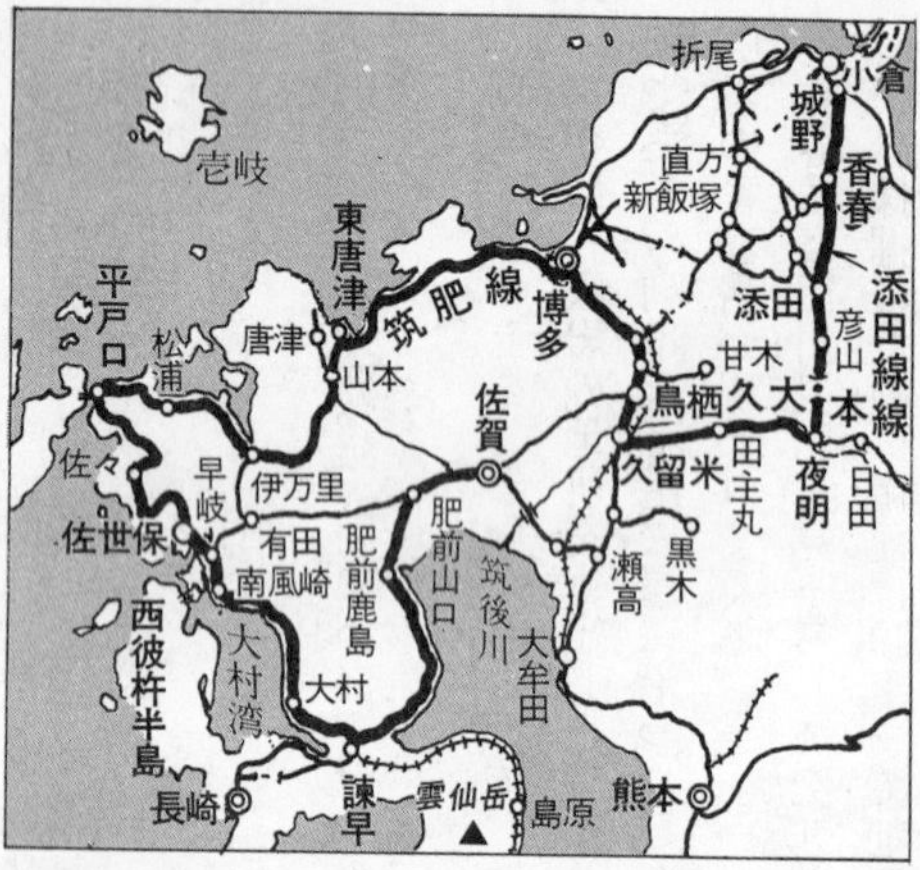

来たときは、人間はひどいことをするものだと思い、あと何年かでこの山は無くなってしまうのではないか、と胸が痛んだ。今回もその気持に変りはないが、山の形がとくに変ったようには見えない。麓《ふもと》のセメント工場は稼《か》動《どう》しているから、せっせと掘りつづけているのだろうが、三年ぐらいでは山の形を大きく変えるには至らないらしい。

香春着8時09分。私は網棚に新聞をのせ、いったん下車した。「いったん」というのは、この先の添田でふたたびこの列車に戻るからである。

この日田行の列車は日田彦山経由で、香春—伊田《いた》—後藤寺《ごとうじ》—豊前川崎《ぶぜんかわさき》—添田と、田川地区の主要な町を縫って走り、久大《きゅうだい》本線の夜明へ抜ける。しかし、このコースを行ったのではきのう乗った区間と重複し、片道切符にならない。

私が香春で下車したのは8時13分発の添田線に乗るためで、これがバイパスの役割を果してくれる。香春―添田間のキロ数は日田彦山線より四・〇キロ短く、一二・一キロとなっている。したがって、私が小倉から乗ってきた列車より香春を四分遅く発車するのに、添田へは五分早く着く。私にとってこんな重宝な列車はない。時刻表を眺めていて、これを見付けたときは思わずニンマリした。私が日田彦山線の車掌だったら、「添田へお急ぎの方は、香春で添田線にお乗換えになりますと五分早く着きます」とやるのだが、そんな放送はなかった。

添田線は伊田や後藤寺を通らず、彦山川に沿って人家のすくないところを走るので大赤字線だ。昭和四八年度と五一年度は北海道の美幸《びこう》線を抜いて日本一になっている。五一年度の収支係数は三三七六、つまり一〇〇円の収入に対し三三七六円の支出であった。

香春発8時13分の添田行は、昨夜乗った田川線をまたぎ、右窓に遠くボタ山を望みながら走る。二両のディーゼルカーの客は約一〇人、案外たくさん乗っている。

8時35分、添田着。三年前に来たとき、駅前で犬に吠《ほ》えられたので、まだいるかと改札口を出てみる。犬はいたが別の犬で、視線を合わせたが吠えなかった。

香春でいったん下車した日田行が8時40分に入線してきた。同じ最後部の車両に乗る。伊田や後藤寺を通ってきたので客が増え、網棚に残してきた新聞はそのままだったが、下の座席はふさがっていた。

ディーゼルカーは筑後との国境へ向けて急勾配《きゅうこうばい》を登って行く。杉山に挟まれた谷底平野の幅がしだいに狭くなる。山裾《やますそ》の柿《かき》の実がまだ赤い。

彦山でハイキングの客を降ろし、さらに上り勾配がつづく。谷はますます狭まり、棚田一枚の面積が小さくなってくる。畳一枚あるなしの小さなのが現われると、ディーゼルカーは、もうこれ以上登れませんと警笛を鳴らして国境のトンネルにゆっくり進入する。昭和三〇年に開通した釈迦《しゃか》ヶ岳《たけ》トンネルで、全長四三七八・六メートル、九州でいちばん長い。このトンネルによって筑後川中流の日田地区と北九州とが直結したのだが、落盤事故のため二五人の死傷者を出した。トンネルを出ると筑前岩屋《ちくぜんいわや》で、構内に慰霊碑が立っている。

杉の美林をかすめ、列車は筑後川の谷へ向って一気に下りはじめる。秋田、木曽と並ぶ日田杉の産地に入ったのであろう。

右前方に広く深く切れ込んだ谷が現われ、近づくにつれて筑後川の水が見えてきた。久大本線の線路が叢《くさむら》のなかから音もなく寄り添ってきた。まもなく乗換駅の夜明である。

ところで、時刻表を見ると、この列車の夜明発は9時36分、つぎに乗るべき久大本線の博多行は9時34分発となっている。わずか二分の差で間に合わず、つぎの11時25分発まで待たされるように見える。しかし、これでも間に合うのである。

時刻表に到着時刻が記載されているのは主要駅のみで、ほとんどの駅は発車時刻しか載っていない。小さな駅での停車時間は短いからそれでよいのだが、運転上の都合で何分も停車する場合もある。運転上の都合とは、急行に抜かれるための待避、単線区間での交換待ちなどである。それを見つけるには他の列車の駅間所要時分と比べてみればよい。いま私が乗っている列車で言うと、夜明の一つ手前の今山《いまやま》発が9時27分だから三・三キロの駅間で九分も要している。念のため他の全列車の所要時分を見ると、一一分、六分、五分、一四分、五分といろいろある。

日田彦山線の列車はすべてディーゼルカーだから運転速度に差はない。とすれば、今山—夜明間の所要時分は五分程度と推測される。夜明での停車時間を差引けば四分か四分三〇秒かもしれない。しかし、列車ダイヤは一五秒単位で刻まれており、時刻表は秒を切捨てて記載してあるから「五分」が「五分四五秒」であるかもしれない。事実、六分の列車が一本ある。夜明での停車時間を引くと、今山から夜明までは五分かかると見るのが妥当であろう。私の乗っている列車の今山発は9時27分だから夜明の着時刻は9時32分、したがって9時34分発の久大本線博多行に間に合う。「列車が入って来ますから急いで渡ってください」と駅員に促され、線路の上をまたいで上りホームに立つと八両編成の長い列車が進入してきた。

青緑色の水を淀《よど》ませたダム湖に沿って走り、夜明ダムの堰堤《えんてい》を過ぎると筑後平野の東端に出る。ブドウと柿の畑が多い。柿畑とは珍しい。野生の柿と異り、枝がくねってリンゴの木に似ている。「筑後名産富有柿」の看板がある。

田主丸《たぬしまる》に近づくと一面の植木畑となる。ツツジ、ソテツが多い。見渡すかぎりが苗木の原で、日本三大生産地の一つとはいえ、こんなに栽培して需要があるのかと思うほどだ。ソテツなどの亜熱帯植物は、沖縄から鹿児島、つぎに宮崎と順次移植して苗をならし、この田主丸まで北上させたという。

筑後平野がしだいに広がり、九州自動車道の下をくぐって10時33分、久留米着。ここから鹿児島本線となる。博多着11時22分。

博多の途中下車印を捺《お》したくて改札口を出る。はじめのうちはこの切符を見せるのが気恥しくて仕方なかったけれど、慣れるにつれてわざわざ捺してもらうことが多くなった。

「捺せえ言われても捺すとこないじゃないですか。どうぞご自由に」と駅員は下車印を私に渡す。「捺す場所がない」「書いてあることが見えない」「何ですかこれは。切符ですか」という反応が多くなってきた。

表口のコンコースに屋久杉の輪切りが飾ってある。「樹齢一千年以上」の巨木で、年輪に合わせて日本史上のおもな事件が記入されている。中心に近いところに「平安遷都《せんと》」とあるので恐れ入るが、そんな木を伐ってしまったのかとも思う。

筑肥《ちくひ》線の発着する1番線には、新旧さまざまなディーゼルカーの八両編成が12時09分の発車時刻を待っていた。前から四両が伊万里《いまり》行、つぎの二両が有田行、後部二両が松浦《まつうら》線に入り平戸口を回って佐世保まで行く。私は最後部に乗った。佐世保着は17時24分である。

「佐世保までおいでの方は12時25分発の特急『みどり5号』をご利用ください」と車掌が放送する。長崎本線経由の特急なら14時32分に佐世保に着く。

通路の向うの席に元気のいいおっさんがいて、前の席のばあさんに大声で話しかけている。しかし、何を話しているのかさっぱり言葉がわからない。しきりに「カラツ」と言うから唐津まで行くのだろうが、あとはわからない。何弁だろうかと聞き耳をたてていると、わからないままに「……じゃなあ」で終り、またわからない言葉がはじまる。

それにしてもこのおっさんはいろいろと買いこんだものだ。窓枠に罐ビール、罐コーヒー、コカコーラ、ウイスキーの小瓶、煎餅《せんべい》、茹《ゆ》で卵、ちくわ、駅弁、もう一つぐらい何かあったかもしれないが、ぎっしりと売店のように並べている。東唐津までは一時間一四分しかかからない。気になるので観察していると、まず茹で卵を食べ、コーヒーを飲み、つぎがウイスキー。順序も変である。

四〇分ほど走ると糸島半島の基部を抜け、海岸に出る。右窓に遠く唐津の町が見えてきた。

列車は虹《にじ》の松原に沿って走る。松林のなかの下草が真紅に紅葉している。おっさんの窓枠からすべてのものが姿を消し、床の上に残骸《ざんがい》がある。空罐が私の席の方まで転がってきた。

東唐津着13時23分。大半の客が下車する。二三分も停車するので途中下車印を捺しに改札口を出た。ここでの反応も「どこへ捺したらいいんですか」であった。

すっかり静かになった列車は東唐津で進行方向を変え、私の乗った車両を先頭にして松浦川沿いに肥前の地味な丘陵を走る。カヤ葺《ぶき》屋根の民家が残り、柿の木があり、大根が干してある。日本の秋の田舎の平均的な眺めだが、ときにボタ山が見える。

伊万里に着くと、買物包や袋をさげた家族連れが盛大に乗り、通路までふさがった。伊万里は松浦線沿線の中心都市で、きょうは日曜日である。

松浦線は有田―伊万里―松浦―平戸口―佐世保と、長崎県の西北部に突き出た北松浦半島をぐるりと回る九三・九キロの線で、平戸口は国鉄最西端の駅となっている。

焼きものの町として名高い伊万里だが、車窓からの印象は中規模の雑然とした臨海工業地帯である。細長く切れ込んで海と川との見境のつかない伊万里湾に沿って造船所、鉄工所、建材工場がつづき、大きな貯木場があり、対岸にはボタ山も見える。早く玄界灘《げんかいなだ》を見たいので、ちょっとイライラする。

二五分ほど走って今福《いまぶく》を過ぎると、ようやく自然のままの海が見えてきた。すでに客の半数以上が降りて車内も静かになった。

列車は斜面の中腹を行く。島が多い。といっても、これは地図の上での知識で、車窓からは九州本土と重なって半島に見えるのもある。

松浦を過ぎると、列車はぐいぐい登って高い位置から玄界の海を見下ろす。遠くまで逆白波が立っている。水平線遥《はる》かに平たく大きく広がる陸影は壱岐《いき》にちがいない。

列車の行く山肌はなだらかで棚田がつづいているが、北に面した斜面と冬の海は寒々としている。入江の蔭《かげ》に寄り集まったわずかな民家も、風を避けようとするのか思いなしか造りが低い。荒涼とした眺めである。線路際《せんろぎわ》の竹藪《たけやぶ》がざわざわと揺れている。九州でもここは山陰のつづきなのだ。

平戸口着15時52分。改札口の脇《わき》に「日本最西端の駅」と大書してある。東経一二九度三五分、最東端の東根室とではちょうど一六度ちがう。時差一時間四分に相当する。

西へ向ってきた松浦線は平戸口で東南へと向きを変える。ホームも左へ曲っている。季節はずれなので平戸への観光客はなく、中年のおばさんたちと、遠征試合の帰りらしいトレーニングパンツ姿の女子中学生の一団が乗ってきた。胸に「小佐々中」とある。ここから五〇分で佐々《さざ》に着くからそのあたりの中学であろう。

平戸口を発車すると、樹間からわずかに平戸島が見え、九州本土との瀬戸に架けられた平戸大橋の赤いアーチがちらと見えて消える。

「あ、橋が見えた」と女子中学生の一人が言う。その声で窓外に顔を向けた一人が、「見えないじゃないの」と言う。

列車は平戸の片鱗《へんりん》を垣間見せただけで北松浦半島の丘陵に頭を突っこんだ。

長崎県の海岸線は複雑だ。対馬《つしま》から五島列島までの島々を含めると海岸線の総延長は三七〇キロもある。松浦線はそんな海岸とはつき合えないから半島の内陸に分け入り、細い流れに沿って走る。もし海岸を走ってくれたら絶景の連続だろうが、車窓に映るのは佐世保炭田の残骸ばかりだ。

ボタ山、無人の炭住、引込線の廃線跡、放置されたままの炭積機や洗炭装置、赤錆《あかさ》びた待避線等々で、気が滅入《めい》ってくる。

かつては松浦線から四本の支線が出ていた。しかし、相浦《あいのうら》へ通じる一本だけが本線の迂回《うかい》で救済されたほかはすべて廃線になった。

佐々で松浦線唯一《ゆいいつ》の急行「平戸」と交換のため九分停車する。構内は広く、側線が七、八本もあるが石炭車の姿はない。蒸気機関車用の給水塔や転車台が廃墟《はいきょ》のように残っている。ここは廃線になった臼《うす》ノ浦《うら》線の分岐駅であった。

途中下車印を捺しに改札口へ行く。高校生のような若い駅員が「はい」と元気な返事をして、駅舎から印を持ってきた。途中下車用のではなかったが、私はそれを捺した。

博多から五時間あまり乗り通し、右窓に弓張岳《ゆみはりだけ》が見えてくると佐世保の市街地に入る。トンネルが多くなる。トンネルの合間で線路が市街の大通りをまたぐ。旧軍港佐世保の地形は入り組んでいる。そういえば横須賀もトンネルが多い。17時24分、佐世保着。

佐世保発17時30分の諫早行は四両連結の客車列車である。いちばん西側のホームに停車しているので港が見える。冬至五日前の午後五時半でも佐世保ではまだ日が暮れ落ちてはいない。車内は日曜日の佐世保に遊びに来たらしい若い人たちで賑《にぎ》やかだ。家族連れは一列車早く引揚げたのか、ほとんど見当らない。

発車してまもなく、あたりは暗くなった。

佐世保から三つ目の早岐《はいき》とつぎの南風崎《はえのさき》は、いずれも終戦直後、復員列車の起点だった駅である。東京からの折返し列車で「早岐行」「南風崎行」という珍しい行先の臨時列車のあったことを思い出す年配の人も多いだろう。

川棚《かわたな》で半数の客が降り、ここから大村湾の東岸に沿って走る。長崎県にしては珍しく海岸線の出入りがすくないので線路が波打際に敷かれ、車内の明りが海面を照らす。

松原という小駅で列車交換のため五分停車する。ホームに降りてみると夜風が心地よい。この列車を牽引《けんいん》するＤＤ51が二つの眼玉を光らせながら闇《やみ》のなかで唸《うな》っている。

大村でほとんどの客が降り、19時10分、諫早に着いた。

諫早発19時21分の新大阪行夜行急行「雲仙」で佐賀へ向う。この急行は寝台車もグリーン車も連結せず全車両普通車であるが、14系という形式の簡易リクライニングシートの車両で、枕《まくら》カバーもついている。湘南《しようなん》電車や横須賀線のグリーン車よりよほどよい。乗車率も三〇パーセント程度で、ちょっと贅沢《ぜいたく》な気分になる。

しかし、残念ながら諫早で買うつもりだった駅弁は売り子がいなくて買えなかった。

売店で買ったちくわを齧《かじ》りながら、右窓に黒々と広がる夜の有明海を見る。この海岸は半円形の小さな湾が連続していて、湾岸の中央に半農半漁の集落がある。列車は、小さな駅を通過すると右へカーブしながら緩い勾配を登り、岬の付け根で左へ曲ると右前方につぎの集落の灯が見えてくる、という型をくり返しながら走る。単調ではあるが夜の海辺の風情《ふぜい》がある。

多良《たら》で下り急行と交換し、上り特急に抜かれ、肥前山口で佐世保からの急行「西海」を併結して、21時14分、佐賀に着いた。

第32日（12月18日）
佐賀―瀬《せ》高《たか》―熊本―大分―宮崎―志布志《しぶし》

九州の夜明は遅い。佐賀発6時49分の瀬高行は未明の筑紫《つくし》平野を走りはじめた。田の上を低く匍《は》う朝靄《あさもや》が白さを増してきた。稲の切株が見えるようになった。

7時05分、ディーゼルカーは速度を落して筑後川の鉄橋にさしかかった。褐色の水面に漁船が二艘《そう》ずつ組になって繋留《けいりゅう》されている。岸辺にべっとりと黒い泥土が露《あら》われているのは、水量が減っているからであろう。

鉄橋の中央部に可動橋がある。船が下を通る時この部分だけリフトで持ち上げる仕掛になっている。リフトを支える鉄塔の基部に係員の詰所があって灯がともり、人影が見える。

佐賀線は低湿地帯を走るので掘割が多い。よく言えば水郷だが、じめじめしたところである。列車は細い流れを渡りながら走る。

筑後柳河《やながわ》に着く。北原白秋が「色にして老木の柳うちしだる　わが柳河の水の豊かさ」と詠《よ》んだ町だが、駅は北はずれにあるので、柳や白壁の土蔵など柳河らしいものは見えない。駅舎も古びて小さい。町の人や観光客は西鉄柳川駅を利用しているのであろう。町の名も昭和二六年に柳河町から柳川市に変った。その小さな駅から数人の客が車掌に、おはよーす、と声をかけながら乗ってくる。

筑肥山地の稜線《りょうせん》の上に朝日が出た。しかし、筑後柳河から線路は真東に向うので、列車が走り出すと太陽が東に没してしまう。つぎの百町《ひゃくちょう》に停車すると、ふたたび太陽が顔を出す。発車

するとまた山の向うに沈む。7時35分、瀬高の0番線に着く。「佐賀線廃止反対」の看板が立っている。

鹿児島本線の上りホームは久留米への通勤通学客でいっぱいだ。鳥栖《とす》行の客車列車が入ってきて、その客たちを一掃して出て行く。ガランとなったホームを貨物列車が通過する。下り線のホームを特急「有明1号」がかすめる。太陽がこんどこそ本当に上ってきた。朝の鹿児島本線瀬高駅は忙しい。

7時47分発の熊本行が入ってきた。赤銅色《しゃくどういろ》の交流電車である。通勤通学客で通路までいっぱいであった。

線路に沿う国道を白いヘルメットをかぶった女子高校生の自転車の列が行く。颯爽《さっそう》としている。女の子は白ヘルがよく似合う。みんな美人の卵に見える。黒衣をまとったカカシが彼女たちを見送っている。黒いカカシは佐賀線でも見かけた。

大牟田《おおむた》で車内が空き、靄のかかった田原坂《たばるざか》の丘陵を越えると熊本平野に出る。9時11分、熊本着。

熊本からは豊肥本線で九州を横断し、大分へ抜ける。

豊肥本線は熊本—大分間一四八・〇キロ。主要都市を結び、途中に大観光地阿蘇を有する恵まれた立地条件にもかかわらず、営業成績は非常にわるい。収支係数は四〇〇台で、国鉄の分類でも「幹線系線区」ではなく「地方交通線」つまりローカル線として扱われている。

国鉄がトラックとバスに貨客を奪われているさまは全国共通に見られることだが、豊肥本線の場合も「やまなみハイウェイ」という観光道路の開通が致命的だ。国鉄も別府から阿蘇まで二時間余で結ぶ急行を走らせているのだが、観光バスは景色のよい久住《くじゆう》高原を通って乗換えなしに阿蘇山の上まで登るから、とてもかなわない。熊本発9時27分の急行「火の山1号」別府行の乗車率は二〇パーセントぐらいであった。

六両編成のディーゼル急行は熊本の町を半周すると、阿蘇の外輪山を正面に見据え、ゆるい傾斜を登りはじめる。

線路に沿って杉並木の街道がつづく。杉並木のほうが先輩だから、沿っているのは豊肥本線なのだが、車窓の客は川でさえも我に添うものとして眺める。国道五七号線も杉並木にぴったり沿っていて、ときに並木の間を走る。

この杉並木は加藤清正が熊本城下から大津の宿まで植えさせたもので、長さ三〇キロ、一二〇〇本あるという。すでに櫛《くし》の歯が抜けたように疎《まば》らで、梢《こずえ》を伐《き》られてブリキの帽子をかぶせられたのも多く、日光街道のような亭々たる杉並木ではないが、治世の人清正を偲《しの》ばせる。

肥後大津で杉並木は終り、人家もなくなる。勾配《こうばい》が急になり、右窓に開けていた白川の谷が深く切れ込んできた。白川は阿蘇の外輪山を突き破って一気に熊本へ流れ下る暴れ川で、しばしば熊本に水害をもたらしている。

外輪山の切れ目の立野《たての》に停車する。ホームに「海抜二七七米《メートル》」の標識が立っている。V字型の深い谷を南に見下ろす気持のよい駅だ。

立野で右へ分岐する高森線は、まっすぐ進んで白川沿いに南郷谷《なんごうだに》に入って行くが、豊肥本線の列車は後ろ向きに動き出す。いま登ってきた線路を見下ろしながら三〇〇メートルほど逆行して停止し、ふたたび前進して急勾配を登りはじめる。

スイッチ・バックは全国で約三〇カ所ある。そのほとんどは駅を水平に保つために設けられた引込式で、通過列車の場合はまっすぐ進行できる。この立野のように本線がジグザグになっているのはすくない。先日乗った木次《きすき》線、あす乗る予定の肥薩《ひさつ》線、それと新潟県の赤谷《あかたに》線にあるくらいだ。こんな線路の敷き方を余儀なくされたのはよくよくのことだろうし、車窓から地形を眺めても察しがつくが、阿蘇から熊本へ通う人にとっては、まだるっこしいことだろう。けれども、鉄道好きの旅行者は立野に来ると、ちょっとばかり気分が昂揚《こうよう》する。

私のうしろの席で、

「一号車普通車、二号車グリーン車、三号車……」

という声がする。大きな声である。振返って見ると、老人が一人、窓を開けて首を出し、この列車の編成を確認している。連れはいない。鉄道マニアが齢《とし》をとるとこうなるのだろうか。

六両つないだディーゼル急行は、唸《うな》りながら勾配を一五分ほど登り、ようやく平地になると吐息をついて赤水《あかみず》に停車する。阿蘇火口原の西端の駅で、ホームの標識は「海抜四六七米」になった。

小学校の地理の時間に「阿蘇では火口のなかに人が住んでいる。汽車も走っている」と教えられ、仰天したことを思い出す。

右窓に阿蘇五岳が見えてきた。中岳の噴煙はわずかで、ちょうどその上にきた太陽がまぶしい。左窓には外輪山の内壁がぐるりと火口原をとり巻いている。

平坦《へいたん》な耕地をディーゼルカーは生返ったように軽い響きをたてて走り、阿蘇に停車する。阿蘇はもとの「坊中《ぼうちゅう》」である。坊中は私の好きな駅名の一つだった。草鞋《わらじ》を脱いで宿坊に泊るようなイメージがあった。

阿蘇駅で下車する観光客はなかった。もともと観光の客はこの列車に乗っていなかった。

向い側の上り線ホームに新婚客が一組だけ立っている。新婦は胸に大きな花をつけている。まもなく別府からの急行が入線して、この列車と交換するはずである。

「急行『火の山2号』進入、注意！」と、うしろの席の老人がまた大きな声を出した。

阿蘇の火口原から流れ出る川は西側の白川だけである。東へ向う線路は自力で外輪山を越えるか突き破るかせねばならない。列車は大きく迂回《うかい》しながら登りはじめた。左窓に開けていた火口原が右窓に移り、また左窓に戻る。中央に聳《そび》える五岳も右左する。上るにつれて大阿蘇を一望できるようになった。

「いい眺めやなあ」と、あの老人の大きな独語が、こんどは斜めうしろから聞える。反対側に席を移して外を眺めているのだ。しかも私のと同じ大判の時刻表を手にしている。

外輪山の内壁が迫ってくる。切り立った熔岩《ようがん》の壁である。ディーゼルカーは首をすくめるようにしてトンネルに入った。

長いトンネルで外輪山を突き抜けると、一面にススキの茂る高原に出た。左前方に久住山のすらりとした山容が見え、列車は「九州で一番高い駅　七五三米」の標識を立てた波野《なみの》をゆっくり通過した。

波野とはうまくつけた名だと思う。なだらかで広々とした高原に浅い谷が幾条も刻まれ、その起伏が外輪山の裾《すそ》へと遥《はる》かにつづいて、波のようだ。

高原を下りはじめた列車は大分県に入り、やがて熔岩の露出した山裾にさしかかる。線路は右左にカーブし、短いトンネルをいくつも抜ける。

11時37分、豊後竹田《ぶんごたけた》に停車する。熔岩の絶壁の下にある押しつぶされそうな駅である。ホームのスピーカーが「荒城の月」を鳴らす。二二歳の滝廉太郎が詩情をそそられた岡城址《じょうし》は、この竹田にある。

豊後竹田からの乗客は多く、座席の半分がふさがった。急行「火の山1号」は、このあと緒方《おがた》と三重町《みえまち》に停車したが、いずれもかなり乗ってきた。列車本数がすくないから、近距離でも急行を利用するのであろう。この傾向は全国で見られる。急行券を買わされるのが気の毒だ。

大分着12時54分。あの老人は時刻表を膝《ひざ》に置いて眠っている。

大分での接続はよく、12時59分発の急行「日南3号」宮崎行がある。六両編成の交流電車で、乗車率は二五パーセント程度であった。鶴崎《つるさき》の石油コンビナートが左に一〇分以上もつづき、大分も大したところになったものだと感心するうちに、列車は東から南へと向きを変え、佐賀関《さがのせき》半島をトンネルで横断する。

トンネルを出ると臼杵《うすき》湾が見えてくる。あたりはミカン畑が多い。トンネル一つで沿線の雰囲気は一変した。伊豆半島に来たようだ。山肌の杉を伐り倒してミカン用の段々畑を造成中のところもある。

臼杵から延岡《のべおか》まではリアス式海岸がつづく。ギザギザの海岸線を列車は入江に沿い、トンネルを抜けながら行く。深い入江の奥には石灰岩採掘場やセメント工場のある津久見《つくみ》、さらに連合艦隊の停泊地から工業都市に変じた佐伯《さいき》があって雑然としているが、その間の海と島の眺めはきれいだ。目まぐるしい眺めを楽しんでいるうちに、日豊本線は出入りの激しい海岸線との応接に見切りをつけ、佐伯から山間に入る。

杉林の薄暗い谷を三〇分ほど登り、山中の小駅重岡《しげおか》で停車する。時刻表では通過印のレとなっているが、上り特急「富士」と交換の「運転停車」である。

「富士」は戦前の最優等列車だった。列車番号は下りが「1」で、展望車、一等寝台車、洋食堂車を連結して東海道、山陽を走った。しかし、戦後、特急が続々と復活しても「富士」はなかなか甦《よみがえ》らなかった。東京―博多間のデラックス特急が新設されても「富士」ではなく「あさかぜ」と名づけられた。格式ある「富士」の名にふさわしい豪華列車が走るまでその名を温存するのだ、とも噂《うわさ》された。

ところが、ビジネス特急「こだま」が好評で同類の電車が増発されると、その後塵《こうじん》を拝するように「富士」が復活し、四国相手の宇野行として登場した。「富士」に宇野線くんだりを走らせるのか、と私は思った。その後、新幹線の愛称名が「富士」になるとの臆説《おくせつ》もあったが、「ひかり」と決り、うろうろしているうちに日豊本線経由の寝台特急に落着いてしまった。日豊本線は線区の格からすると、鹿児島本線や長崎本線より一段落ちる。

静寂な山の気に包まれて待つうちにＥＤ76に牽引《けんいん》された七両編成の「富士」がゆっくりとすれちがう。編成が短いので呆気《あっけ》ない。大分までは食堂車も連結されておらず、車内は空《す》いていた。

重岡から下り坂となり、つぎの宗太郎《そうたろう》を過ぎると宮崎県に入る。隣同士で「重岡宗太郎」という孝子か剣士を思わせる名を構成するので、鉄道ファンを喜ばせている両駅である。

宮崎県に入っても杉林の谷に沿う。しかし、南面して下るから窓外は明るくなり、列車の足も速くなって15時13分、延岡に着いた。

宮崎県に来たのはこれが五度目だが、いつも晴れている。偶然だろうが、ここは「日向《ひゅうが》」なのだとの思いを強くする。

延岡から三〇分で日向市に着く。改札口の横に、「二十一世紀の鉄道、浮上式実験線、当駅より一六キロ、タクシー二〇分」の看板があり、リニアモーターカーの走行実験日と時間が表示されるようになっているが、きょうは日時が空欄だ。ひょっとしたら車窓から見られるかと期待していたが駄目らしい。

神武天皇が船出したという美々津《みみつ》海岸の明るい磯《いそ》を過ぎると、左に実験線の高架橋が現われ、日豊本線と約七キロにわたって平行する。いずれ実用化される日が来るとして、その頃の日本の交通体系はどんな具合になっているのかしらん、と思う。私が生きているかどうかのほうが問題だが。

日向市から宮崎にかけては低い洪積台地がつづくので水田はなく、荒地と畑の乾いた眺めで、ひろびろ閑散としている。西日本にしては珍しく大らかなところだ。

とくに見るものとてないが、ときどき渡る川の水と河原の清潔さが好ましい。宮崎県の川というと、五ヶ瀬川《ごせがわ》と大淀川《おおよどがわ》が名高いが、椎葉村《しいばそん》を源流とする耳川、小丸川《おまるがわ》、米良荘《めらのしょう》からの一ツ瀬川《ひとせがわ》なども意外に川幅の広い大きな川である。

列車はそれらの川をつぎつぎに渡りながら宮崎へ向う。いずれも水がきれいで、秘境といわれる椎葉や米良荘に降った雨は汚れを知らぬままに左窓の日向灘《ひゅうがなだ》へ流れ出ている。

定刻16時51分、宮崎に着いた。

駅前広場に檳榔樹《びんろうじゅ》を植えた宮崎の駅舎は、相変らず安普請《やすぶしん》の木造のままで改築の気配もなく、おっとりと冬の夕陽を浴びていた。

きょうは宮崎で泊るか、どうしようか、と決心のつかぬままに着いてしまったが、駅前を眺めているうちに宮崎で泊るのが億劫《おっくう》になってきた。もうすこし乗りたい気がする。私は志布志まで行くことにし、駅の食堂でひと休みしてから東京へ電話をかけた。

「そっちはもう真っ暗だろう。宮崎はまだ明るいんだぞ」

と私は言った。女房はそれに答えず、上の子供がまた扁桃腺《へんとうせん》で熱を出している、と言った。

宮崎発17時36分の日南《にちなん》線経由志布志行は四両編成であった。前からキハ20、キハ17、旧グリーン車のキハ26、それに荷客半車ずつのキハユニ、という雑然とした編成で、キハ17などは通路を歩くと床がペコペコした。このあたりの線区には老朽車両が集められているらしい。

しかし発車時刻が近づくにつれ、古びた車内は通勤客と高校生でいっぱいになった。宮崎を発車すると、すぐ大淀川を渡る。河畔に立ち並ぶホテルの窓の灯が川面に映っている。

四分で南宮崎に着き、一三分停車する。上り列車待合せのためだが、毎日この列車で帰る人たちには迷惑なダイヤだ。大都市の通勤客にこんなダイヤを押しつけたら文句が出るにちがいないが、この列車の客は坐《すわ》っている人も立っている高校生も、おしゃべりとふざけっこに余念がなく、長時間停車など意に介さないようであった。

内海《うちうみ》、伊比井《いびい》などの漁港で大半の客が降り、飫肥《おび》と日南で車内はガラ空きになった。日南までが宮崎への通勤圏なのだろう。一時間半もかかるから相当な遠距離通勤だ。

白く塗られた大型漁船が一〇隻《せき》ぐらい、煌々《こうこう》と明りを灯《とも》して岸壁に碇泊《ていはく》している。カツオとマグロの漁業基地大堂津《おおどうつ》である。わずかに残った客が何人か降りる。

若い女性が一人、座席に横倒しになって熟睡している。乗越しではないかと、さっきから気にしていたが、串間《くしま》に着くとムクッと起上って降りて行った。

志布志着20時36分。終着駅で降りたのは私を含めて四人であった。駅前には檳榔樹の植込みがあり、「ようこそ志布志へ」と大書した塔が街灯に照らされていたが、駅前旅館は見当らなかった。

まだ店を開けていた酒屋に入り、テレビの前でプロレスを観戦中の主人に近くの旅館を紹介してもらった。鹿児島弁の荒っぽい口調だったが、道順はすぐわかった。

教えられた旅館は忘年会の真最中であった。私は玄関で声を涸《か》らして怒鳴ったが、女中もおかみもすぐには出てきてくれなかった。

第33日（12月19日）

志布志《しぶし》―鹿屋《かのや》―国分《こくぶ》―都城《みやこのじょう》―人吉《ひとよし》―八代《やつしろ》

眼がさめると、六時二三分であった。6時24分発に乗れるはずがない。

私の眼覚まし時計はチーという小さな音しか発しないので、かねがね危いと思っていた。あるいはセットの仕方がわるくて鳴らなかったのかもしれない。とにかく寝過ごした。

ディーゼルカーの発車の警笛が未明の闇《やみ》を通して聞えてきた。

きょうは、まず大隅《おおすみ》線で終点の国分まで乗る予定だが、6時24分発に乗遅れたとなると、まことにまずい。このあと7時23分発があるが、これは途中の垂水《たるみず》止り、つぎの10時45分発も鹿屋止りで、目的地の国分まで行く列車は11時54分発までない。ちょっとした寝過ごしで半日を棒に振ってしまったわけだ。

しかも私の切符は、一二月一九日のきょうが通用期間の最終日となっている。

呆然《ぼうぜん》と、しかし案外落着いて洗面所で顔を洗っていると、昨夜の女中が「お早うございます」と言いながら不審気な顔をしている。あしたの朝は六時過ぎに発《た》つからと、私の靴の所在や玄関の開け方を教えてもらっておいたのである。

11時54分まで待ってもしようがないので、7時23分発に乗る。駅の跨線橋《こせんきょう》から日の出が見えた。

志布志湾岸の砂丘に沿ってしばらく走り、シラス台地に入って8時29分、鹿屋着。

鹿屋は鹿児島県第二の都市で、通勤客が降りる。

私も鹿屋で下車したが、行くところとてないので、バスで大隅半島の西岸を南下して大根占《おおねじめ》まで行ってみた。国道から見下ろす錦江《きんこう》湾（鹿児島湾）は冬の海とは思えぬ青さで、海辺の底の岩が透けて見え、対岸の薩摩《さつま》半島の開聞岳《かいもんだけ》と指宿《いぶすき》温泉の旅館群が明るい午前の陽を受けていた。

一一時過ぎに鹿屋に戻り、武家屋敷跡を覗《のぞ》いたりしたが、まだ時間があ

る。繁華街の角に五階建ての小さなデパートがあったので入ってみた。大隅半島まできても並んでいる商品はいずこも同じで、変りばえはしなかったが、さすがに魚介類には見慣れぬものがある。シャコとカブトガニの間の子のようなのがあって「パッチン一匹八〇円」という札が立っている。甲羅に赤い目玉状の柄のある毒々しいワタリガニもいる。

ようやく四時間半の空白が終って鹿屋駅に戻る。待合室は空《す》いていたが、小荷物の窓口だけが人だかりしている。歳暮の発送と受取りの人たちである。近寄ってみると、発送品はすべてポンカンであった。

13時01分に鹿屋を発車すると、すぐ右に飛行場が現われる。海軍航空隊の特攻基地の跡で、現在は自衛隊が使っている。

基地のある台地を過ぎると列車は下りにかかり、左窓に錦江湾の眺望が開ける。いい眺めだが、さっきバスから見たばかりなので、おお、と感嘆するほどではない。

しかし、こんどは湾岸沿いに北に向うから桜島が近づいてくる。噴煙は南に流れて大隅線沿線の空を覆《おお》い、駅のホームも民家の屋根も火山灰で粉っぽい。このあたりはビワの畑が多いが、濃緑色のはずの葉も灰色をしている。海は青くきれいだが、大地は一面に灰色だ。こんなところでも洗濯物が干してある。が、いずれも桜島を背にした南側の軒下かガラス窓の内側であった。

写真で見る桜島の噴煙はもくもくと上空へ噴き昇っているが、きょうは北風が強いからであろう、噴き出たとたんに南へ流されて砂煙のようにこちらへ向って広がってきている。

桜島が近づくにつれて頭上の噴煙が濃くなり、陽が翳《かげ》ってきた。

大正三年の爆発による熔岩流《ようがんりゅう》で桜島は大隅半島と陸続きになったが、大隅線はその接着部の東側をトンネルで抜ける。当時の熔岩は風化して海岸に築かれたボタ山のようだ。

噴煙の下を脱出した列車は、ふたたび錦江湾に沿って走る。車窓に陽光がよみがえり、駅のホームにも民家の屋根にも灰はなかった。

国分着14時43分。一時間余の待ち時間があるので、バスで一〇分の日当山《ひなたやま》温泉を往復した。北に山を負った暖かそうな所で、旅館の塀から張出した枝にザクロの実がはじけていた。

国分発15時55分の日豊本線の上り急行「錦江6号」で都城へ向う。普通車の自由席は六〇パーセントぐらいの乗車率で、鹿児島弁が飛び交っている。「……チャランケン」というのがしきりに耳につくだけで、話の内容はさっぱりわからない。

列車は西日を浴びたシラス台地の崖《がけ》をくねりながら急勾配《きゅうこうばい》を登り、霧島神宮で下りの「錦江5号」とすれちがう。この急行も乗車率がよい。シーズンオフに日豊本線のような幹線ともローカル線ともつかぬ線に乗ると、特急はガラ空きでも急行は意外に乗車率のよいことが多い。特急はよそ行き用、急行は日常用なのであろうか。急行の客に気取りがなく方言まる出しで賑《にぎ》やかなのはそのためだろう。

霧島神宮からさらに登り、日豊本線でもっとも高い地点にある駅、海抜三二九メートルの北永野田《きたながのだ》を通過すると、こんどは都城盆地への急勾配を曲折しながら下りはじめた。

都城着16時50分。駅舎は改築され、宮崎より立派な駅になっている。

駅前にも新しくて小ざっぱりしたビジネスホテルが何軒か建っている。もう夕暮だし、都城に泊りたい衝動に駆られる。私は都城という城下町について何も知らない。郷土料理も豊からしく、一度泊ってみたいと思っていた町である。

けれども、都城で一泊すれば最長片道切符はここで期限切れとなる。

だから私は17時37分発の特急「おおよど」博多行に乗らねばならない。発車時刻までわずかな時間しかないが、私は駅を中心に三〇分ほど歩いた。どこにもあるような店と、日本中にばら撒《ま》かれた同じポスターが眼につくばかりで、都城見物は三〇分では無理であった。

宮崎始発の特急「おおよど」は約二〇人の客を乗せ、寥々《りょうりょう》とホームに入ってきた。都城で乗った客も一〇人程度であった。七両連結だから乗車率は一〇パーセントに満たない。

夕焼けの空を背景に霧島の山々がシルエットになった。高千穂峰の山腹のあの整然とした襞《ひだ》も消え、三角形の稜線《りょうせん》だけとなった。

窓外に眼をやっても、もはや通過する駅しか見えない。本来ならこのあたりは午後一時ごろ通るはずだったのにと、けさの寝過ごしをいまさらながら悔んでいると、手押車の女子販売員が通路を頻繁に行ったり来たりする。なにしろ客が乗っているのは自由席普通車の三両だけなのだ。私はまず罐ビールを買い、つぎにもう一本買い、そのあとも売り子が通るたびに何かしら買った。

吉松《よしまつ》で進行方向を変え、矢岳《やたけ》への登りにかかる。

肥薩線の吉松―人吉間は九州でもっとも魅力のある区間である。霧島山を一望し、矢岳の高原をループ線で走り、スイッチ・バックが二カ所もある。三つの中間駅のたたずまいも清楚《せいそ》だ。そういう区間を日暮れて通らねばならぬとは無念だ。しかも旅が終りに近づき、残りすくなくなっているというのに。私はまた車内販売車を呼止め、こんどは日本酒を買った。

登るにつれて右窓に点々と広がっていた盆地の灯火が遠く低く淡くなった。

スイッチ・バック駅の真幸《まさき》で運転停車する。ホームに敷きつめられた砂利が湿っている。夜霧がおりはじめたのだろうか。

いったん逆行して本線に戻り、ふたたび勾配を登りながら、いま停車した真幸駅を右に見下ろす。

スイッチ・バック駅はこの角度から眺めたときがいちばんよい。駅灯の黄味を帯びた光が、直立不動で列車を見送る助役の姿を照らし、よく手入れされたホームの植込みのなかに「まさき」の駅名標が白く浮き出ている。

矢岳トンネルで熊本県に入ると、列車は矢岳高原を人吉へ向って下りはじめる。車内の明りに照らされたススキが薄茶色のカーテンとなって過ぎていく。

列車は右へ右へと回りはじめた。ループ線である。半周した地点でいったん停車し、スイッチ・バックで大畑《おこば》駅に入る。「こば」は焼畑の意だという。砂利のホームに夕ブレットの輪を肩にかけた助役が立っている。

左窓の前方に遠く低く人吉の灯が見え、それがしだいに近づいて球磨川《くまがわ》の鉄橋を渡る。

人吉も一度泊ってみたい町である。しかし、きょうは泊れない。

特急「おおよど」は人吉をあとに球磨川に沿って下る。対岸の国道を行く車のライトが、ときどき水面を照らす。

車内販売の手押車が来て停った。いつのまにか私のそばで一時停止するようになっていた。

八代着20時37分。

今夜はここで泊る。疲れたし、八代から南の鹿児島本線は明るいときに通りたい。

改札口で私は、

「この切符の通用期間はきょうまでだけど、継続乗車にしてください」

と言った。国鉄には乗車券の有効期間を過ぎても乗車できる「継続乗車船」という制度がある。「旅客営業規則」の第一五五条に、

「入場後に有効期間を経過した当該使用乗車券は、途中下車をしないでそのまま旅行を継続する場合に限って、その券面に表示された着駅までは、第一四七条の規定にか

かわらず、これを使用できる。(後略)」

とあるのがそれで、有効期間の最終日に乗れるところまで乗って、なおかつ当日中に目的駅に到着できる列車がない場合は途中下車をしないかぎり翌日の列車に乗継ぐことができるわけである。

もっとも、そうなると駅のホームや待合室でゴロゴロと一夜を明かす客がでてしまい、国鉄としても迷惑だから、同じ第一五五条の後半に、

「この場合、接続駅において設備又は時間の関係上、旅客を一時出場させて、列車等に接続のため待合せをさせるときは、指定した列車等に乗り継ぐ場合に限り、継続乗車船しているものとみなす」

との救済措置を講じてある。つまり、客の側からいえば、駅を出て旅館なり何なりに泊ってよいことになる。

「きょうで有効期間が切れるのですか」

と、額の禿上《はげあが》った中年の駅員が言う。なにしろ券面記載事項がよく見えなくなっていて、「10月13日から有効」が「15日から」とも「18日から」とも読める。

実はそうなのだ、と私は言った。

「21時57分発の出水《いずみ》行がありますよ。出水で継続乗車の手続をしてください」

と駅員は言った。

私のこのあとのルートは八代から鹿児島本線で川内《せんだい》へ行き、宮之城《みやのじよう》線で薩摩大口《おおくち》へと迂回《うかい》することになっている。出水は川内の手前の駅である。

今日中に行けるところまで行け、との趣旨はわかるが、出水で一夜を明かしても、あすの宮之城線薩摩大口行との接続がわるく、八代で泊るのと結果は変らないのだ。しかも出水着は23時37分、そんな時間に着いて旅館を探すのもしんどい。

「しかしですね。いまから出水まで行って、あしたの朝の始発列車に乗継いだとしても、宮之城線との接続がわるいから薩摩大口に着くのは11時01分になる……」

「どうぞこちらへおいでください」

と、私は駅舎のなかへ連れて行かれた。

「とすれば、あしたの八代発6時12分で出かけて出水から特急に乗継ぐのと結果は同じじゃないですか。要するに薩摩大口に着くのは11時01分で変らない。だから今晩はここで泊っていいでしょう」

「ここでは泊れません」

「いや、旅館に泊りますよ」

「そうですか。しかし、やはり継続乗車証明はできません」

「どうして？」

「規則としては、その日の列車のある限り、行けるところまで行ったお客さまにしか継続乗車は認められないのです」

「なんとかなりませんかな」

「申しわけありませんが、出水行の列車があるものですから」

融通の利《き》かないことだが、考えてみれば無理もない。乗車券の有効期間は鈍行列車利用を前提としている。鈍行で行くのと結果は同じだからといって新幹線や夜行特急を利用されたら事柄はややこしくなる。ただでさえ厚ぼったい「旅客営業規則」や「旅客営業取扱基準規程」がますます厚くなる。

「もういいです」

と私は言った。

「出水行は21時57分の発車です」

「きょうは八代で泊りますよ」

「あしたの切符はどうなさるのですか」

「もちろん新しく買う」

「申しわけないですなあ」

「いやいいですよ」

「しかしお客さんはくわしいですなあ」

何を言っておるのかと思う。

だが、思い返してみると、この駅員こそ私の最長片道切符に対して真正面から対応してくれた唯一《ゆいいつ》の国鉄職員ではなかったか。

私はさっぱりした気持で駅舎を出た。

第34日（最終日・12月20日）

八代《やつしろ》―川内《せんだい》―薩摩《さつま》大口《おおくち》―栗野《くりの》―隼人《はやと》―西鹿児島―山川《やまかわ》―枕崎《まくらざき》

未明のプラットホームにＥＤ76の警笛が鳴り、六両編成の客車列車は定刻６時12分、小雨の八代駅を発車した。

私の車両には客が一人もいない。古びた車内は照明も暗く、最後の日は陰々滅々と始った。

八代から一二分、不知火《しらぬい》の見える温泉場として名高い日奈久《ひなぐ》に停車する。旅館の看板灯や街灯が雨を照らすばかりで、窓に明りはないが、数人の高校生が荒々しい言葉を交わしながら乗込んできた。自分たちの専用車に見慣れぬ客がいるので気になるのか、ちらちらと私を見る。言葉遣いの乱暴なわりには子供っぽい顔と眼つきをしている。

日奈久から水俣《みなまた》にかけての海岸は嶮《けわ》しく、鹿児島街道は海を避けて、赤松太郎、佐《さ》

敷《しき》太郎、津奈木《つなぎ》太郎の三つの峠を越える。三太郎の嶮《けん》といわれるところである。しかし線路は海岸を切拓《きりひら》いて走り、峠の下を長いトンネルで抜けて行く。

夜明け前の駅からつぎつぎと高校生が乗り、佐敷のあたりでようやく明るくなって、7時19分、水俣に着く。雨はあがったが雲は低い。

チッソの大工場を右に見て、袋《ふくろ》という小駅を過ぎると鹿児島県に入る。右窓に天草の島々が視界いっぱいに広がり、白波の立つ八代海を囲んでいる。

出水《いずみ》着7時42分。この列車は出水が終着だが、7時50分発の鈍行が接続している。しかし、この鈍行では川内発9時05分の宮之城線に間に合わないから、8時04分発の寝台特急を利用する。新大阪を前夜に発《た》ち西鹿児島まで行く「明星3号」である。

この時間に「寝台特急」に乗るとは奇異に思われるかもしれない。しかし、寝台の使用時間は朝七時ごろまでが原則で、ベッドを解体して座席に変じれば自由席として一般に開放される。これを通称「ヒルネ」といい、時刻表巻末の営業案内にも「寝台車の座席利用」という欄があって、寝台券なしで乗れる列車と区間が示されている。

もっとも、寝台で一夜を明かした客は自分の専用スペースのつもりでいるから、胡《う》散《さん》くさそうにこちらを見るし、寝台車特有の体臭が車内にこもっているから、乗り心地がよいとは言えない。

さいわい「明星3号」は途中の駅で客が降りたらしく、私は二段ハネ四人分のボックスを一人で占領した。ひとの寝たあとへ坐《すわ》るのだから、ふんぞり返る気分ではないが、コンパートメントを借りきったようでわるくない。

曇り空を鶴《つる》が二羽、三羽と飛んでいる。出水は鶴の飛来地として知られ、いまがその季節である。出水の駅にも「只今《ただいま》３２００羽」と掲示してあった。群れをなしているのは線路から離れた干拓地らしいが、車窓からもわずかながら見られる。首を長く突き出し、細い脚をうしろに流して滑空する姿は恰好《かっこう》がいい。やはり凡百の鳥とはちがう。

鶴が見えなくなり、阿久根《あくね》から淋《さび》しい海岸に出る。人家がすくなく、荒い波が岩礁《がんしょう》の上まで白く飛び散っている。水平線の左に見えるのは上甑島《かみこしきじま》にちがいない。

三分遅れて川内着8時58分。雲が切れ、陽がさしてきた。

駅弁を買ってから宮之城線のホームへと急ぐ。薩摩大口行の二両のディーゼルカーが、すでにエンジンを始動してブルルンと車体を震わしている。

宮之城線は川内—薩摩大口間六六・一キロの長いローカル線で、ほぼ川内川に沿って走る。川内川は九州では筑後川につぐ第二の川だから流域は広く、水田や茶畑が開けている。鹿児島県では唯一《ゆいいつ》の穀倉地帯だが、それだけに車窓の眺めは長閑《のどか》で退屈だ。

駅弁を食べてしまうと、窓外にもすれちがう列車にも格別の関心をそそるものがない。ディーゼルカーは上下動を加えて体を揺すりながら走る。乗客はかつぎ屋のおばさんと何組かの年寄りがいるだけで、どことなく生気がない。暖房もきいている。

この線に乗るのは二度目である。最初のときはつい居眠りをした。そして今回もまた眠ってしまった。気がつくと宮之城に停車していた。

宮之城から先は、水田と駅のある小さな盆地と低い丘陵との繰返しで、また眠くなりかけたが、薩摩永野で進行方向が変ると眼が冴《さ》えた。

やや長いトンネルを抜けて大口盆地に入り、11時01分、終点薩摩大口に着いた。

城下町大口の歴史は古く、鎌倉時代の土豪牛屎《うしくそ》氏までさかのぼるという。いまも武家屋敷が残っていて、駅から徒歩一五分の祁答院《けどういん》住宅がその代表的建築である、とガイドブックに書いてある。

つぎに乗る山野《やまの》線の下り列車は12時00分発だから、ちょっと時間がある。歩いて行ってこようと、駅前で道を訊《たず》ねたがわからない。駅に戻って売店で大口市の地図を買おうとしたが、それもない。しかたがないのでタクシーに乗って「武家屋敷のケドウイン」と言った。

運転手は「祁答院さんの家は知っているけんど、あれで武家屋敷なのかなあ」とためらう。無線で営業所に問合せてくれたが要領を得ない。

まちがってたらわるいから、と躊躇《ちゅうちょ》する気のいい若い運転手を、まちがっててもいいからと促した。

三、四分で車は停り、運転手が「ここなんだけんど」と言う。見るとカヤ葺《ぶき》屋根をのせた農家がある。祁答院なんていう名前だから、つい立派な邸宅を想像していたが、これは郷士、つまり百姓武士の家なのだ。

門を入ると母屋《おもや》があって雨戸が半分閉っている。声をかけると、おかみさんが前掛けで手を拭《ふ》きながら出てきた。そして、どうぞと言って雨戸を開けてくれる。見るとピアノとステレオがあって、天井板はなく、寄棟造りの構材が縄で結び合わされている。三〇〇年前の建物だそうだ。

帰りぎわに「拝観料はいくらですか」と訊ねると、「いえ、そんなもの」とおかみさんが言う。そうはいかぬと押問答をしていると、「それでは」と言って奥に入り、ガリ版刷り一枚の説明書を持ってきた。そして「これを一〇円でお頒《わ》けすることになってます」と私に渡した。

薩摩大口発12時00分の吉松《よしまつ》行は山野線唯一の快速列車だが、わずか一両であった。一両のディーゼルカーは川内川に沿って走る。川内川はこのあたりでも川幅が広く、水量も豊かだ。沿線の眺めに特色はなく、日本中どこにでもありそうなところだが、ときどき檳榔樹《びんろうじゅ》を見かける。

肥薩線との接続駅栗野着12時23分。信州の高原を思わせる駅で、ホームに「栗野岳、標高一〇九四米《メートル》」の標柱が立っている。東側に見えるやや高い山がそれらしい。側線には椎茸《しいたけ》栽培用のホタ木を積んだ貨車が停っている。風が冷い。

栗野からは12時42分発の列車で、一気に西鹿児島まで行く。いよいよ終りが近づいてきた。

四両編成の西鹿児島行は、昼下りのわずかな客を乗せ、シラス台地の複雑な襞《ひだ》に沿って下る。急なカーブの連続で、太陽が右窓と左窓を行き来する。ときどき霧島の峰々が頂だけを見せる。いつのまにか快晴になった。

勾配《こうばい》を下り終ると左から日豊本線が合流し、13時24分、隼人に着く。錦江湾は見えないが、左前方に桜島が黒々と聳《そび》え、きょうも噴煙を南へ流している。

日豊本線に入り、西から南へと進むにつれて、桜島が形を変えていく。ボタ山のように単純だった山容が横に広がり、北岳、中岳、南岳に分れてくる。

列車は錦江湾の岸に出た。左後方に霧島山、眼前に桜島と揃《そろ》って日豊本線屈指の展望だが、右側の眺めもおもしろい。高さ五〇〇メートルものシラス台地が海際《うみぎわ》からそそり立ち、急斜面はクスノキ、クロガネなど、緑のひときわ濃い温帯植物でべったり被《おお》われている。断崖《だんがい》でありながら岩肌を露出していない。一風変った景観である。

列車はその濃緑色の崖《がけ》の下を行く。窓に顔を近づけ、首が痛くなるほど上を向かないと空が見えない。山が上から降ってきそうだ。

桜島が視界いっぱいに広がり、島津別邸の磯《いそ》公園をかすめると鹿児島駅に着く。鄙《ひな》びた駅で、付近にもさしたる建物はなく、桜島への渡船の看板が眼につくだけである。駅名は鹿児島でも、市の中心駅はつぎの西鹿児島なのだ。

城山の下をトンネルで抜け、終着西鹿児島には14時13分に着いた。

いよいよ最後の一線、指宿《いぶすき》枕崎線を残すのみとなった。

指宿枕崎線は、西鹿児島から薩摩半島の東岸南岸をぐるりと回って枕崎に至る八七・九キロ、国鉄全線区中、最南端を走る線である。

つぎの枕崎行は15時44分発までないが、そのまえに途中の山川まで行く14時54分発の快速がある。私はとりあえずこの列車で山川まで行くことにした。

快速列車は鹿児島市街の西側を走り、海岸に出た。桜島が後方に遠ざかる。錦江湾を隔てて連なる山々は大隅半島である。

海はきのうと同じように青く、岸辺には亜熱帯植物が点在して南国らしい。前の席に足を投げだして、ぼんやり海を眺めていると、大きな石油タンクをずらりと並べた埋立地が現われてきた。日本最大の原油貯蔵基地喜入《きいれ》である。タンカーは見えないが巨大なシーバースが海面に張出している。明媚《めいび》な風光にとってはぶちこわしだが、その規模の大きさには眼を見張る。

喜入を過ぎ、指宿に近づくとフェニックスなどの苗木畑がにわかに多くなる。苗木でも一面に植えてあるとなかなか見事だ。

大温泉場指宿のさまざまな建物を左に見送ると、列車は短い勾配を登り、岬の上を右に大きく曲って山川港を見下ろす斜面に出た。火口湖と海とがつながってできた

「自然の良港」の典型のような湾で、湖のように静かな海面に漁船がぎっしり集結している。

薩摩半島の南端にあって、しかも錦江湾の入口を扼《やく》す山川は古くからの要津《ようしん》で、異国船番所が置かれたり島津藩の琉球出兵の基地になったりしたという。いまは枕崎とともにカツオ漁業の根拠地である。

山川駅からバスで小さな湾の岸を半周し、港町へ行ってみる。

民家の塀から狭い路地に張出した枝にポンカンがぶら下っている。毒々しいほど派手な花をつけた木もある。通りがかったお婆《ばあ》さんに訊ねると「ダチュラ」だと言う。魚屋の前を通りかかると、カツオの尻尾《しっぽ》が勢いよく道端に抛《ほう》り出されてきて、危うく踏みつけそうになる。

小さな墓地がある。どの墓石にも屋根がかけられている。粗末なトタンのもあれば、瓦葺《かわらぶ》きの桃山造りもある。屋根のある墓は妙に生ま生ましい。

フェリー乗船場にタクシーがいたので、近くの鰻池《うなぎいけ》へ行く。ここも火口湖で、湖岸に温泉が湧《わ》き、民家の庭先や道端のあちこちから蒸気が噴き出ている。噴気口の上に鍋《なべ》を乗せて豆を煮る家もある。

山川発17時15分。三両編成の枕崎行の車内は男女の高校生で通路までいっぱいである。ドアを閉めるのがやっと、というほどの混雑だ。

一〇月一三日に広尾を出発していらい、二〇〇本近い列車に乗ってきたが、これほどの満員列車ははじめてだ。

最長片道切符の旅はガラ空き列車の旅でもあった。その印象を一挙に払拭《ふっしょく》しようとするのか、最後の列車がいちばん混んでいる。

「どうぞ」と女子高校生の一人が席を立った。席を譲られる齢《とし》ではないが、有難く彼女の温《ぬく》みを残す座席に坐る。胸に「指商」とあるから指宿商業高校の生徒であろう。

車内は薩摩弁が飛び交って賑《にぎ》やかだ。薩摩弁かどうかもわからぬほど何もわからない。

山川から二つ目に西大山《にしおおやま》という無人駅がある。ホームに「日本最南端駅、北緯三十一度十一分」の標柱が立っている。

開聞岳《かいもんだけ》の北裾《きたすそ》を通り抜けると、海を見下ろす台地の上に出た。このあたりは焼酎《しょうちゅう》の原料になるサツマイモの産地だが、いまは干し大根のみが眼に入る。暮れかけた台地のあちこちに大根が白く並んでいる。干し柿《がき》の朱は見当らないが、今回の旅は大根と柿に終始したなと、あらためて思う。

るのは西頴娃《にしえい》で上り列車と交換する。山川と枕崎との間には一六の駅があるが、駅員がいるのは西頴娃だけで、他はすべて無人駅である。私に席を譲ってくれた女子高生もここで降りて行った。

日没の遅い南九州にも夕暮がきた。わずかに西の海上だけが明るい。水平線に黒い雲が蟠踞《ばんきよ》して陸のように見える。

車内が空《す》いてきた。話し相手が降りたのか薩摩弁も聞けなくなった。

列車は、小さな無人駅の一つ一つに停車して高校生を数人ずつ降ろしていく。

定刻18時30分、三両のディーゼルカーは枕崎駅のホームに無雑作に停車した。屋根もない夕闇《ゆうやみ》の砂利のホームに、駅名標だけが黄色く照らされている。

改札口で西鹿児島からの乗車券を渡してから、私は窓口へ行った。

きのうで有効期間の切れた「切符」をさしだして、

「この矢印の上に枕崎の駅名印を捺《お》してください」

と私は言った。「広尾―枕崎」の矢印の上にわずかな余白があり、場所柄もよいと思ったからである。

窓口の駅員は、私の切符を見ても何の反応も示さなかった。使用済の切符は回収しますとも、無効印を捺すとも言わなかった。黙ったまま言われたとおりの場所に駅名印を捺した。
インクが淡いのか捺し方がわるいのか、「枕崎」の文字はうすぼんやりしていた。

あとがき

昨年六月、私は二十七年間勤めた会社を辞め、暇ができた。またとない機会なので、思う存分、好きな鉄道に乗ってみることにした。戦塵《せんじん》を洗い落としておきたい、という気持もあった。

それがどんな旅行であったかは本書に記したとおりである。あまりに長々しい鉄道旅行であり、読者はうんざりされたにちがいないが、私にとっては思ったほどの大旅行ではなかった。終着枕崎《まくらざき》では呆気《あっけ》なく、乗り足りない思いさえした。

旅行が終ると、書くという作業が待っていた。これは予想外に大変であった。自分の好きなことをし、それを一冊の本にまとめる機会に恵まれるとは幸運きわまりないのだが、乗るのと書くのとでは大違いであった。所要時間だけを比較しても、一日の行程を書くのに二日かかるのであった。書き進むにつれて、意外な「大旅行」だったことを私は知った。

晩秋という限られた季節であるにもかかわらず、日本の広さ多様さは、書くことによって一層はっきりしてくるようでもあった。折りがあれば、梅や桜の咲く季節に、花とともに南から北へと、今回とは逆のコースをたどってみたいとさえ思っている。つたなく他愛ない旅行記ではあるが、読者のなかに日本の「広さ」を感じとってくださる方があれば、こんな嬉《うれ》しいことはない。

なお、文中でも触れたように、最長片道切符のルートの決定については、清水晶、西泰英、種村直樹、光畑茂各氏のご教示を仰いだ。また、栗原正哉氏からは本書の構成について適切な助言をいただいた。この場をかりてお礼申し上げる。

（昭和五十四年夏）

文庫版あとがき

「最長片道切符の旅」を試みてから、すでに四年半になる。

その間、車窓風景は、経済成長の鈍化もあって、さして変っていない。本書の結論のようになった「日本の広さと多様性」も変らない。そして、長々しい旅行記を書いた私も、いくらか齢はとったものの、鉄道旅行への情熱は持ちつづけている。あんな旅をし、こんな旅行記を書いたことを若気の至りなどとは毛頭考えていない。むしろ、無意味や無駄に見える行為のなかにこそ、かりそめの「生」の「証《あか》し」があるのではないかと、そう思い、居直っている。だから、文庫版にというお話があったとき、ありがたくお受けした。

かように、日本も、そして私も四年半前と変っていないのだが、媒介となった国鉄路線のほうは、新線の開通（石勝《せきしょう》線、東北・上越両新幹線など）や廃止（四国への仁堀航路や筑肥《ちくひ》線の一部など）の明暗こもごもで、その結果、ルートが大きく変ってしまった。起点の広尾は様似《さまに》になり、終着は枕崎でなくて姪浜《めいのはま》となった。

以下、ルートの変った区間について記しておきたいが、四国への仁堀航路が廃止されて呉線の仁方《にがた》での乗降がなくなったため、呉線を迂回《うかい》しても距離の短い山陽本線で運賃が計算される（営業規則69条）という問題がからんで、その結果、「最長乗車キロ」のルートと「最長片道切符」によるルートとが別々になっている。

最長乗車キロのルート（西泰英氏による）。

様似—苫小牧《とまこまい》—千歳空港—新得《しんとく》。岩見沢—苗穂。仙台—白石蔵王—福島—岩沼—平《たいら》。新津《にいつ》—長岡—燕三条《つばめさんじよう》—新潟。姫路—倉敷—新見《にいみ》—東津山。福山—三原—呉—海田市《かいたいち》。小倉—城野《じようの》—香春《かわら》—添田—夜明《よあけ》—久留米—水俣《みなまた》—薩摩大口《さつまおおくち》—川内《せんだい》—西鹿児島—隼人《はやと》—吉松《よしまつ》—都城—国分《こくぶ》—志布志—日南—宮崎—行橋—田川伊田—金田—田川後藤寺—豊前川崎—飯塚—折尾—香椎《かしい》—宇美—吉塚—桂川《けいせん》—原田《はるだ》—鳥栖《とす》—諫早《いさはや》—佐世保—平戸口—山本—唐津—姪浜。計一二六二八・八キロ（乗車券は一二五五〇・八キロ）。

最長片道切符のルート（光畑茂氏による）。

西氏のルートのうち、西舞鶴—広島間がつぎのように変る。西舞鶴—綾部《あやべ》—京都—新大阪—西明石—尼崎—福知山—鳥取—東津山—姫路—岡山—津山—新見—倉敷—福山—塩町—備中神代《びつちゆうこうじろ》—伯耆大山《ほうきだいせん》—江津《ごうつ》—三次《みよし》—広島。計一二五六九・一キロ（この乗車券で一二六二五・七キロまで乗れる）。

つまり、営業規則上の「最長片道切符」を購入すれば「最長乗車キロ」のルートは通れず、最長ルートを望めば最長でない切符を使わなければならない、ということになった。

なお、品川―新川崎―鶴見（通称・新横須賀線）の開業によって、線路図の上では迂回が可能に見えるが、横須賀線は鶴見に停車しない（ホームがない）ので、鶴見乗換えの通し切符は発売されない。また、仙石線《せんせき》が線路のつけかえによって〇・二キロ短縮されたため、前谷地《まえやち》―仙台間は石巻回りでも古川回りでも、営業キロは共に六五・四キロとなり、どちらを経由してもよいことになった。仙石線のほかにも路線変更や駅の移転（塩尻《しおじり》）によるキロ数の短縮が最長片道切符のルートのなかに四カ所あり、仙石線を含めて一・二キロ短くなっている。

以上の結果、私が乗った当時より乗車キロで六九〇・六キロ、乗車券で六九八・一キロも減った。やはり、仁堀航路の廃止による四国割愛の被害が大きいようである。けれども、四国を無視するのは、なんとしても忍び難い。最長片道切符とともに、岡山を起点とする「四国最長片道切符」を用意したい気がする。

（昭和五十八年三月末）

解説

江國滋

1

起点・北海道広尾駅。

終点・鹿児島県枕崎駅。

最短経路・二、七六四・二キロ。

――最短経路、と記《しる》して宮脇俊三さんはこともなげだけれど、それだって気が遠くなるような容易ならざる距離である。その二、七六四・二キロを、蜿蜒《えんえん》一三、三一九・四キロに、文字どおり敷衍《ふえん》して、結果的に地球の直径にも相当する距離を、鉄路、えっちらおっちら乗り継ぐという壮大な遠回り計画の、立案から完遂までの正味三十四日間の記録が本書の内容である。

鉄道マニアのあいだで〝ひと筆がき〟と呼ばれる最長片道切符の旅についての説明

は、本書の序章にあたる「遠回りの話」で詳述されている。ひとことでいえば、同じ駅を二度通ることなく一枚の切符で考え得る最長距離の旅ということであって、何千何万通りもあるルートの中から、最良と思われる組み合せを抽出して、ただ一本の線につなぐ作業からすべてははじまる。口でいうのは簡単だが、実際には人知の限界に挑戦するようなもので、愛媛大学の工学部の先生が「多経路システムにおける最長もしくは最短経路の探索」というテーマを掲げて最長片道切符の研究を続けているぐらいだから、難解さは推して知るべしである。

余談になるけれど、その先生が、最長片道ルートの参考までに、と親切にも資料を送ってくれたので、宮脇さんがいそいそと封を切ったら、コンピュータの穴のあいた紙が出てきただけで、何がなんだかわからなかったそうである。

知的パズルの粋ともいうべき最長片道ルートの立案に加えて、実際に敢行するとなったら、これがまた大事業で、知力、体力、気力の三拍子ともなわなければ出来るわざではない。だいいち、一分一秒でも時間を惜しみたがる現代の風潮にさからって、二千七百キロを一万三千キロに引きのばした無用の旅をすること自体、趣味性の極致、ひらたくいえばものずきの極致である。ものずきの極致のことを、世間一般にはふつう「阿呆《あほう》」という。そうして、そんなことは百も承知の上で、宮脇さんは出発進行にあたって、抱懐の一端を次のように録す。

「阿呆《あほ》らしさ極まって襟《えり》を正させるような趣さえある」羊腸たるルート図の中でも、豊橋から飯田線、小海線、只見線などを通って会津若松まで引返したりする、とりわけくねくねの度合いがはげしい苦心のコースほど、宮脇さんにとっては「襟を正させるような」自信作なのである。せっかく豊橋までたどりつきながら、目的地の枕崎に背を向けて正反対の会津若松まで二日間も乗り続けるなどという旅程は、実際、われわれ凡愚の発想にすらうかぶところではない。その一大遠回りの飯田線に乗り込んだところで、宮脇さんは、もう一度同じ感想を筆にのせている。

「阿呆らしさもここまでくると、かえって厳粛な趣を呈してくるかに私は思うのだが。」

「思うのだが」で文章がマルどめになっているところに、えもいわれぬ味わいがある。もっといえば、「くるかに」の「かに」と、「思うのだが。」の「だがマル」に、万感の思いが封じ込められている。控え目な筆致にのって、含羞《がんしゅう》の底の矜恃《きょうじ》が快く伝わってくるところが、宮脇流名文の一特色なのである。

子供というものは、汽車に乗りたがる点では自分とよく似ているが、乗るとたちまち降りたがる、と宮脇さんは『汽車旅12カ月』（新潮文庫）の中で考察していわく。

「こういう面白いものに乗っていながら、なぜ降りたいのかときくと、早く着いて遊びたいからだと言う。鉄道に対する考え方が大人たちと同じである」

世間の大人たちは、つまり、子供たちと同じだ、とこの文章はいっているのである。その大人の中に宮脇さんは入っていない。もちろん子供でもない。ということは、宮脇さんは大人でも子供でもないことになるわけで、その微妙な立場に、鉄道旅行の達人としての矜持が存在する。自負の間接表現といってもいいこういう文章技術の冴《さ》えが、宮脇さんの鉄道エッセイすべてに共通する大きな魅力である。

2

本書の姉妹編で、いわば姉にあたる『時刻表2万キロ』（河出書房新社刊）は、日本ノンフィクション賞、新評賞の両賞を受賞した名紀行であると同時に、宮脇さんの出発を飾る記念碑的作品である。幼少年期から半世紀にわたって時刻表を耽読《たんどく》してやまなかった宮脇さんは、国鉄全線完乗の記録であるこの本を執筆するにあたって、一流出版社常務取締役の椅子を去った。編集者としてさんざん人さまの出版を断ってきた手前、自分の作品を自分の社から出すわけにはいかない。他社から出す以上自社にとどまっているわけにはいかない。これが退職の理由であり、宮脇さんのけじめであった。

みずからの出処進退も含む生活態度のすべてに、宮脇さんはけじめを求める。早い話、偉業といってもいい宮脇さんの国鉄全線完乗は、多忙をきわめた出版社勤務の間隙を縫って達成されたものだけれど、そのための旅行は常に正当な休日になされている。最後に乗り残した四線区、わずか十八・三キロの乗車を完《まっと》うするために、実に二、一三三・二キロの旅を敢えてせざるを得なかったのも、その律義さの現れである。

この最長片道切符の旅でも、宮脇さんのけじめは、随所に遺憾なく発揮されている。常磐《じょうばん》線の松戸から日暮里《にっぽり》まで乗って、そこから東北本線に移って尾久駅経由で赤羽―田端―池袋というふうに乗るのがあきらかな最長ルートであるのに、東北本線が日暮里駅に停車しないという難問に逢着《ほうちゃく》した宮脇さんは、六法全書顔まけのややこしい「旅客営業規則」と「旅客営業取扱基準規程」をひもとくことによって、けじめの枠《わく》内《ない》でみごとにネックを解消させた。

最終目的地枕崎を目前にして、有効期間が切れる乗車券の「継続乗車証明」をめぐって駅員とかわすやりとりと、交渉不能に終ったその結果をふりかえって、宮脇さんは、こだわりのない筆致でこう書いている。

「だが、思い返してみると、この駅員こそ私の最長片道切符に対して真正面から対応してくれた唯一《ゆいいつ》の国鉄職員ではなかったか」

ここにもまた、宮脇さんのけじめに忠実な姿勢がにじみ出ている。

当然のことながら、その姿勢は文章にも及ぶ。格調があって、抑制がきいている。何時何分何駅着、何分の待ち合せののち、何時何分発何列車で何駅に向かった、という行動のくりかえしが本書の基本的な内容であって、同好の鉄道マニアにとってはその委細が何より興味をひくところだろうが、一般の読者にとっては、原則としてわずらわしい。わずらわしい記載が連続すれば、単調で退屈という結果を伴うのがふつうである。趣味性のつよい作品に避けがたい一種のハンディキャップといってもいい。そのハンディキャップを毛ほども感じさせない文章の妙が、本書の最大の魅力である。最長片道切符の旅という行動自体、制約の中の自由を求めるよろこびが核になっているわけだけれど、それを表現する宮脇さんの文章もまた、制約の中に無限の自由を見いだして、いきいきと躍動している。

「紹介された旅館は魚野川の橋を渡り、細い商店街を五分ほど行ったところにあった。表からでは早々に店を閉めた酒屋としか見えなかった。

酒瓶《さかびん》の積んである暗い土間に立って声をかけると、じいさんが出てきた。部屋に入ると、ばあさんが出てきた。食事の膳《ぜん》は娘さんが運んできた。いまはスキーや鮎釣《あゆつ》りのシーズンではないので、客は私一人であった。茶の間でいっしょにテレビを見ていると、旅館どころか民宿の感じすらしなかった。風呂場とトイレだけが大きく清潔で、そこに入ったときだけ旅館にいる気がした」

翌日のスケジュールの都合で、よんどころなく泊ることにした「ぱっとしない」土地に降り立ってから一夜を過ごすまでの状況が、宮脇さんの筆にかかると、こんなふうにえがきだされる。簡潔で、しかも雰囲気《ふんいき》が手にとるように伝わってくる。上質のユーモアもたたえたこういう文章は、小手先の芸だけで書けるものではない。

車窓をかすめ去る沿線風景の一瞬の描写にも、宮脇さんの文体は小揺《こゆる》ぎもしない。

「磐城石川《いわきいしかわ》を発車すると低い分水嶺《ぶんすいれい》にかかり、これを越えると阿武隈川《あぶくまがわ》の上流に出る。線路脇《せんろわき》に薪《まき》を背負ったお婆《ばあ》さんがひと休みしている」

「谷が開けて三田《さんだ》を過ぎると風景は鄙《ひな》びてくるが、家のつくりは入母屋《いりもや》の堂々としたものに変る。摂津《せっつ》から丹波に入ったのであろう。家々の軒に黒くなった干柿《ほしがき》が吊《つる》されている。吊したての干柿は美しいが黒びてくると、なんだか数珠《じゅず》つなぎにされた睾丸《こうがん》のように見える」

「五時すこし前、夕日の下端が水平線に接すると、日が沈むという表現そのままに、たちまち海中に没した。もうこれきり二度と現われないぞ、と言うかのような沈み方である」

的確な描写力に裏打ちされた宮脇さんの文章のリズムに身をゆだねていると、戦前の最優秀列車特別急行『富士』や『つばめ』の一等展望車に乗っているような快適さをおぼえる。現代の人間にもっとも欠けたる、ほんものの贅沢《ぜいたく》が、ここにある。

（昭和五十八年三月、随筆家）

この作品は昭和五十四年十月新潮社より刊行された。

阿刀田 高著

ギリシア神話を知っていますか

この一冊で、あなたはギリシア神話通になれる！ 多種多様な物語の中から著名なエピソードを解説した、楽しくユニークな教養書。

阿刀田 高著

旧約聖書を知っていますか

預言書を競馬になぞらえ、全体像をするめにたとえ――「旧約聖書」のエッセンスのみを抽出した阿刀田式古典ダイジェスト決定版。

阿刀田 高著

新約聖書を知っていますか

マリアの処女懐胎、キリストの復活、数々の奇蹟……。永遠のベストセラーの謎にミステリーの名手が迫る、初級者のための聖書入門。

阿刀田 高著

源氏物語を知っていますか

原稿用紙二千四百枚以上、古典の中の古典。あの超大河小説『源氏物語』が読まずにわかる！ 国民必読の「知っていますか」シリーズ。

阿刀田 高著

シェイクスピアを楽しむために

読まずに分る〈アトーダ式〉古典解説シリーズ第七弾。今回は『ハムレット』『リア王』などシェイクスピアの11作品を取り上げる。

阿刀田 高著

コーランを知っていますか

遺産相続から女性の扱いまで、驚くほど具体的にイスラム社会を規定するコーランも、アトーダ流に嚙み砕けばすらすら頭に入ります。

色川武大著
うらおもて人生録
優等生がひた走る本線のコースばかりが人生じゃない。愚かしくて不格好な人間が生きていく上での〝魂の技術〟を静かに語った名著。

池澤夏樹著
ハワイイ紀行【完全版】
JTB紀行文学大賞受賞
南国の楽園として知られる島々の素顔を、綿密な取材を通し綴る。ハワイイを本当に知りたい人、必読の書。文庫化に際し2章を追加。

岡本太郎著
美の世界旅行
幻の名著、初の文庫化!! インド、スペイン、メキシコ、韓国……。各国の建築と美術を独自の視点で語り尽くす。太郎全開の全記録。

岩中祥史著
札幌学
ガイドブックでは分からない観光やグルメのツボから、「自由奔放」あるいは「自分勝手」な札幌人の生態まで、北の都市雑学が満載。

渡辺都著
お茶の味
—京都寺町 一保堂茶舗—
旬の食材、四季の草花、季節ごとのお祭りやお祝い。京都の老舗茶商「一保堂」女将が綴る、お茶とともにある暮らしのエッセイ。

いとうせいこう著
ボタニカル・ライフ
—植物生活—
講談社エッセイ賞受賞
都会暮らしを選び、ベランダで花を育てる「ベランダー」。熱心かついい加減な、「ガーデナー」とはひと味違う「植物生活」全記録。

いしいしんじ著

ポーの話

あまたの橋が架かる町。眠るように流れる泥の川。五百年ぶりの大雨は、少年ポーをどこへ運ぶのか。激しく胸をゆすぶる傑作長篇。

沢木耕太郎著

旅する力
—深夜特急ノート—

バックパッカーのバイブル『深夜特急』誕生前夜、若き著者を旅へ駆り立てたのは。16年を経て語られる意外な物語、〈旅〉論の集大成。

伊丹十三著

ヨーロッパ退屈日記

この人が「随筆」を「エッセイ」に変えた。本書を読まずしてエッセイを語るなかれ。一九六五年、衝撃のデビュー作、待望の復刊！

いしいしんじ著

ぶらんこ乗り

ぶらんこが得意な、声を失った男の子。動物と話ができる、作り話の天才。もういない、私の弟。古びたノートに残された真実の物語。

筒井康隆著

旅のラゴス

集団転移、壁抜けなど不思議な体験を繰り返し、一度も奴隷の身に落とされながら、生涯をかけて旅を続ける男・ラゴスの目的は何か？

小澤征爾著

ボクの音楽武者修行

“世界のオザワ”の音楽的出発はスクーターでのヨーロッパ一人旅だった。国際コンクール入賞から名指揮者となるまでの青春の自伝。

河合隼雄著

働きざかりの心理学

「働くこと＝生きること」働く人であれば誰しもが直面する人生の〝見えざる危機〟を心身両面から分析。繰り返し読みたい心のカルテ。

河合隼雄ほか著

こころの声を聴く
—河合隼雄対話集—

山田太一、安部公房、谷川俊太郎、白洲正子、沢村貞子、遠藤周作、多田富雄、富岡多恵子、村上春樹、毛利子来氏との著書をめぐる対話集。

河合隼雄著

こころの処方箋

「耐える」だけが精神力ではない、「理解ある親」をもつ子はたまらない——など、疲弊した心に、真の勇気を起こし秘策を生みだす55章。

河合隼雄著

いじめと不登校

個性を大事にしようと思ったら、ちょっと教えるのをやめて待てばいいんです——この困難な時代に、今こそ聞きたい河合隼雄の言葉。

河合隼雄
村上春樹 著

村上春樹、河合隼雄に会いにいく

アメリカ体験や家族問題、オウム事件と阪神大震災の衝撃などを深く論じながら、ポジティブな新しい生き方を探る長編対談。

河合隼雄
吉本ばなな著

なるほどの対話

個性的な二人のホンネはとてつもなく面白く、ふかい！ 対話の達人と言葉の名手が、自分のこと、若者のこと、仕事のことを語り尽す。

最長《さいちょう》片道《かたみち》切符《きっぷ》の旅《たび》

新潮文庫　み - 10 - 2

昭和五十八年　四　月二十五日　発　行
平成二十年九　月　五　日　十七刷改版
令和　五　年九　月二十五日　二十五刷

著　者　宮《みや》脇《わき》俊《しゅん》三《ぞう》

発行者　佐藤隆信

発行所　株式会社　新潮社

郵便番号　一六二―八七一一
東京都新宿区矢来町七一
電話　編集部(〇三)三二六六―五四四〇
　　　読者係(〇三)三二六六―五一一一
https://www.shinchosha.co.jp

価格はカバーに表示してあります。

乱丁・落丁本は、ご面倒ですが小社読者係宛ご送付ください。送料小社負担にてお取替えいたします。

印刷・錦明印刷株式会社　製本・錦明印刷株式会社

ISBN978-4-10-126802-6 C0126